Karl Klingl

„Über die Grundlagen d
und nachgelassene

Studien und Materialien zur Musikwissenschaft

Band 6

Karl Klingler
„Über die Grundlagen des Violinspiels"
und nachgelassene Schriften

1990
Georg Olms Verlag
Hildesheim · Zürich · New York

Karl Klingler

„Über die Grundlagen
des Violinspiels"
und nachgelassene Schriften

Herausgegeben von Marianne M. Klingler
und Agnes Ritter

Mit einer Einleitung von
Albrecht Roeseler

1990
Georg Olms Verlag
Hildesheim · Zürich · New York

Das Werk ist urheberrechtlich geschützt.
Jede Verwertung außerhalb der engen Grenzen
des Urheberrechtsgesetzes ist ohne Zustimmung
des Verlages unzulässig und strafbar.
Das gilt insbesondere für Vervielfältigungen,
Übersetzungen, Mikroverfilmungen
und die Einspeicherung und Verarbeitung in
elektronischen Systemen.

© Georg Olms AG, Hildesheim 1990
Alle Rechte vorbehalten
Printed in Germany
Herstellung: WS Druckerei Werner Schaubruch, 6501 Bodenheim
ISSN 0176-0033
ISBN 3-487-09298-0

Karl Klingler
zur Zeit des ersten Klingler-Quartetts (1906–1914)

Zum Geleit

Immer wieder nach den „Grundlagen des Violinspiels" gefragt, entschloß ich mich, bei Breitkopf & Härtel anzufragen wegen einer eventuellen Neuauflage. Der Verlag empfahl mir, mich an andere Musikverlage zu wenden und gab gleichzeitig großzügigerweise den Wiederdruck frei.

Glücklicherweise interessierte sich Georg Olms dafür und brachte schließlich auch noch einiges Weitere heraus, das mir seit längerem am Herzen lag. Insbesondere die hier erstmals veröffentlichten Altersschriften *Vom Rhythmus, Vom musikalischen Einfall* und *Dies und Das* (Besprechung der ersten acht Rode-Capricen) runden, nunmehr in einem Band vereint, das literarische Werk Karl Klinglers ab. Zwar gäbe es noch einiges zu erwähnen, vor allem Karl Klinglers Niederschriften über die Bach'schen Violin-Solosonaten; auch seine mathematischen Arbeiten und seinen großen Aufsatz aus den 20er Jahren über das Urheberrecht. Jedoch bedürften die Arbeiten über Bach, an denen Klingler unentwegt gearbeitet hat, noch gründlicher, umfassender Überarbeitung. Um so mehr Dank, von Herzen, sei hier seiner Meisterschülerin Agnes Ritter ausgesprochen, die diese Mühe nicht scheute bei der Herausgabe der vorliegenden drei Schriften. Sie arbeitete zusammen mit Klingler an diesen nachgelassenen Schriften in der Zeit unmittelbar nach dem 2. Weltkrieg in Hannover, wohin er mit einem Teil seiner Familie mit Pferd und Wagen getreckt war. Zu seinem 100. Geburtstag 1979 wurden sie für die Familie und für Freunde von ihr herausgebracht.

Der Anklang, den diese Schriften fanden, ermutigt, sie einem größeren Publikum zugänglich zu machen, das sie mit viel musikalischem Gewinn aufnehmen möge.

Mein weiterer Dank gilt dem Olms-Verlag und seiner Lektorin Doris Wendt für alle Bemühungen sowie – last but not least – Dr. Albrecht Roeseler, München, für seine verständnisvollen, einleitenden Worte. Besonders mit seiner Schlußbemerkung hat er Wesentliches über Klingler gesagt, der, erfüllt von Kenntnissen aufgrund nicht endender intensiver Beschäftigung mit seiner geliebten Musik bis ins hohe Alter als Komponist, Interpret und Schriftsteller tätig war.

München, im Februar 1990   *Marianne Migault Klingler*

Inhalt

Zum Geleit .... V*

Einleitung .... VII*

Über die Grundlagen des Violinspiels (1921) I

Zwei Betrachtungen 85
   Vom Rhythmus 93
   Vom musikalischen Einfall und seiner Darstellung 109

„Dies und Das" – Anmerkungen an Hand der 24 Capricen
für Violine allein von Pierre Rode, 1. – 8. Caprice 153
   Pierre Rode, Notentext der 1. – 8. Caprice nach einem alten
   Druck 277

Bach's Flötensonate A-dur
Ein Rekonstruktionsversuch 297
   Bach, Flötensonate A-dur (Notentext) 302

Einleitung

Als Karl Klingler, einer der prominentesten Schüler Joseph Joachims, sein erstes Streichquartett gründete, – mit 19 Jahren erhielt er den Mendelssohnpreis, mit 21 Jahren wurde er Konzertmeister unter Arthur Nikisch bei den Berliner Philharmonikern –, lebte sein Lehrer noch. Mit ihm hatte Klingler, geboren in Straßburg 1879, in den Jahren 1905/6 noch als Bratschist konzertiert. Wer von uns könnte daran noch eine gültige Erinnerung haben? Wir müssen uns begnügen mit den Zeugnissen vertrauter, verläßlicher Gewährsmänner, die bereits in jenen frühen Jahren Karl Klingler und seinen Mitstreitern höchstes Lob spendeten und ihnen höchste musikalische Meisterschaft attestierten. Für Generationen danach ist das Klingler-Quartett ein Inbegriff von Vollendung und Gültigkeit der Interpretation geblieben – vor allen Dingen mit seiner Interpretation der mittleren und späten Beethoven-Streichquartette, häufig in Beethoven-Zyklen vorgetragen. In Riemanns Musiklexikon 1929 wurde dem Ensemble „fast unvergleichliche Ausgeglichenheit des Klangs und eine raffinierte technische Vollendung" attestiert. Alexander Berrsche, erfahrener Verfasser ungezählter kluger musikalischer Betrachtungen, hatte bereits im Jahr 1912 das Spiel der Klingler-Leute als „unerreicht plastisch, als dynamisch unvergleichlich akzentuierend" beurteilt. Eine besonders nuancierte Tongebung scheint bereits das frühe Klingler-Quartett ausgezeichnet zu haben.

Es verwundert nicht, daß ein denkender Musiker wie Klingler sich bis ins hohe Alter hinein – er starb mit einundneunzig Jahren im Jahre 1971 – in gedankenreichen Abhandlungen Rechenschaft abgelegt hat über die Kunstfertigkeit seiner Profession als Geiger sowie über die Art der Musik, die ihn Zeit seines langen Lebens so gefesselt hatte. Manches, wie *Über die Grundlagen des Violinspiels*, wurde zu Lebzeiten gedruckt (1921), anderes, wie seine Betrachtungen *Vom Rhythmus* und *Vom musikalischen Einfall und seiner Darstellung* sowie seine bescheiden als „Dies und Das" betitelten Anmerkungen zu den Capricen von Pierre Rode, erschien erst postum anläßlich der Wiederkehr seines 100. Geburtstags 1979 und wird in der nun vorliegenden Ausgabe dankenswerterweise in einem Band vereint vorgelegt. Hier tritt – neben dem bejubelten Geiger und Kammermusiker und dem respektierten Komponisten (sein Violinkonzert, seine Bratschensonate u. a. sind bisweilen im Rundfunk zu hören) – der Geigenpädagoge in den Vordergrund. Als 26jähriger, 1904, wurde Klingler bereits an die Staatliche Hochschule für Musik in Berlin berufen – eine Stellung, die er bis ins Jahr 1936 innehatte, als er wegen seines Protestes gegen die NS-Politik zum Rücktritt gezwungen wurde. Der um einige Jahre ältere Kollege Carl Flesch, der ebenfalls in Berlin unterrichtete, und Klingler machten das durch Joachim hochgerühmte Institut zum Mekka für viele junge talentierte Instrumentalisten, und es ist gewiß kein Nachteil, wenn Klinglers Annäherung an die gemeinsame Profession eine eher „philosophische" war, als diejenige Fleschs, dessen genaue Forschung der physiologischen Voraussetzungen des Violinspiels ebenfalls in eine Reihe theoretischer Schriften mündete.

Das trifft allerdings nur bedingt auf Klinglers „Grundlagen" zu, die sehr wohl alle funktionalen Bedingungen seiner geigerischen Profession minutiös zu erfassen und zu beschreiben trachtet. Dennoch: Der Praktiker mochte aus der Lektüre eher eine Bestätigung oder eine Korrekturmöglichkeit schöpfen; als Leitfaden zum Selbstunterricht war Klinglers Schrift nicht gedacht und auch nicht brauchbar, aber als kontrollierende Bewußtmachung des bereits Erlernten allemal.

Joseph Joachim, der verehrte Lehrer, hatte seinerseits eine ganze Reihe begabter Geigenpädagogen herangezogen; von denen außer Klingler die Namen Lepold Auer, Jenö Hubay und Bram Eldering Erwähnung verdienen. Den Gedankenreichtum in Klinglers *Grundlagen* zu erforschen, bleibe dem Leser vorbehalten. Auffallend scheint mir zu sein, daß er – hierin großer Tradition folgend – die „Bogenkultur als denjenigen Faktor" erkannte, „der auf die Höhen der Darstellungskunst führt". Nach Klinglers berühmtem Ausspruch waren „die Fingerspitzen für das künstlerische Wollen verantwortlich", und er meinte die Finger der rechten, der bogenhaltenden Hand. Nur die perfekte Bogenführung ergebe einen variablen, zur Nuancierung fähigen Ton. Wenn er „nur groß" sei, also ein sogenannter Bomben-Ton, dann seien „für den seelischen Ausdruck andere Mittel, leider oft nur das Vibrato" stellvertretend verfügbar – und dann folgt eine eingehende Beschäftigung mit diesem „stellvertretenden" Mittel, dem Vibrato. Der Bogen mache den wahren Geiger aus, postulierte schon der französisch-italienische Geigenmeister Viotti vor über 150 Jahren und kleidete diese Forderung in die apodiktische Formulierung: „Le violon? C'est l'archet!"

Klinglers Anmerkungen zu den *Rode-Capricen*, deren Notentext separat ausgewiesen ist, machen nun die Beispiele aufs Exempel. Beeindruckend ist die pädagogisch von immenser Kenntnis und praktischer Erfahrung gespeiste Heranziehung einschlägiger Stellen aus der Literatur. Rodes technische Forderungen werden augenblicklich mit einem wahren Netzwerk von plausiblen Anwendungs- und Zuordnungsmöglichkeiten verknüpft, die sogar den vermeintlichen Kenner der einschlägigen Literatur überraschen. Das gilt in vermehrtem Maße für die Betrachtungen über den *Rhythmus* und den *Musikalischen Einfall*. Klinglers jahrzehntelange Erfahrung hat für die Darstellung sogleich eine Fülle beweiskräftiger Beispiele aus der musikalischen Literatur, vornehmlich der aus dem Bereich der Geigen- und Kammermusik, parat. Hierbei wechseln auf erholsame Weise induktive und deduktive Methodik: eine wichtige Beobachtung wird mehrfach bekräftigt und systematisiert; ähnlich zahlreich sind aber auch die Beispiele, bei denen ein Resultat genauester Überlegung flugs mit praktischen Beispielen aus der blassen Form der Theorie in ein farbiges Gewand überzeugender Anwendbarkeit gekleidet wird. Kurz: Karl Klinglers altersweise Erkenntnisse entbehren niemals der praktischen Bekräftigung des erfahrenen Spielers. So selten die Begegnung mit dem klingendem Kammermusikspiel Klinglers und seiner Quartettgefährten geworden ist – es handelt sich im wesentlichen um die noch greifbare Klingler-Quartett-Kassette von EMI-Electrola, die alle noch vorhandenen Einspielungen, z.T. aus der Zeit vor dem ersten Weltkrieg vereinigt – vor allem um die Einspielung von Beethovens Streichquartett op. 127 –, und so sehr die Freunde seiner Kunst dies bedauern, so reichlich wird der Leser, so er konzentriert in Klinglers Betrachtungen eindringt, belohnt durch die Lauterkeit und den Assoziationsreichtum, die der Geiger und Musiker Karl Klingler in seinen Schriften ausbreitet.

München, Dezember 1989　　　　　　　　　　　　*Albrecht Roeseler*

ÜBER DIE GRUNDLAGEN DES VIOLINSPIELS

VON

KARL KLINGLER

LEIPZIG
DRUCK UND VERLAG VON BREITKOPF & HÄRTEL
1921

HERRN LEO BARUCH
FREUNDSCHAFTLICHST ZUGEEIGNET

Vorwort.

Diese Aufzeichnungen sind in einer Zeit entstanden, in der ich durch äußere Umstände gezwungen war, meine gewohnte Tätigkeit als ausübender Künstler einzustellen. Schwerlich hätte ich sonst Zeit und Neigung für eine derartige Arbeit gefunden.

Meine in langjährigem Unterricht gewonnenen Erfahrungen haben mir immer wieder gezeigt, daß Mängel meistens auf Lücken, unklare Vorstellungen oder unzulängliche Beherrschung der Grundlagen zurückzuführen sind. Ich habe mich bemüht, diesen Gegenstand so darzustellen, daß der Leser dabei nicht nur meine Ansicht wiedergegeben und begründet findet, sondern auch auf andere Auffassungen und häufig vorkommende Fehler aufmerksam gemacht wird. Dadurch bietet das Buch Anregung für jeden Geiger und eignet sich zum Selbststudium bei vorgeschrittenem Können, wie es auch ganz besonders dem im Unterricht noch unerfahrenen Lehrer ein Führer und Berater sein möchte.

So sehr ich auch Einfacheit und leichte Verständlichkeit anstrebte, bin ich mir bewußt, dieses Ziel nicht erreicht zu haben. Es sind so viele Dinge zu berücksichtigen, einzeln zu behandeln, die als unerläßlich zum Ganzen gehören, untereinander sich wechselseitig bestimmen, daß der Anfang nahezu schon die Bekanntschaft mit dem Buch zur Voraussetzung hat. So wird manches erst im Laufe der Abhandlung seine Erklärung finden und nur derjenige den wahren Vorteil aus dieser Arbeit ziehen, der es sich angelegen sein läßt, das Buch wiederholt zu lesen. Der Gegenstand ist indessen von so ausschlaggebender Wichtigkeit — mangelnde Beherrschung der Grundlagen behindert jeden Aufstieg zu höherer Vollkommenheit — daß es äußerster Anspannung und Hingabe wohl verlohnt, die Grundlagen in allen Teilen ihrem Wesen und ihrer Bedeutung nach wenigstens zu verstehen. Ihre wirkliche Aneignung ist dann nur noch eine Frage ausdauernden Fleißes.

Inhaltsverzeichnis.

Erster Teil.
Über die Haltung. Der linke Arm.

Seite

Von der Haltung im allgemeinen und von der Körperstellung 1
Von der Geigenhaltung 2
Von der Haltung des linken Arms und der Handstellung an der Geige . 5
Die Grundstellung des ersten Fingers und vom Fingeraufsatz überhaupt . 8
Vom Lagenbegriff, den drei Hauptgriffarten und vom Lagengefühl . . . 11
Die den Hauptgriffarten angepaßte Handhaltung. Noch einiges vom Fingeraufsatz. Vom Vibrato 13
Über die Lagen und den Lagenwechsel in den unteren Lagen 23
Die Umlagerung des Daumens und das höhere Lagenspiel 29

Zweiter Teil.
Über die Bogenführung. Der rechte Arm.

Von der Bedeutung des rechten Arms in bezug auf Tonbildung, Klangfarbe, Klangstärke 35
Von den durch die Saiten bedingten Forderungen einer guten Bogenführung 37
Von der Strichstelle. 37
Von der Strichebene 40
Von der Gewichtsverteilung des Bogens in bezug auf die Tonbildung . . 41
Von der Bogenhaltung. 42
Von der Ein- und Auswärtsdrehung des Unterarms 42
Von der Armstellung zur Bogenbelastung und Bogenentlastung 43
Die durch die Hoch- und Tiefstellung des Handgelenks bedingte Ausgleichsbewegung von Daumen und Fingern. 46
Von den Fingereigenkräften bei Einwärts- und Auswärtsdrehung . . . 47
Von der Elastizität des Bogens 48
Von der Spannvorrichtung 49
Von den Bogenhaaren 49
Vom Kolophoniumgebrauch 51
Von der Oberarmtätigkeit bei der Bogenführung 52
Oberarm und Unterarm 54
Von der Unterarmtätigkeit zum Auf- und Abstrich. 55
Von dem festen Bogengriff und der Beweglichkeit des Handgelenks . . . 56

Inhaltsverzeichnis.

Seite

Von der zur Bogenführung sich selbsttätig einstellenden Ein- und Auswärtsdrehung des Unterarms 57
Die dem Auf- und Abstrich angepaßte Bogenhaltung. Strich- und Bogenwechsel 58
Strich- und Bogenwechsel am Frosch 59
Der möglichst verbundene Strichwechsel 60
Vom Strich- und Bogenwechsel an der Spitze 61
Vom Verhältnis des Abstrichs zum Aufstrich in bezug auf die Tonstärke . 61
Der verbundene betonte Strichwechsel 62
Noch einmal von der dem Auf- und Abstrich angepaßten Bogenhaltung . 63
Von der schwungvollen, nicht von Druck und Zwang gehemmten Armtätigkeit bei der Bogenführung 64
Vom Tonansatz und vom getrennten Strichwechsel 65
Vom Bogenansatz, von dem frei in Bewegung auf die Saite fallenden Bogen. Die beiden einzigen Möglichkeiten, den Bogen zur Tonbildung mit den Saiten in Berührung zu bringen 66
Noch einiges zum getrennten Strichwechsel 69
Von der Armstellung zum Spiel auf den tieferen Saiten 70
Vom Saitenübergang 72
Vom Übergang zur nächsttieferen Saite an der Spitze 74
Vom Übergang zur nächsthöheren Saite an der Spitze 75
Vom Übergang zur nächsttieferen Saite am Frosch 76
Vom Übergang zur nächsthöheren Saite am Frosch 77
Vom Saitenübergang in Verbindung mit veränderter Tonstärke 78
Vom Saitenübergang über dazwischenliegende Saiten hinweg 80
Zum Schluß 81

Erster Teil.

Über die Haltung. Der linke Arm.

Von der Haltung im allgemeinen und von der Körperstellung.

Jedermann sollte sich stets einer guten, aufrechten Haltung befleißigen, besonders der Vortragende, somit auch der Geiger. Er ist dies nicht nur seiner Würde als Künstler schuldig, es ist auch ein Gebot der Achtung vor seinen Zuhörern. Eine ungezwungene, aufrechte Haltung ermöglicht überdies die ungehemmte Bewegungsfreiheit.

Vorbildlich und wahrhaft königlich war die Haltung Joachims. Schon sein Auftreten genügte, um dem Publikum die Zuversicht zu geben, etwas Außerordentliches stehe zu erwarten. In den langen Orchestervorspielen eines Beethoven- oder Brahmskonzerts gab es kein unnötiges Stimmen und Mitspielen, kein Hin- und Herwackeln, Umsehen und dergleichen mehr. Bis zum Einsatz der Solovioline gehört die Aufmerksamkeit dem Orchester und nichts darf diese stören. Diese Selbstbeherrschung, besonders bei der mit der Öffentlichkeit leider oft verbundenen Nervosität, ist nicht leicht zu bewahren, sie spricht aber von Bescheidenheit vor der Kunst und wirklicher Meisterschaft zugleich.

Man sollte sich darüber klar sein, daß für die Beurteilung der erste Eindruck von großer Bedeutung ist. Gewaltige Vorzüge müssen sich geltend machen, um einen ungünstigen ersten Eindruck auszulöschen und vergessen zu lassen. Die Art, sich zu geben, zu halten und zu bewegen, woraus man gute Erziehung, gute Schule, deren Aneignung und freie Beherrschung erkennen kann, wirkt günstig und bringt Gewinn, wie beispielsweise auch eine gute leserliche Handschrift, Sorgfalt in der Kleidung, in der mündlichen und schriftlichen Ausdrucksweise, angenehme Umgangsformen usw.

Die beträchtliche Tätigkeit des rechten Arms würde bei geschlossenen Füßen das Gleichgewicht stören und ihrerseits durch diese starre Haltung in der freien Bewegung behindert werden. Um sicher und fest zu stehen, braucht man aber nicht, wie es vielfach unter Außerachtlassung des Schönheitsgefühls geschieht, das Körpergewicht auf gespreizte Beine zu verteilen. Es genügt, die Körperlast auf dem linken Fuß ruhen zu lassen, indem man den rechten aus der Grundstellung in seiner Richtung so weit vorstellt, als es die Bequemlichkeit erfordert. Grundstellung nennt man diejenige, in welcher bei aufrechter Haltung und geschlossenen Hacken die Füße nahezu im rechten Winkel zueinander stehen.

Durch die Verlegung des Körpergewichts auf den linken Fuß in Verbindung mit dem Vorstellen des rechten Fußes entsteht eine geringe Spannung in der Haltung, wenn man die Breitenachse des Körpers von der Ausgangsstellung beibehält. Läßt man den Oberkörper indessen, der gewonnenen Fußstellung entsprechend, eine Linksdrehung ausführen, wodurch die linke Schulter zurück- und die rechte vorkommt, so ist der Körper vollkommen entspannt, wie es zur ungehemmten Verrichtung aller Bewegungen immer und überall erforderlich ist.

Jede nicht auf unser Ziel gerichtete Anspannung muß vermieden werden, da sie die unseren Zwecken dienenden Bewegungen mehr oder weniger zu hindern geeignet ist, mithin besondere Willens- und Kraftanstrengungen zu deren Ausschaltung, Ausgleich oder Überwindung aufzubieten nötigt, welche Mehrleistung schnellere Ermüdung zur Folge hat und dazu noch den Nachteil, daß die Aufmerksamkeit nicht einzig und allein der eigentlichen Sache zugewendet werden kann.

Von der Geigenhaltung.

Wir führen den Bogen mit dem rechten Arm, da dieser in der Regel von Natur kräftiger, beweglicher und zur Ausführung feinster Tätigkeit geschickter ist als der linke, und die Bogenführung in bezug auf Geschmeidigkeit, Ausdauer und Feinheit des Muskelgefühls die höchsten Anforderungen stellt. Die Aufgabe des linken Arms ist ungleich einfacher, die Beherrschung des Griffbretts fällt in der Hauptsache der Hand und den Fingern zu, deren Beweglichkeit und Ausdauer allerdings auch recht hohen Ansprüchen genügen müssen. Ober- und Unterarm wirken dabei insofern wesentlich mit, als sie Hand und Finger in zur Verrichtung ihrer Aufgaben geeignete Stellungen zu führen haben.

Der Hand kommt außer ihrer eigentlichen Bestimmung noch eine in geringem Grade unterstützende Rolle bei der Geigenhaltung zu, da die Geige im wesentlichen von dem Kopfe gehalten werden kann und muß, um eben die größte Möglichkeit für freies, ungehindertes Fingerspiel zu schaffen.

Früher hielt man die Geige rechts vom Saitenhalter. Das mochte angehen, solange das höhere Lagenspiel noch verhältnismäßig wenig gefordert wurde, Ton und Bogentechnik heutigen Ansprüchen nicht zu genügen brauchten. Mit dem im Laufe der Zeit immer mehr in Aufnahme kommenden hohen und höchsten Lagenspiel mußte die bei der alten Geigenhaltung damit verbundene Gefahr, die Geige aus ihrem Halt zu drücken, notwendig dahin führen, das Kinn links vom Saitenhalter aufzusetzen. Durch die solcherart geänderte und nunmehr gesichertere Geigenhaltung ergab sich, zu dem Vorteil des freieren Fingerspiels in den höchsten Lagen, die Möglichkeit der freieren Bogenführung, die unter voller Ausnutzung der Eigenart des Bogens zur Ausbildung der charakterisierenden Spielweise führte.

Bisher war der rechte Arm, wie eine alte, selbst bis in unsere Tage erhaltene Regel verlangt, geradezu an den Körper gebunden, da die Bogenführungsebene nahezu parallel zu unserer Breitenachse verlief. Der Gebrauch der unteren Bogenhälfte, besonders das kraftvolle Spiel am Frosch, müssen sehr unbequem, wenn nicht ganz unbekannt gewesen sein.

Die neue Geigenhaltung näherte einerseits die Strichstelle dem rechten Arm, änderte andererseits die Richtung der Geige im Verhältnis zu unserem Körper aus einer früher geradeaus in eine jetzt halblinks weisende. Denn die Bequemlichkeit des Fingerspiels und der linken Armhaltung erlaubte nicht, auch den Kopf der Geige um ein entsprechendes Stück nach rechts zu führen, wodurch der linke Oberarm hart an und vor die Brust gedrückt worden wäre, eine Anspannung, die durchaus vermieden werden mußte.

Die hemmungslose Stellung des linken Arms ist gegeben, wenn die Hand den Geigenhals etwa ein bis zwei Hände breit links von der auf der linken Schulter stehenden Senkrechten erfassen kann. Denn nun erst kann der Ellbogen, ohne dabei den Oberarm an die Brust zu klemmen, mühelos nach rechts geführt werden, wie es nötig ist, um die Finger in ausreichender Weise über die tieferen Saiten zu heben.

Mit einer noch weiter nach links gehaltenen Geige würde die Freiheit des linken Arms nicht, wohl aber die Bogenführung beeinträchtigt werden. Denn mit der nach links gerichteten Geigenhaltung gegenüber der früher geradeaus zeigenden änderte sich auch die früher dem Körper nahezu parallellaufende Bogenführung in eine rechts vorgenommene, wodurch erst die ungehinderte Bewegungsfähigkeit des rechten Arms und eine freiere Bogenführung gegeben war. Nur darf die Geige nicht noch weiter nach links gehalten werden, weil dann der Vorteil wieder verloren ginge und die Bogenführung an der Spitze überhaupt nicht mehr, oder nur bei gestrecktem Arm möglich wäre. Der gestreckte Arm ist aber durchaus zu vermeiden, weil damit eine feste, möglichst unveränderte Bogenhaltung unvereinbar ist.

Schließlich wurde durch die geänderte Geigenhaltung auch die aufrechte Kopfhaltung ermöglicht, zumal, wenn man die Geige so hoch hält, daß die Saiten zwischen Sattel und Steg vollkommen horizontal liegen. Neben dem unstreitig vorteilhafteren Anblick kann der Bogen die einmal gewählte Strichstelle leichter innehalten, ohne Gefahr zu laufen, nach der geneigten Seite hin zu gleiten.

Die für die freie Tätigkeit erforderliche bequeme Haltung beider Arme bestimmt nicht nur die Längsrichtung der Geigenhaltung, sondern auch die Lage des Geigenkörpers. Wollte man den Geigenkörper wagerecht stellen, so müßte der rechte Arm zum Spiel auf der G-Saite weit über die Horizontale geführt werden. Abgesehen von den dabei unvermeidlich entstehenden häßlichen Armbewegungen, bedeutete dies eine große Anstrengung für den Arm. Man muß daher mit Rücksicht auf die Bequemlichkeit des rechten Arms die Geige so weit nach innen, d. h. nach der Seite der E-Saite hin neigen, daß der Oberarm nahezu in der Hängelage steht, wenn der Bogen bei horizontaler Haltung des Unterarms auf die E-Saite gesetzt ist. Der Bogen wird dann in einer Steilheit von etwa 60 Grad geführt, und da die Strichebene der G-Saite mit derjenigen der E-Saite je nach der Rundung des Stegs einen Winkel bis zu höchstens 45 Grad bildet, bleibt die Strichebene der G-Saite immer noch unter der Horizontalen, wie es der Bequemlichkeit der Bogenführung und deren Wohlansehnlichkeit besser entspricht.

Gleichzeitig kommt die Neigung des Geigenkörpers dem Bedürfnis der linken Hand entgegen, da sie dieser die tieferen Saiten näher bringt. Es ist zwar immer noch nötig, die Finger durch den nach rechts geführten Ellbogen in die für bequemes Fingerspiel geeignete Stellung über die Saiten zu heben, doch ist diese dem Arm außerordentlich schwierige Bewegung in geringerem Maße erforderlich, als es bei wagerechter Geigenlage der Fall wäre.

Endlich ermöglicht diese um etwa 45 Grad geneigte Geigenlage die aufrechte Kopfhaltung. Bei wenig nach vorn geneigtem Kopf paßt sich der linke Unterkiefer dem zu diesem Zweck ausgehöhlten Kopf- oder Kinnhalter genau ein.

Mitunter wird der Geiger Finger und Strichstelle mit besonderer Aufmerksamkeit verfolgen und dabei durch Linksdrehung und geringes rechtsseitiges Neigen des Kopfes die Geige mit dem Kinn halten; oder er wird in Versunkenheit oder um sich gleichsam in die Geige hineinzuhören, durch Rechtsdrehung und linksseitiges Neigen des Kopfes den hinteren Teil des Unterkiefers auf die Geige setzen; doch verdient die zuerst beschriebene Art der Kopfhaltung in jeder Beziehung den Vorzug und sollte tunlichst beibehalten bleiben. Niemals darf durch das Bestreben, die Geige möglichst nur mit dem Kopf zu halten, ein Druck auf den Saitenhalter ausgeübt werden, wodurch die Tonhöhe der Saiten verändert würde.

Um der in der Längsachse horizontalen und zugleich nach der E-Saite geneigten Geigenhaltung ohne bemerkenswerte Nachhilfe seitens des linken Arms Festigkeit und Bestand zu geben, empfiehlt es sich, durch ein auf die Schulter gelegtes Kissen der Geige eine zuverlässige Auflage zu schaffen, wodurch eine zur Unterstützung der Geige heraufgeschobene Schulter und eine dadurch bewirkte Beeinträchtigung der Bewegungsfreiheit des Arms vermieden wird. Die Geige ruht dann auf dem Kissen und dem vorderen Schlüsselbein. Mäßiger Druck des als Gegenlager aufgesetzten Kopfes genügt, der Geige ausreichenden Halt zu geben und die linke Hand nahezu ausschließlich ihrer eigentlichen Aufgabe nachkommen zu lassen.

Von der Haltung des linken Arms und der Handstellung an der Geige.

Wir haben bei der Betrachtung über die Geigenhaltung gesagt, daß diese der Bequemlichkeit des linken Arms Rechnung trägt, wenn die Hand den Geigenhals ein bis zwei Hände breit links von der auf der linken Schulter stehenden Senkrechten erfassen kann.

Ein einfacher Versuch zeigt überzeugend die Richtigkeit dieser Beobachtung: bei frei herabhängendem Arm drehe man die Handfläche nach außen, und zwar so weit, als es ohne Anstrengung, namentlich durch ein etwa bis zu schmerzhafter Empfindlichkeit gestrecktes Ellbogengelenk möglich ist. Aus dieser Stellung, die der richtigen Handhaltung am Griffbrett entspricht, schwinge man den Arm vorwärts, halte dann den Oberarm auf, wenn er die zur Geigenhaltung erforderliche Höhe erreicht hat und lasse den Unterarm weiter- und ausschwingen, daß die Hand in Gesichtshöhe stehenbleibt. Sollte die Hand durch den Schwung vornüber gefallen sein, so ist sie so weit aufzurichten, daß Handrücken und Unterarm in einer Ebene liegen und die Fingerknöchel dem Griffbrett entsprechend horizontal stehen. Damit haben wir mit der Richtung zugleich die Art und Weise der Arm- und Handstellung gefunden, in welcher die Geige gehalten werden muß, wenn wir dem Armmechanismus keinen Zwang antun wollen.

Liegt der Handrücken in der Ebene des Unterarms, so entspricht diese Haltung der stets anzustrebenden Entspannung, wie sie die Hängelage in Verbindung mit der Auswärtsdrehung der Hand erkennen ließ. Dadurch wird auch die Möglichkeit gewonnen, die Finger in der erforderlichen Weise zu und über die Saiten zu stellen. Beugte man die Hand nach der Handrückenseite, so würde das freie Fingerspiel auf den tiefen Saiten unmöglich. Wäre die Handfläche in den unteren Lagen dem Arm zugeneigt, so würde das Fingerspiel auf den höheren Saiten erschwert. Außerdem würden die Saiten, infolge des durch solche Handstellungen bedingten Fingeraufsatzes, leicht nach der einen oder anderen Seite ausgebogen werden, was für die Sicherheit der Intonation höchst gefährlich wäre.

Die Genauigkeit und Zuverlässigkeit des Fingeraufsatzes verlangt, daß die Saiten senkrecht niedergedrückt werden. Die Finger müssen ebenfalls senkrecht aufgehoben und nicht etwa seitlich abgezogen werden, wie es nur beim Pizzicato mit der linken Hand geschehen darf.

Um bei der als richtig erkannten Handstellung die Finger in ausreichender Weise über die tieferen Saiten zu stellen, wird der Ellbogen nach rechts geführt, wodurch die Kleinfingerseite der Hand am meisten gehoben wird, wie es dem Längenverhältnis der Finger entspricht. Die Geschmeidigkeit der Mittelhand gestattet darüber hinaus eine weitere Annäherung des kleinen und des Ringfingers.

Die Beobachtung des Armmechanismus zeigt, daß eine Drehung der Handfläche um ihre Längsachse untrennbar mit einer solchen des Unterarms verbunden ist, gleichgültig ob der Handrücken, wie es das Spiel in den unteren Lagen fordert, mit dem Unterarm in derselben Ebene liegt, oder ob beim höheren Lagenspiel die Handstellung zum Unterarm gebeugt ist. Es ist einleuchtend und bedarf keiner besonderen Erklärung, daß die Sicherheit des Fingerspiels die Innehaltung der Richtung des Fingeraufsatzes zur Bedingung hat. Da diese von der Handstellung zum Griffbrett abhängig ist, so muß die Handstellung für die unteren wie die höheren Lagen die gleiche bleiben, d. h. der Unterarm darf nicht um seine Achse gedreht werden.

Zum Spiel auf den tieferen Saiten darf die Annäherung der Handfläche und der Finger demnach nicht durch eine Unterarmdrehung ermöglicht werden. Die Annäherung erfolgt, wie wir bereits besprochen haben, durch die Rechtsführung des Ellbogens und kann nötigenfalls für den 3. und 4. Finger durch die Geschmeidigkeit der Mittelhand noch gesteigert werden.

Nach der aus unserem Versuch gefundenen Arm- und Handhaltung kann sich die Hand nur mit dem äußeren Ballen des Zeigefingers an den Geigenhals legen. Die Hand darf sich in den unteren Lagen dem Griffbrett nicht so zukehren, daß die innere Fläche des Zeigefingerballens den Hals berührt. Geschähe das, so würde von der dritten Lage ab eine Änderung der Handhaltung und gleichzeitig dadurch eine solche in der Richtung des Fingeraufsatzes unumgänglich nötig, was diesen nur unsicher machen könnte. Außerdem erzeugte die größere Berührungsfläche vermehrte Reibung beim unteren Lagenwechsel und erschwerte die zum höheren Lagenspiel und bei schwierigeren Griffen nötige Loslösung des Ballens vom Geigenhals.

Die Handstellung muß daher so gewählt werden, daß nur der äußere Rand des Zeigefingerballens den Hals berührt und zwar so, daß das Griffbrett das dritte Glied des Zeigefingers etwa in der Mitte schneidet.

Näherte man die Überschneidungslinie dem zweiten Fingergelenk, so würde der Fingeraufsatz schräger, damit die Fingerschnellkraft geringer und schließlich das Spiel auf D- und G-Saite nahezu unmöglich. Wählte man die Berührungsstelle tiefer, so würde der Fingeraufsatz namentlich auf der E-Saite zu steil und trommelnd hart, was sich nachteilig auch durch Sprödigkeit im Ton bemerkbar machte und die Gleitfähigkeit erheblich erschwerte.

In der angegebenen Weise wird der Zeigefingerballen mit dem Daumen zusammen zur bequemen Auflagerung für die Geige. Ja selbst ohne Mitwirkung des Daumens findet der Geigenhals ausreichenden Halt an und auf dem Zeigefingerballen.

Die große Beweglichkeit des Daumens, die alle möglichen Stellungen zuläßt, machte es schwer, die ihm zukommende Haltung festzustellen, wenn nicht die Hauptbedingung »völliger Entspannung«, wie sie die frei herabhängende Hand zeigt, einen sicheren Anhalt gäbe. Spreizt man die Hand und läßt man sie wieder die entspannte Haltung einnehmen, führt dann dieselbe Bewegung unter Anlehnung des Zeigefingers an den Geigenhals in der vorher besprochenen Weise aus, dann legt sich der Daumen bei nahezu völlig entspannter Haltung zunächst im Nagelglied und weiter mit dem zweiten Glied an den Hals. Die Daumengelenke erscheinen nur wenig gekrümmter als in der Hängelage.

Ein stark gekrümmter oder gar gestreckter Daumen ist ein sichtbares Zeichen von Anspannung, die jede freie Tätigkeit der Hand verhindert und daher durchaus vermieden werden muß. Besonders sei vor Druck zwischen Zeigefinger und Daumen gewarnt, der zur Versteifung der ganzen Hand führt und die größtmögliche Hemmung für den Lagenwechsel ist.

Indem man den Daumen aus der so gefundenen Stellung am Hals hin und her gleiten läßt, kann man sich leicht davon überzeugen, ob Entspannung wirklich vorhanden ist oder nicht.

Die Grundstellung des ersten Fingers und vom Fingeraufsatz überhaupt.

Durch die Arm- und Handstellung, wie wir sie soeben beschrieben haben, ist die Art und Möglichkeit des Fingeraufsatzes gegeben. In den unteren Lagen wird also der Fingeraufsatz durch die Forderungen bestimmt:

daß der Handrücken in der gleichen Ebene mit dem Unterarm stehe, daß die Hand sich mit dem seitlichen Ballen des Zeigefingers so an den Geigenhals anlehne, daß das Griffbrett das dritte Zeigefingerglied etwa in der Mitte schneidet,

und daß der Daumen in möglichst entspannter Haltung den Hals berühre. Doch gilt diese Bestimmung mit der Einschränkung, daß die Finger in der ersten Hauptgriffart aufzusetzen sind. Über Wesen und Bedeutung von Griffarten wird im nächsten Abschnitt Aufklärung zu geben sein.

Ist auch durch die Art der Handstellung der Fingeraufsatz bestimmt, so können die einzelnen Finger immer noch an verschiedenen Stellen aufgesetzt werden. Die Sicherheit des Fingerspiels verlangt indessen, daß in einem dem Muskelgefühl leicht erkennbaren und aufzusuchenden Griff ein Anhalt geboten werde.

Dem Zeigefinger steht, wie der Name sagt, auch hier die Führerrolle zu, und bei den in den unteren Lagen gegebenen Verhältnissen verdient vor allen anderen Griffen derjenige den Vorzug, bei welchem die Richtung des Daumens ungefähr auf das erste Zeigefingergelenk hinweist. Diesen Griff wollen wir als die Grundstellung des Zeigefingers bezeichnen.

Das Gefühl für die Grundstellung, d. h. für das Verhältnis der Daumenhaltung zum aufgesetzten Zeigefinger, muß in Fleisch und Blut übergehen, weil von der Beherrschung der Grundstellung die Sicherheit des Aufsatzes der anderen Finger, die Zuverlässigkeit der Intonation und die Ausbildung des Lagengefühls abhängt.

$$as \quad es^1 \quad b^1 \quad f^2$$

sind die Töne der Grundstellung des Zeigefingers in der Sattellage (halbe Lage),

$$a \quad e^1 \quad h^1 \quad fis^2$$

sind diejenigen der Sekundlage (erste Lage).

Der Fingersatzbezeichnung wegen wird der Zeigefinger als erster, der Mittelfinger als zweiter, der Ringfinger als dritter und der kleine als vierter Finger bezeichnet.

Eine Berührung und Anlehnung der Fingermittelglieder untereinander darf nicht eintreten, da die dadurch entstehende Reibung das freie Fingerspiel sehr beeinträchtigte. Um diese Berührung zu vermeiden, sind die Finger mit Ausnahme des vierten Fingers im wesentlichen mit der linken Kuppe aufzusetzen, doch so, daß die Saite den Nagelrand des Zeigefingers wenig links der Mitte, den des Mittelfingers in der Mitte und den des Ringfingers wenig rechts der Mitte schneidet. (Rechts und links verstehen sich im Hinblick auf die aufgesetzten Finger.) So aufgesetzt erscheint das Nagelglied des ersten Fingers dem Spieler am stärksten, das des zweiten weniger stark und das des dritten in noch geringerem Maße zugekehrt; und auf diese Weise können die Fingerspitzen zu den engsten Griffen zusammenstreben, ohne daß sich die Fingermittelglieder berühren.

Der Kürze des kleinen Fingers und seiner geringen Kraft wegen ist er mit der vollen Fingerkuppe aufzusetzen.

Viele Geiger schalten den Gebrauch des vierten Fingers besonders in den höheren Lagen aus. Unzweifelhaft ist es richtig und klug, Dinge, z. B. längere Triller, von den Mittelfingern ausführen zu lassen, sobald die Aufgabe dadurch ungleich besser, vor allem ungleich müheloser gelingt. Wie es falsch und einsichtslos wäre, in solchen Fällen von dem vierten Finger die Bewältigung für ihn entschieden weniger geeigneter Aufgaben zu verlangen, oder gar sich damit abzumühen, es in diesen Dingen den anderen Fingern gleichzutun, ebenso verkehrt wäre es, sich seiner gewohnheitsmäßig möglichst wenig zu bedienen. Erstlich leistete man dadurch seiner von Haus aus gegebenen geringeren Geschicklichkeit bedenklichen einsichtslosen Vorschub, — während man ihn am besten seinen Kräften entsprechend ausbildet und heranzieht — zweitens begäbe man sich der durch den Gebrauch sämtlicher Finger gegebenen Möglichkeit musikalischer Zusammenfassung, und sähe sich zu unnötigem Lagenwechsel genötigt, der ohne musikalische und fingertechnische Berechtigung sinnlos und störend wirkt.

Um die Finger in erforderlicher Weise über die tieferen Saiten zu heben, wird der Ellbogen nach rechts geführt, wovon schon bei der Geigenhaltung die Rede war. Da die Stellung der Hand zum Unterarm mit Rücksicht auf größtmögliche Bequemlichkeit und Bewegungsfähigkeit nicht verändert werden darf, so läßt diese Bewegung die Hand um die Längsachse des Halses einen Kreisbogen ausführen. Gesetzt, der Daumen ragte vorher über das Griffbrett hinaus, so wird er nun allmählich unter dessen Rand gleiten, wie umgekehrt die Finger mehr und mehr über das Griffbrett gehoben und den tieferen Saiten angenähert werden.

Wenn bei der Handhaltung an der Geige der Hinweis Berücksichtigung findet, daß der Rand des Griffbretts das dritte Zeigefingerglied etwa in der Mitte schneidet, so wird der Fingeraufsatz notwendig schräg aufgestellte erste Fingerglieder zeigen, wie es die Gleitfähigkeit zur chromatischen Veränderung eines Tones und zum Lagenwechsel verlangt. Doch darf der Fingeraufsatz wiederum nicht so schräg gehalten sein, selbst bei dadurch erhöhter Gleitfähigkeit, daß die ersten Fingergelenke, dem geringsten Druck folgend, einknicken — wie es beispielsweise eintreten muß, wenn die Hand zum Spiel auf den tieferen Saiten nicht ausreichend über das Griffbrett gehoben wurde. Außer der Spannung, die infolgedessen entstünde und sich hemmend der ganzen Hand mitteilte, könnte das Aufheben der Finger nur langsamer, mühevoller, zeitlich also weniger bestimmt erfolgen.

Bevor wir uns weiteren Betrachtungen über die Daumen- und Fingertätigkeit zuwenden, müssen wir uns über die Bedeutung von Lage, Griffart und Lagengefühl Rechenschaft abgelegt haben.

Vom Lagenbegriff, den drei Hauptgriffarten und vom Lagengefühl.

Unter dem Begriff »Lage« ist eine Griffanordnung zu verstehen, wobei den Fingern Griffe zufallen, wie sie sich aus den natürlichsten Folgen von einem Halbton- und zwei Ganztonschritten über der Grundstellung des Zeigefingers ergeben.

Je nach der Stellung des Halbtons lassen sich drei Hauptgriffarten unterscheiden, in welchen der erste Finger stets den Grundton, der vierte stets dessen reine Quart greift, während dem zweiten Finger entweder die kleine oder die große Sekunde, dem dritten entweder die kleine oder die große Terz zukommen.

Infolgedessen kann man außer von einer Grundstellung des ersten Fingers auch von einer solchen des vierten Fingers sprechen, während eine genaue Bestimmung des zweiten und dritten Fingers nur mit Hilfe der Intervallangabe in bezug auf die Grundstellung des ersten Fingers als kleine oder große Sekundstellung beziehungsweise als kleine oder große Terzstellung erfolgen kann.

Die drei Hauptgriffarten der Sattellage auf der E-Saite sind:

Eine Lage umfaßt somit auf einer Saite das Intervall einer reinen Quart über der jeweiligen Grundstellung des ersten Fingers, der jeden Ton in Grundstellung greifen kann.

Wie die Beherrschung der Grundstellung des ersten Fingers die Voraussetzung bildet für die Zuverlässigkeit und Vertrautheit der mit den Hauptgriffarten gegebenen Verhältnisse, so beruht auf diesen wieder die Entwicklung des Lagengefühls.

Wer sich über die drei Hauptgriffarten klare Vorstellungen gebildet und sich ihre Beherrschung wirklich zu eigen gemacht hat, der wird sich in allen Lagen, auf dem ganzen Griffbrett leichter zurechtfinden; denn überall wird ihn sein auf richtiger Grundlage entwickeltes Lagengefühl zutreffenderweise die gleichen Verhältnisse voraussetzen und aufsuchen lassen, und ohne sonderliche Schwierigkeit wird er sich mit den bei zunehmender Entfernung vom Sattel kleiner werdenden Abständen der Griffe vertraut machen.

Den Lagen und dem Lagenwechsel muß, als zu den wichtigsten Aufgaben zählend, ein besonderer Abschnitt gewidmet werden; hier mag nur noch Erwähnung finden, was im Vollbesitz des Lagengefühls sich von selbst versteht, bis dahin aber nicht sorgsam genug beachtet werden kann, das betrifft die Aufrechterhaltung des Lagengefühls.

In welcher Weise auch immer die Hauptgriffarten Veränderungen erfahren mögen, z. B.:

u. a. m.

niemals darf darüber das Lagengefühl verlorengehen. Immer wieder müssen die Finger, auch die unbeschäftigten, solche Stellungen einnehmen, wie sie einer der Hauptgriffarten entsprechen. Besonders der erste Finger muß baldmöglichst in seine der jeweiligen Lage und Daumenhaltung entsprechende Grundstellung zurückgeführt werden.

In Beachtung dieser Regel ist, wenn beispielsweise fis^2 g^2 in der Sattellage aufgesetzt sind, die Vorstellung geboten, daß der zweite Finger zwar den Halbton über der erhöhten Grundstellung des ersten Fingers greift, der Griff aber trotzdem derjenige der großen Sekundstellung über f^2 ist und bleibt, da der erhöhte erste Finger ja nur vorübergehend erhöht und baldmöglichst in seine Grundstellung zurückzuführen ist, um das Lagengefühl nicht zu verlieren.

Findet indessen das fis^2 eine Fortsetzung wie am Schlusse des nachstehenden Beispiels, dann dürfen die beiden letzten Takte nicht in der Sattellage gespielt werden, vielmehr muß zum letzten fis^2 ein Lagenwechsel eintreten, dieses als neue Grundstellung aufgefaßt werden.

Die den Hauptgriffarten angepaßte Handhaltung.
Noch einiges vom Fingeraufsatz. Vom Vibrato.

Um uns von der Entspannung des Daumens zu überzeugen, ließen wir den Daumen am Hals hin und her gleiten. Besonders der Anfänger tut gut, nach jedem Griff die Hand auf völlige Entspannung hin zu untersuchen.

Die Forderung möglichster Entspannung ließ uns eine Handhaltung als die richtige erkennen, wenn die Finger in der ersten Hauptgriffart aufgesetzt sind. Schon bei der zweiten Griffart und erst recht bei der dritten, mit der Verlegung des Halbtons auf den zweiten und dritten beziehungsweise dritten und vierten Finger, ist die Hand vor andere Spannungsverhältnisse und Gewichtsverteilung gestellt, denen sich die Handhaltung anpassen muß, soll die Entspannung erhalten bleiben.

Zu diesem Zweck wird der Oberarm gehoben (vorgebracht) und zwar um so mehr, je weiter der Halbton sich von der Grundstellung des Zeigefingers entfernt. Da die Geige ihre horizontale Lage beibehalten muß, wird ausgleichend das Handgelenk sich ausbiegen, wodurch der Handrücken steiler gestellt und nicht mehr in einer Ebene mit dem Unterarm erscheint. Ferner wird, da die Art des Fingeraufsatzes nicht geändert werden darf, der immer stärker gestreckte Daumen zunächt die Berührung im zweiten Glied aufgeben und mit dem Nagelglied sich seitlicher an den Hals legen, wodurch seine Richtung, die ursprünglich auf das erste Zeigefingergelenk gestellt, mehr und mehr auf das zweite Zeigefingergelenk weisen wird. Der Daumen führt mithin eine Bewegung aus, die dem Hin- und Hergleiten gleichkommt.

Nur durch aufmerksame Versuche wird man sich von der Richtigkeit überzeugen können, daß durch die drei Hauptgriffe verschiedene Spannungsverhältnisse gegeben sind, denen auf die vorher beschriebene Weise der Hand- und Daumenhaltung entsprechend begegnet wird.

Die Vertrautheit mit dieser Wechselbeziehung zwischen Spannungsverhältnis und Spannung ausgleichender Hand- und Daumenhaltung ist das Lagengefühl, womit eine Sicherheit für reine Intonation verbunden ist, soweit diese gefühlsmäßig möglich.

Da die Oberarmbewegung selbst nicht so leicht wahrzunehmen, die Handgelenkausbiegung für den Spieler beinahe verdeckt und deutlich nur im Spiegel zu beobachten ist, so ist die Beweglichkeit des Daumens das sichtbarste und ein zuverlässiges Zeichen für das Vorhandensein eines Gefühls für Spannungs- und deren Ausgleichverhältnisse, wie umgekehrt ein starrer Daumen auf Hemmungen und Spannungen schließen läßt.

Ist die Hand- und Daumenhaltung bereits bei den drei Hauptgriffarten zu Spannungs- und Gewichtsausgleichen genötigt, also bei einem Fingerspiel, das sich im Rahmen einer reinen Quart hält, so sind Streckungen des vierten Fingers über die reine Quart hinaus in noch stärkerer Weise durch Ausbiegen des Handgelenks und rückwärtsgleitendem Daumenstrecken unterstützend zu begleiten.

Bei drei- und vierstimmigen Akkorden, die beispielsweise den kleinen Finger zu großen Streckungen auf der G-Saite nötigen bei einem Zeigefingeraufsatz am Sattel der oberen Saiten, führen die Ausgleichsbewegungen selbst für größere Hände zur Loslösung des Zeigefingerballens vom Griffbrett und zu einer Umlagerung des Daumens unter den Geigenhals, den er dann nur mit dem Nagelglied berührt und stützt. Diese Umlagerung des Daumens erfolgt unter gleichzeitiger Rechtsführung des Ellbogens und Annäherung des Handgelenks an die Geige, so daß der Handrücken zum Unterarm einen stumpfen Winkel bildet. Kleinere Hände dürften mitunter gezwungen sein, sogar den Daumenballen anzulegen, niemals aber dürfen die Daumengelenke den Hals berühren. Empfinden diese bei der Umlagerung auch nur den geringsten Druck, so ist dies ein Zeichen einer durchaus zu beseitigenden Anspannung.

Eine andere Art der Daumen- und Handanpassung löst ebenfalls in der vorher beschriebenen Weise die Anlehnung des Zeigefingerballens. Behielt zuvor der Daumen rückwärtsgleitend nur mit dem Nagelglied Fühlung am Halse, so paßt er sich nun der Gesamtbewegung, ohne seinen Platz aufzugeben, dadurch an, daß er durch leichtes Strecken die Berührung mit dem Nagelglied löst und den Hals nunmehr nur noch im zweiten Glied aufnimmt.

Diese Handeinstellung findet beim Lagenwechsel ausgiebige Anwendung. Auch innerhalb einer Lage bedient man sich ihrer vorteilhaft im Interesse der Entspannung, wenn z. B. der erste Finger in seiner Grundstellung als Halbtongriff auf einer höheren Saite unter dem zweiten Finger aufzusetzen ist, besonders wenn sich dieser Griff in rascher Folge wiederholt.

Nachstehende Übungen verbinden die Halbtongriffe über der Grundstellung des ersten Fingers in der Sattellage auf allen Saiten.

Daß der Halbtongriff in Verbindung mit Saitenwechsel zu kleinen Sextschritten oder zu übermäßigen Quartfolgen führt, ändert nichts an der Tatsache, daß es sich hierbei um Halbtongriffe handelt. — Betrachtungen und klare Vorstellungen in dieser Richtung tragen sehr zur Vertrautheit mit dem Griffbrett bei. — Der Halbtongriff bei kleinen Sextfolgen wird niemals zu Schwierigkeiten führen. Anders verhält es sich mit dem Halbtongriff bei aufsteigenden übermäßigen Quartfolgen, wie sie die zweite Hälfte des zweiten Beispiels zeigt.

In diesen und ähnlichen Fällen wird die den Fingern gestellte Aufgabe durch die zuletzt beschriebene Hand- und Daumenhaltung erleichtert, indem sie eine Änderung der Fingerstellung herbeiführt, die in erwünschter Weise ein bequemes Untersetzen gestattet.

Durch die Lösung des Zeigefingerballens vom Geigenhals wird der Haken, den die aufgesetzten Finger bilden, erweitert. Diese Erweiterung braucht nicht notwendig die Stellung der ersten Fingerglieder, also den eigentlichen Fingeraufsatz und somit auch die Tonhöhe zu verändern. Mit dem Vorbringen des Oberarms und Ausbiegen des Handgelenks ist beinahe unvermeidlich ein steiler Fingeraufsatz verbunden, wodurch eben dem untersetzenden Finger Platz geschaffen, aber auch der Ton in die Höhe getrieben wird. Um dieser Gefahr in bezug auf die Tonhöhe zu begegnen, ist der Ellbogen, wie auch früher schon erwähnt, nach rechts zu führen, was den Fingeraufsatz wieder schräger richtet und die Tonhöhe einzuhalten ermöglicht.

Will man der Hand keinen Zwang antun, so werden Hand, Daumen und Arm, der jeweiligen Fingerstellung entsprechend, von selbst eine Haltung einzunehmen streben, durch welche Gleichgewicht und Entspannung erhalten bleiben. Es kommt somit darauf an, stets mit Unbefangenheit zu prüfen, was der Bequemlichkeit der Hand entspricht. Lassen sich auch, wie im vorstehenden versucht, allgemeingültige Richtlinien mit einiger

Sicherheit aufstellen, so wird doch je nach dem Bau der Hände die eine und andere besondere Anpassung sich als notwendig erweisen. Immer muß aber eine Handhaltung wiedergewonnen werden, wie sie dem in Grundstellung aufgesetzten Zeigefinger und den über diesen gebildeten Hauptgriffarten zukommt, von welchen entschieden die erste Hauptgriffart die ungezwungenste Handhaltung aufzeigt, so daß man diese mit Berechtigung als Normalstellung ansprechen kann.

An anderer Stelle wurde schon gesagt, daß die Finger senkrecht aufzusetzen und abzuheben sind. Vor allem dürfen sie nicht seitlich abgezogen und besonders der dritte und vierte Finger vielleicht gar noch derartig zusammengekrampft werden, daß Nagel- und drittes Fingerglied sich berühren. Aus solcher Stellung ist selbstverständlich der nächstfolgende zeitlich genaue Fingeraufsatz stark behindert, wo nicht unmöglich.

Solange alle Finger sich in Ruhe befinden, sich nicht zur Ausführung einer Aufgabe einstellen, also vor eigentlichem Beginn und während ausreichend langer Pausen, sind sie stets völlig zu entspannen.

Von dem Anfänger bei den ersten Strichübungen auf leeren Saiten eine schön über und zum Griffbrett gestellte Fingerhaltung zu verlangen, widerspricht der Hauptforderung »möglichster Entspannung«.

Bei völlig entspannter Finger- und richtiger Handhaltung in den unteren Lagen wird der Zeigefinger in geringem Abstand so über den mittleren Saiten stehen, daß er ohne weiteres in seiner Grundstellung aufgesetzt werden kann. Das ist gerade die Bedeutung und das Wesen der Grundstellung des Zeigefingers, daß sie sein natürlich gegebener, durchaus ungezwungener, daher zuverlässigster Griff ist.

Wird nun der erste Finger aufgesetzt, gleichgültig ob in Grundstellung oder nicht, gleichgültig auch, ob die Tonfolge die übrigen Finger zu Griffen auf derselben oder anderen Saiten nötigt, so hat das Lagengefühl die zunächst noch unbeschäftigten Finger sofort in eine Stellung über derselben Saite zu führen, wie sie einer der drei Hauptgriffarten entspricht. Denn jeder Griff muß auf die Grundstellung des Zeigefingers bezogen werden. Welche 'der Hauptgriffarten zu wählen ist, entscheidet die Tonfolge.

Der Zeigefinger ist zuerst und dann immer in der Grundstellung aufzusetzen, wenn die Tonfolge einen anderen Finger den Reigen eröffnen läßt. Darin besteht die Aufgabe des Lagengefühls und dahin muß es entwickelt werden, auf Grund der drei Hauptgriffarten zunächst jedem Finger den ihm über dem ersten zukommenden Platz mit Sicherheit anzuweisen, um schließlich mit jedem Griff, in welcher Folge auch immer, in gleicher Zuverlässigkeit vertraut zu sein.

Der klaren Tonbildung wegen müssen die Finger mit einem Mindestmaß von Kraft auf die Saiten fallen, um diese sofort auf das Griffbrett zu drücken. Erfolgte der Fingeraufsatz mit zu geringer Fallkraft, also zu langsam, dann wird die Saite, wie es zur Obertonbildung (Flageolett) erforderlich ist, zunächst nur leicht berührt. Das macht sich durch einen pfeifenden Tonbeginn bemerkbar, der, da der Griff allmählich fester wird, von einem unbestimmten Geräusch abgelöst, den gewünschten Ton erst hören läßt, wenn die Saite bis auf das Griffbrett niedergedrückt ist.

Diese Zwischenstufen zu vermeiden, hat auch das Aufheben der Finger ausreichend schnell zu erfolgen.

Was die Fallhöhe der in Bereitschaft stehenden Finger angeht, so kann und muß der erste Finger, seiner größeren Muskelkraft und seiner für das Lagengefühl ausschlaggebenden Grundstellung wegen, nur in geringem Abstand (etwa Fingerstärke) über der Saite stehen. Der Abstand der anderen Finger vergrößert sich im Verhältnis zu deren geringeren Eigenkräften.

Bis zu der Höhe, aus welcher die Finger ohne Anstrengung mit ausreichender Kraft auf die Saiten fallen, sind sie auch wieder aufzuheben und ja nicht höher, mit Rücksicht auf stets gleichmäßige Bereitschaft und zur Ausschaltung unnötiger Bewegungen, die in diesem Fall in erneutem Heranholen der Finger bestünden.

Nach erfolgtem Fingeraufsatz bis zum Abheben der Finger darf der Fingerdruck nur gerade ausreichen, um die Saite auf dem Griffbrett festzuhalten. Größerer Druck ist nicht nur überflüssig, sondern in hohem Grade der Freiheit der Hand hinderlich. Außerdem führt er zu starker, die Feinfühligkeit der Fingerspitzen beeinträchtigender Hornbildung auf den Fingerkuppen und ist neben übermäßig klopfendem Fingeraufsatz mit die Hauptursache für eine nicht seltene, äußerst schmerzhafte Empfindlichkeit der Fingernerven, die bei nicht rechtzeitiger Beachtung selbst ernstere Störungen des Zentralnervensystems im Gefolge haben kann.

Daß die Stärke des Fingeraufsatzes dem musikalischen Gehalt sich anpassend bald größer, bald geringer sein wird, sei hier nur erwähnt.

Der viel getadelte, hoch in die Luft gestreckte Zeigefinger, wie er oft auch bei den besten Geigern zu beobachten ist, scheint mit vorstehenden Betrachtungen in Widerspruch zu stehen. In Wirklichkeit ist er nur die äußerste Folge richtiger Erkenntnis von den Fähigkeiten der Hand und deren Ausnutzung. Braucht man auch diesen gestreckten Zeigefinger durchaus nicht zum Vorbild zu nehmen, so ist er doch ein Zeichen höchster Freiheit. Denn er wird nur dann zu sehen sein, wenn es gilt, mit dem dritten und besonders mit dem vierten Finger in den höheren Lagen gegriffene Töne mit außerordentlichem Glanz und größter Belebung anszustatten. Wären dabei die an und für sich schwächeren Finger allein darauf angewiesen, die zur klaren Tonbildung erforderliche Saitenbelastung aus eigenen Kräften aufzubringen, so könnte das nur unter Anwendung eines Drucks geschehen, der die ganze Hand versteifte, wodurch die belebte Tongebung behindert, wo nicht ganz ausgeschlossen wäre. Benutzt man dagegen das Gewicht der Hand mit zur Saitenbelastung, das um so stärker wirkt, auf je weniger Finger es verteilt ist, was eben zum Aufheben nicht benötigter Finger führt, so ist damit die zur Ausführung der Tonbelebung (Vibrato) erforderliche Freiheit der Hand gesichert.

Das Vibrato ist ein Ausdrucksmittel. Wie die menschliche Stimme Kunde gibt von innerer Erregung oder tiefgehender Empfindung, so wende der Geiger das Vibrato nur an, wo es durch Erregung oder Empfindung begründet und berechtigt ist. Seine gewohnheitsmäßige Anwendung muß zum mindesten als mangelnde Einsicht gedeutet werden, denn der Ausdruck größter Heftigkeit und Leidenschaft, tiefster Empfindung wird notwendigerweise matter in Erscheinung treten, wenn er sich nicht gegen einen in der Regel ruhig und gleichmäßig gebildeten Ton abheben kann.

In bezug auf die Ausführung des Vibrato haben wir die wesentlichste Forderung bereits genannt, welche in der Freiheit der Hand und möglichster Ausschaltung von Druck seitens der Spielfinger besteht. Die Ausschaltung der Fingereigenkräfte ist mit der durch das Gewicht der Hand erzielten Belastung der Spielfinger verbunden. Die Freiheit der Hand wiederum ist um so größer, in je weniger Punkten die Hand die Geige berührt. Zu diesem Zweck löst man in den unteren Lagen die Berührung des Zeigefingerballens vom Griffbrett, wobei gleichzeitig der Daumen die seinige einschränkt, indem das Nagelglied die Berührung aufgibt, der Geigenhals nunmehr nur auf dem zweiten Glied ruht. Dies Loslösen des Zeigefingerballens und Beschränken der Daumenanlagerung auf das zweite Glied wird durch geringes Vorbringen des Oberarms unter Ausbiegen des Handgelenks bewirkt, so daß der Handrücken nun steiler steht; eine Armbewegung, wie wir sie bereits bei der den Hauptgriffarten angepaßten Handhaltung kennengelernt haben und der wir später beim Lagenwechsel wieder begegnen werden.

Bei nur zwei Berührungspunkten, mit dem Daumen und einem Spielfinger, führt die Hand die zum Vibrato erforderliche Bewegung am leichtesten aus. Diese Bewegung besteht in einer Art Winken, Beugen und Strecken der Hand in der Längsrichtung der Geige und erzeugt in der Übertragung auf die Saite Erhöhung und Erniedrigung der eigentlichen Tonhöhe in schnellem Wechsel. Niemals dürfen die Schwankungen der Tonhöhe so groß werden, daß sie die eigentliche Tonhöhe nicht mehr klar erkennen lassen oder gar einer Trillerwirkung gleichkommen, wie es in unseren Tagen leider selbst von berühmten Geigern besonders in höheren Lagen als eine weit verbreitete Unsitte zu allgemeiner Geschmackverbildung nur zu oft zu hören ist. Niemals darf die Vibratobewegung so langsam ausgeführt werden, daß die einzelnen Schwankungen der Tonhöhe dem Hörer wahrnehmbar werden.

Es versteht sich von selbst, daß das Vibrato als Ausdrucksmitttel sich dem jeweiligen Charakter in reichen Abstufungen von der leisesten Zartheit bis zur größten Heftigkeit anzupassen hat.

Nach einer in den meisten Violinschulen angeführten, im Unterricht stets eindringlich gelehrten und so durch mündliche Überlieferung aufs wirksamste weitergegebenen Regel, sollen die Finger auf den Saiten möglichst liegenbleiben. Gründliche Überlegung zeigt, daß dieser Regel nicht nur keine allgemeine Gültigkeit zukommt, sondern daß ihre Beachtung mehr Schaden als Vorteil bringen kann.

Schon die drei Hauptgriffarten ließen uns verschiedenen Spannungsverhältnissen Rechnung tragen. Bei aufgesetzten Fingern müssen diese Spannungen stärker zur Geltung kommen, doch dürften selbst kleinere Hände den dabei gegebenen Griffanordnungen, zumal auf einer oder auf benachbarten Saiten, immer noch bequem nachkommen. Daß diese Spannungen bereits die Freiheit der Hand, bei auch nur zwei aufgesetzten Fingern, merklich beeinträchtigen, erfuhren wir bei der Betrachtung über das

Vibrato. Die Hauptregel fordert aber stets möglichste Entspannung, somit müßte eine Regel eher das Aufheben der Finger verlangen. Durch meine Erfahrungen und Beobachtungen gebe ich dieser Forderung den Vorzug und füge nur die Einschränkung hinzu: von Fall zu Fall ist zu untersuchen, ob durch Liegenlassen eines Fingers die Aufgabe erleichtert werden kann.

Dieser Fall ist denn auch meist gegeben, wenn bei schneller Tonfolge in den Intervallen der Hautgriffarten Rückkehr zum selben Ton stattfindet, der bequemer und besser liegenbleibt. Z. B.:

Die Striche nach den Ziffern bedeuten, daß die betreffenden Finger liegenbleiben.

Oftmals empfiehlt sich bei längeren Notenwerten das Aufheben der Finger trotz Rückkehr zum gleichen Ton im Interesse größerer Lebendigkeit oder gleichmäßigeren Gesangs. Z. B.:

Die Kreuze nach den Ziffern bedeuten, daß die Finger aufzuheben sind.

Deutlicherer Aussprache, perlenderer Gestaltung wegen ist bei glänzendem Figurenwerk, teils im Gegensatz zu den ersten Beispielen, teils in Übereinstimmung mit ihnen, vorteilhaft folgendermaßen zu verfahren:

In diesen Beispielen könnten auch mehrere Finger liegenbleiben, doch dürfte dann das Fingerspiel weniger genau und prickelnd ausfallen.

Bei langsamerer Tonfolge ist es möglich, die Finger zu jedem Ton erneut aufzusetzen. Je nach der künstlerischen Absicht wird man also mitunter von einem Liegenlassen der Finger absehen, wenn etwa, wie z. B. in der F-moll Variation der Kreutzer-Sonate, die gewünschte Belebung bei gleichzeitigem Aufsatz von nur zwei Fingern schon nicht zu erreichen wäre. Denn, in welchem Intervallverhältnis auch immer zwei Finger aufgesetzt sein mögen, so bedeutet dies stets eine Spannung, die die Freiheit der Hand zur Belebung des Tons wohl zu beeinträchtigen vermag.

Mit der schneller und schnelleren Tonfolge wird die Grenze erreicht und überschritten, in der jeder Ton mit erneutem Fingeraufsatz gespielt werden kann. Dies ist in den beiden letzten Beispielen der Fall. Besonders in der Es-dur Sonate von Beethoven sieht sich der Geiger zu ungleichem Wettbewerb aufgefordert dem Klavierspieler gegenüber, der jeden Ton nur durch Anschlag erzeugen kann und somit hier, dem Wesen seines Instruments zufolge, vor die vorteilhaftere Aufgabe gestellt ist.

Durch die Bindung des ganzen Laufs ist allerdings der Geiger außerdem noch verhindert, sich eines wichtigen Hilfsmittels zu bedienen, wobei er jeden einzelnen Ton durch gestoßene oder geworfene Strichart hervorbringen könnte, um auf diese Weise die Schärfe und Genauigkeit des Klavieranschlags nachzuahmen. Unzweifelhaft kann die Benachteiligung nur in der Tätigkeit der linken Hand ihre Ursache haben. Tatsächlich liegt denn auch die Schwierigkeit darin, die Töne auf der Geige, dem einfachen Fingerschlag des Klavierspielers gegenüber, auf dreifache Art hervorbringen zu müssen, nämlich: außer der durch die leeren Saiten gebotenen Möglichkeit, bald durch Fingeraufsatz, bald durch Abheben der Finger in Verbindung mit oder ohne erneuten Fingeraufsatz.

Die Wichtigkeit deutlicher und zeitlich genauer Tongebung, guter Fingeraussprache also, verlangt somit vom Geiger nicht nur sorgsame Pflege des Fingeraufsatzes, sondern möglichst mit noch größerer Sorgfalt zu behandelndes, weil der Ausführung nach schwierigeres Aufheben der Finger.

Die Fingerbeugemuskeln, die den Aufschlag bewirken, sind durch die alltäglichen Verrichtungen geübter und kräftiger als die Streckmuskeln, welche die Finger von den Saiten abheben. Daher ist dieser Tätigkeit besondere Aufmerksamkeit zu widmen.

Die größere Schwierigkeit führt meist dazu, die Finger zu hoch zu heben. Auf die Höhe kommt es aber weniger an, um so mehr dagegen auf die Schnelligkeit und Genauigkeit, mit der die Finger die Saiten verlassen. Sobald dies geschehen ist, müssen die Streckmuskeln außer Tätigkeit treten, um die Finger nicht zu hoch schnellen zu lassen.

Auf diese Art läßt sich noch zuverlässiger die Bereitschaftsstellung der Finger feststellen, denn die geringste Höhe über der Saite, in welcher die Finger beim Abheben zur Ruhe kommen, muß für den von Haus aus kräftigeren Fingerschlag stets mehr als ausreichend sein.

Einem Einwand zu begegnen, daß die Regel vom Liegenlassen der Finger für Anfänger und für diesen nur im Interesse besserer Intonation zu gelten habe, sei hier diesen Abschnitt beschließend noch betont: nichts darf gelehrt oder gefordert werden, was jemals zum Hindernis werden, zu Hemmungen führen kann. Im Unterricht ist von allem Anfang an und mit ganzer Kraft darauf hinzuwirken, das Lagengefühl so auszubilden, daß Schritte aufwärts wie abwärts mit gleicher Sicherheit bewerkstelligt werden, zumal keine Richtung die häufigere genannt werden kann. Wer es noch nicht beobachtet hat, der achte bei sogar recht tüchtigen Geigern auf den Unterschied der Intonation und der Sicherheit des Fingerspiels zwischen auf- und absteigenden Tonfolgen. Immer werden die Schritte absteigender Richtung weniger sicher und häufiger unrein ausfallen. Mag dies auch zum Teil auf die fehlende Grundstellung des ersten Fingers zurückzuführen sein, mehr wird die Schuld ein eingewurzeltes Gebot tragen: Finger liegenlassen.

Über die Lagen und den Lagenwechsel in den unteren Lagen.

Die Beherrschung der Normalstellung der Hand, also das Gefühl für das Verhältnis zwischen der Daumenhaltung und dem in der Grundstellung aufgesetzten ersten Finger, ist die Voraussetzung für das Lagengefühl. Das zuverlässig sichere Lagengefühl wiederum ist die Grundbedingung für den Lagenwechsel.

Im allgemeinen spricht man von sieben Lagen, zu deren Studium eine reiche Literatur vorliegt. Diese Einteilung in sieben Lagen bringt es mit sich, daß die einzelnen Lagen als etwas voneinander Verschiedenes angesehen werden, wodurch deren Aneignung und Beherrschung erhebliche Schwierigkeiten bereiten.

Auch die Kenntnis des Griffbretts, wie die klare Vorstellung von der Art der Aufgabe der linken Hand wird durch den gebräuchlichen Lagenbegriff nicht gefördert, dem die Vorstellung gleicher Verhältnisse in allen Lagen, und daher auch die Vorstellung und der Gebrauch gleicher Griffarten und gleicher Fingersätze für gleiche Verbindungen in allen Lagen nahezu gänzlich unbekannt ist. So sollte es z. B. für alle auf dem ersten Finger und in einer Lage aufgebauten Dreiklänge nur die Vorstellung einer Griffart, eines Fingersatzes geben, gleichgültig auf welchem Ton man beginnt.

Zur Einführung in die Lagen ist dies meines Erachtens der vorteilhafteste Weg, der geeignet ist, unnötige, auf falschen Vorstellungen ruhende Schwierigkeiten gar nicht erst aufkommen zu lassen, zumal, wenn damit nicht zu spät begonnen wird.

Die Pflege der verschiedenen Zweige der Finger- und Bogentechnik sollte dem täglichen Studium zugrunde gelegt, der Anfänger mit ihnen baldmöglicht bekannt gemacht werden; so begegnet man am besten den Hemmungen, die aus den Vorstellungen von schwer oder unüberwindlich erwachsen.

Die Kennzeichnung der Lagen als erste, zweite, dritte Lage usw. ist reichlich ungenau und wird, dem vorher Gesagten entsprechend, besser nach der Grundstellung des ersten Fingers benannt. Nehmen wir beispielsweise den auf dem ersten Finger aufgebauten B-dur und H-dur Dreiklang, so würden beide nach der hergebrachten Bezeichnung der zweiten Lage angehören. Beide Dreiklänge mit der gleichen Daumenstellung gespielt, geben ein deutliches Beispiel für mangelndes Lagengefühl, Unkenntnis des Griffbretts und Verständnislosigkeit für die der linken Hand vorgeschriebenen Aufgabe. Der für sein Instrument wirklich begabte Geiger wird, ohne sich dessen bewußt zu sein, für beide Dreiklänge schwerlich dieselbe Daumenstellung beibehalten. Versucht er es absichtlich und verfügt bereits über eine ansehnliche Fertigkeit, so wird er dabei kaum eine wesentliche Schwierigkeit bemerken. Der Anfänger dagegen muß sich vor zwei verschiedene Griffarten und Aufgaben gestellt sehen, die er durch mühsames Erarbeiten sich anzueignen suchen wird, ohne auf solche Art eine zuverlässige Sicherheit zu erlangen. Wogegen man im Besitz des Lagengefühls, bei richtiger Hand- und Daumenstellung, für alle auf dem ersten Finger aufgebauten Durdreiklänge nur eine Griffart zu beherrschen braucht, die im vorliegenden Falle in der kleinen und großen Terzlage Anwendung findet.

Benennt man die Lagen nach der Grundstellung des ersten Fingers, so erhält man folgende eindeutige Bezeichnungen:

die kleine Sekundlage oder kurz Sattellage,
die große Sekundlage, die bei Gebrauch der Bezeichnung
 »Sattellage« kurzweg Sekundlage genannt werden kann,
die kleine Terzlage,
die große Terzlage,
die reine Quartlage, kurz Quartlage,
die übermäßige Quartlage oder verminderte Quintlage, die
 man, wie wir gleich sehen werden, mit voller Berechtigung
 als »Zwischenlage« bezeichnen kann,
die reine Quintlage oder kurz Quintlage,
die kleine Sextlage,
die große Sextlage,
die kleine Septimenlage,
die große Septimenlage,
die Oktavlage.

Da die römischen Ziffern I, II, III, IV zur Bezeichnung der E-, A-, D- und G-Saite außerdem in harmonischer Beziehung zur Angabe der Tonstufen Verwendung finden, die arabischen aber zum Fingersatz und auch zum bezifferten Baß benutzt werden, so könnte man sich zur eindeutigen Bezeichnung der Lage der umgekehrten arabischen Ziffern bedienen, wobei zur Kennzeichnung der kleinen Intervalle diese zu durchstreichen wären. Die Zwischenlage wird durch den Anfangsbuchstaben bezeichnet, also:

$$\bar{z}\ \bar{z}\ \varepsilon\ \varepsilon\ \bar{4}\ z\ \varsigma\ \vartheta\ 9\ \bar{\iota}\ \iota\ 8$$

Dem Bau der Geige zufolge kann und muß die Normalstellung der Hand, wie sie sich für die Sattellage ergibt, bis zur Quartlage beibehalten werden. Je nach der Bequemlichkeit wird die Normalstellung auch in der Zwischenlage, wobei der erste Finger eine übermäßige Quart oder eine verminderte Quint über der leeren Saite greift, Anwendung finden; doch kann hier auch schon eine Umlagerung des Daumens unter den Geigenhals eintreten. Die Quintlage muß die Umlagerung des Daumens vollzogen sehen, wie die Quartlage durchaus noch mit der Normalstellung, wie sie für die Sattellage beschrieben wurde, zu spielen ist. Daher durfte die Lage, in der beide Daumenhaltungen Anwendung finden können, mit gutem Grunde als Zwischenlage bezeichnet werden.

Zur Betrachtung der Arm-, Hand- und Fingertätigkeit beim Lagenwechsel legen wir den auf dem ersten Finger durch zwei Oktaven aufgebauten und wieder zurückgeführten Durdreiklang zugrunde und führen ihn unter chromatisch stufenweiser Erhöhung durch alle Lagen. Da der Lagenwechsel auf allen Saiten in der gleichen Weise vor sich geht, erübrigt sich die besondere Betrachtung jeder einzelnen Saite, wozu sich eine Verbindung der Hauptgriffarten vorzüglich eignete, welche Übung dem alle Saiten mit gleicher Sorgfalt behandelnden Studium empfohlen sei.

Nach dem As-dur Dreiklang gilt es den A-dur Dreiklang mit gleicher Handstellung zu spielen. Der Lagenwechsel erfolgt also bei aufgesetztem ersten Finger. Die gleiche Griffart dient zur Aneignung und zur Förderung des Lagengefühls.

Im vorliegenden Fall, wo es sich um die Erhöhung um eine kleine Sekunde handelt, kann der Lagenwechsel aufwärts auf zwei verschiedene Weisen bewerkstelligt werden. Wir beginnen mit der Darstellung derjenigen Art, die in umgekehrter Weise auch den Lagenwechsel abwärts gestattet.

Zuerst gleitet der Daumen in der Weise, wie wir es schon zur Feststellung seiner Entspannung getan haben, am Hals entlang, bis seine Richtung etwa auf das erste Gelenk des in kleiner Sekundstellung aufgesetzten zweiten Fingers zeigt. Mit dieser Daumenbewegung zugleich wird der Oberarm auf jene Art vorgebracht, die uns aus der Besprechung der den Hauptgriffarten angepaßten Handhaltung bekannt ist, wodurch das Handgelenk nach außen gebogen und die Berührung des Zeigefingerballens gelöst wird. Durch diese vorbereitende Bewegung kann die den Lagenwechsel bewerkstelligende Haupt- und Gesamtbewegung mit einem gewissen Schwung ausgeführt werden. Diese Hauptbewegung besteht in einem Senken des Oberarms, die Unterarm, Hand und den Spielfinger gleitend in die neue Lage führt, unter gleichzeitiger den Daumen aufrichtender Drehung um dessen Berührungspunkt am Hals, um auch für den Daumen am Ende der Gesamtbewegung die Normalstellung wiedergewonnen zu haben.

Der Berührungs- und Drehpunkt des Daumens liegt etwas unter dem ersten Gelenk im zweiten Daumenglied. Die Gesamtbewegung darf keinesfalls durch einen Druck zwischen Daumen und Zeigefingerballen behindert werden. Für die Dauer der Gesamtbewegung muß daher der Zeigefingerballen die Berührung lösen, um dem Bau des zum Geigenkörper hin stärker und stärker gehaltenen Halses Rechnung zu tragen und um außerdem bequemes Gleiten beeinträchtigende Reibung auszuschalten.

Die Reibung ist bei drei Berührungspunkten durch Daumen, Zeigefingerballen und Spielfinger beträchtlich und mühelos nicht zu überwinden.

Zum Lagenwechsel berührt die Hand den Hals am vorteilhaftesten nur in zwei sich gegenüberliegenden Punkten, mit dem Spielfinger einerseits und dem Daumen andererseits. Erst nachdem die neue Lage gewonnen ist, darf sich der Zeigefingerballen wieder an den Hals schmiegen.

Der Lagenwechsel vollzieht sich also in zwei Abschnitten:
1. durch die unter Ausbiegen des Handgelenks (geringes Oberarmheben) und Loslösung des Zeigefingerballens die neue Lage aufsuchende, den Lagenwechsel vorbereitende Daumenbewegung;
2. durch die Hauptbewegung: wobei durch Oberarmsenkung Unterarm und Hand sowie der Spielfinger gleitend die Normal- und Grundstellung in der neuen Lage gewinnen, bei gleichzeitiger den Daumen aufrichtender Daumendrehung.

Nach vollendetem Lagenwechsel schmiegt sich der Zeigefingerballen wieder an den Hals.

Der Lagenwechsel abwärts zur Sattellage zurück erfolgt zunächst durch Oberarmhebung (Ausbiegen des Handgelenks) bei gleichzeitigem Rückwärtsgleiten des Daumens. Der zurückgebogene Daumen gewinnt dabei wie beim Lagenwechsel aufwärts die ihm nunmehr zur Sattellage zukommende Stellung mit einem Punkt, der etwas unter dem ersten Gelenk im zweiten Glied liegt und der Hauptbewegung zum Stütz- und Drehpunkt wird. Die Hauptbewegung erfolgt durch ein geringes Oberarmsenken, wodurch die Hand aufgerichtet, gleichzeitig der Spielfinger zurückgezogen und durch eine Daumendrehung auch der Daumen in die Normalstellung der Sattellage zurückgeführt wird.

Der Lagenwechsel abwärts vollzieht sich also ebenfalls in zwei Abschnitten:
1. durch Heben des Oberarms (Ausbiegen des Handgelenks) bei gleichzeitigem, die neue Lage aufsuchenden Rückwärtsgleiten des Daumens;
2. durch geringes Oberarmsenken, Aufrichten der Hand, Zurückziehen des Spielfingers in Verbindung mit den Daumen aufrichtender Daumendrehung zur Gewinnung der neuen Normal- und Grundstellung.

Der Zeigefingerballen kann dabei loseste Fühlung mit dem Halse behalten, eine völlige Loslösung ist beim Lagenwechsel abwärts nicht unbedingt erforderlich, weil der Hals dünner wird.

Von besonderer Wichtigkeit ist, daß der Lagenwechsel mit einem gewissen Schwung verbunden ist, wozu die Oberarmtätigkeit verhilft. Zu diesem Zweck wird der Oberarm beim Lagenwechsel aufwärts zunächst um ein geringes gehoben und stärker dann gesenkt, umgekehrt zum Lagenwechsel abwärts zunächst stärker gehoben und um ein geringes nur gesenkt.

In gleicher Weise hat der Lagenwechsel über die Sekundlage zur kleinen und großen Terz- und Quartlage, auch zur Zwischenlage zu geschehen, wenn nicht etwa die Absicht besteht, über diese hinaus zu gehen. Soll indessen die Quintlage gewonnen werden, so kann die Umlagerung des Daumens bereits in der Zwischenlage vorgenommen werden, zur Quintlage muß sie vollzogen sein. Von der Umlagerung des Daumens und dem weiteren Lagenwechsel zur Quintlage und darüber hinaus wird zu reden sein, nachdem wir auch die zweite Art der Ausführungsmöglichkeit beim Lagenwechsel aufwärts besprochen haben.

Bei dieser wird durch geringes Heben des Oberarms (Ausbiegen des Handgelenks) zunächst die Berührung des Zeigefingerballens gelöst und in Verbindung mit leichtem Daumenstrecken der Hals auf das zweite Daumenglied gelagert, worauf die ganze Hand durch Senken des Oberarms zur Normalstellung der neuen Lage geführt wird. Diese Ausführungsart des Lagenwechsels aufwärts ist die einfachere und häufiger gebrauchte, findet aber keine Anwendung beim Lagenwechsel abwärts, der immer auf die zuerst beschriebene Art und Weise auszuführen ist, weil das gleichzeitige Gleiten von Daumen und Spielfinger durch Heben und Vorbringen des Arms nur mehr oder weniger gewaltsam und ruckweise geschehen kann.

Es sei hier noch bemerkt, daß der Lagenwechsel aufwärts mit vorangehendem Daumen nur möglich ist, soweit die Lage um eine kleine oder große Sekunde, allenfalls um eine kleine Terz erhöht werden soll. Diese Beschränkung ergibt sich aus dem Bau der Hand, die dem Lagenwechsel aufwärts mit vorausgehendem Daumen eine begrenzte Anwendung setzt, wogegen die zweite Art ausnahmslos angewendet werden kann.

Bei Lagenerhöhungen um eine kleine oder große Sekunde hat man also die Wahl zwischen beiden Arten des Lagenwechsels; eine Wahl, die in vielen Fällen je nach der Bequemlichkeit der den Spielfingern gestellten Aufgaben entschieden wird. Wo beide Arten gleich möglich erscheinen, gibt man vorteilhaft der mit vorausgehendem Daumen den Vorzug. Der Daumen führt sicherer zur neuen Lage. Sich seiner Geschmeidigkeit bedienen, wo immer es möglich ist, heißt die ihm eigentümlichen Fähigkeiten voll ausnutzen, sobald es sich um Aufgaben handelt, die er mühelos bewältigen kann und ihm daher in erster Linie zukommen.

Die Umlagerung des Daumens und das höhere Lagenspiel.

Wir haben gesehen, daß die Normalstellung der Hand, wie sie sich für die Sattellage ergab, in den Lagen bis zur Zwischenlage beibehalten bleibt, die Hand also bei gleicher Haltung dem Geigenkörper nur mehr und mehr genähert wird.

Während die Handwurzel und der Unterarm in den unteren Lagen (Sattel-, Sekund- und kleine Terzlage) niemals den Geigenkörper berühren dürfen, wird es bei der großen Terz- und noch eher bei der Quartlage je nach der den Fingern gestellten Aufgabe mitunter unvermeidlich sein, daß vorübergehend eine Anlehnung an den Schulterrand der Geige erfolgt, aber nur vorübergehend und nicht Stütze suchend oder gebend.

In der Zwischenlage hingegen liegt der Daumenballen und die Handwurzel an der rechten Schulterzarge, der Daumen am Halsklotz. Bei dieser Haltung würde für das höhere Lagenspiel, selbst der größten Hand mit der größten Spannfähigkeit, eine baldige Grenze gesetzt sein, daher muß, um die bisherige Finger- und Handstellung über und zum Griffbrett beibehalten zu können, dem Daumen ein anderer Platz angewiesen werden.

Die Umlagerung des Daumens hat bei der je um einen halben Ton erhöhten Fortschreitung spätestens beim Lagenwechsel von der Zwischenlage zur Quintlage zu erfolgen, weil darüber hinaus die Beibehaltung der Normalstellung unmöglich ist und aus der etwa bei der Quint-, Sext- oder Septimenlage ohne Umlagerung des Daumens erreichten Stellung die Umlagerung sowohl wie die für diese Lagen erforderliche Aufrichtung der Hand außerordentlich schwer auszuführen wäre.

Zur Umlagerung wird der Daumen rückwärtsgleitend bis zur Mitte unter den Hals geführt, den er nunmehr ungezwungen gestreckt mit dem Nagelglied berührt. In dieser Stellung kann der Daumen die Geige ebenso sicher stützen, wie er ausreichenden Halt findet, um weder rechts- noch linksseitig abzurutschen.

Es empfiehlt sich, den in der Zwischenlage auf den ersten Finger aufgebauten Cis- oder Des-dur Dreiklang abwechselnd mit der Normalstellung und mit umgelagertem Daumen zu spielen, ohne dabei die Hand- und Fingerstellung zu verändern.

Zum Lagenwechsel zur Quintlage wird dann zunächst nach vollzogener Umlagerung des Daumens, durch Vorbringen und Heben des Arms in Verbindung mit nach rechts geführtem Ellbogen die Hand aufgerichtet (Ausbiegen des Handgelenks) und gleichzeitig Hand und Zeigefingerballen von Geige und Griffbrett gelöst. Das Vorbringen und Heben des Arms muß von der Quintlage an mit einem zu jeder höheren Lage noch stärker nach rechts geführten Ellbogen verbunden werden und ist erforderlich, um die Hand um den Schulterrand der Geige herumzuführen und außerdem die Finger in ausreichender Weise über das Griffbrett zu heben. Der Handrücken steht nun nicht mehr in einer Ebene mit dem Unterarm, sondern bildet mit diesem einen stumpfen Winkel. Nach diesen den Lagenwechsel vorbereitenden Bewegungen wird die ganze Hand entweder durch Senken des Oberarms in die neue Lage geführt, oder der Daumen gleitet unter weiterem Ausbiegen des Handgelenks in die ihm zukommende Stelle, worauf durch Senken des Oberarms die Grundstellung der neuen Lage vollkommen hergestellt wird.

Der Lagenwechsel abwärts zur Zwischenlage kann entweder unter Beibehaltung des umgelagerten Daumens geschehen oder auch gleich die Normalstellung der Zwischenlage gewinnen lassen.

Im ersten Falle gleitet der Daumen zunächst um das entsprechende Stück durch Heben des Oberarms (Ausbiegen des Handgelenks) zurück, dann wird der Spielfinger nachgezogen und gleichzeitig nehmen Zeigefinger- und Daumenballen sowie Handwurzel durch Senken des Arms wieder lose Fühlung mit Hals und Geigenkörper. Nun kann der Daumen durch Rücklagerung an den Holzklotz auch die Normalstellung der Zwischenlage wieder herstellen, zumal, wenn die Absicht besteht, noch tiefere Lagen aufzusuchen.

Im zweiten Fall wird nach Heben des Oberarms (Ausbiegen des Handgelenks) durch Senken desselben in Verbindung mit gleichzeitiger Rücklagerung des Daumens an den Halsklotz die Normalstellung bis auf den Spielfinger in einer Gesamtbewegung gewonnen, worauf der Spielfinger gleitend in seine Grundstellung der Zwischenlage zurückgeführt wird. Geschicklichkeit und Übung wird auch diese beiden Bewegungen scheinbar in einer einzigen ausführen lassen, tatsächlich aber geht die Hauptbewegung (mit dem Daumen!) dem Zurückgleiten des Spielfingers um eine Wenigkeit voran.

Die Verbreiterung der Saitenlage und des Griffbretts zum Steg hin entfernt die tiefen Saiten mit jeder weiteren Lage mehr und mehr der Hand und den Fingern und nötigt von der Zwischenlage ab, in der aus Rücksicht auf den Geigenkörper die

Umlagerung des Daumens erfolgt, zu besonderer Beachtung. Das Heben des Arms und der Hand in Verbindung mit nach rechts geführtem Ellbogen bezweckt die Überwindung dieser Schwierigkeit.

Bildet der in höheren Lagen aufgesetzte Finger einen erheblich stärker geöffneten Haken als in den unteren Lagen, so darf dadurch der Aufsatzwinkel und die Richtung der ersten Fingerglieder zu den Saiten doch nicht verändert werden. Die Erweiterung des Hakens muß also durch Veränderung der Stellung der Fingerglieder unter- und zueinander erreicht werden.

Wir haben nun diejenige Stellung gefunden, die bis in die höchsten Lagen in ihren wesentlichen Merkmalen beibehalten werden kann und die wir im nachfolgenden zum Unterschied von der Normalstellung als Lagenstellung bezeichnen wollen. Der gestreckte Daumen liegt jetzt mit dem Nagelglied am Hals oder Geigenkörper und wird so der Geige zu vollkommener Unterstützung; und zwar je nach der Lage: auf der Mittellinie des Halses ruhend oder gleitend (von der Zwischen- bis zur kleinen Sextlage) oder in fester Anlehnung an den Halsklotz (von der großen Sextlage ab) oder an den oberen rechten Schulterrand der Geige in den allerhöchsten Lagen. Mit aufgesetzten Fingern zusammen gibt diese Daumenhaltung der Hand völlige Freiheit und Sicherheit der Stellung. Die Hand wird je nach der Fingertätigkeit den Geigenkörper wohl berühren, wird aber eine dauernde und feste Anlehnung zu vermeiden haben, da diese zur Versteifung führt.

Bei der weiteren Fortschreitung von der Quint- zur kleinen Sextlage, von dieser zur großen Sextlage bleibt das Verhältnis der Daumen- zur Handstellung, somit auch zur Grundstellung des ersten Fingers unverändert. Der Lagenwechsel erfolgt wie von der Zwischenlage zur Quintlage entweder durch Senken des Oberarms, wobei Daumen und Zeigefinger gleitend in die neue Lage geführt werden, oder indem der Daumen vorausgehend unter Ausbiegen des Handgelenks die neue Lage zuerst aufsucht, worauf durch Senken des Arms die Lage vollkommen hergestellt wird. Zu jeder neuen Lage muß der Arm außerdem noch mehr und mehr gehoben und nach rechts geführt werden, um die Finger in die erforderliche Stellung über die Saiten zu bringen und die Hand um den Schulterrand der Geige zu führen. Der Winkel zwischen Handfläche und Unterarm wird sich also mit jeder Lage verringern, der Spielfinger einen mehr und mehr geöffneten Haken bilden.

In der großen Sextlage findet das Nagelglied festen Halt im Winkel des Halsklotzes. Es kann nicht genug betont werden, daß Daumenballen und Hand niemals in der Anlehnung an die Geige unterstützenden Halt suchen dürfen. Die Berührung ist mitunter, je nach der Aufgabe der Finger, unvermeidlich, mehr oder weniger locker, muß aber jederzeit gestatten, dem freien Fingerspiel auf allen Saiten entsprechend Arm und Hand zu heben oder zu senken.

Die große Sextlage bestimmt, wie wir gesehen haben, die Stellung des Daumens genau, die für alle höheren Lagen unverändert beibehalten bleibt, wenn nicht kleine Hände eine weitere Umlagerung an den oberen Schulterrand der Geige nötig machen, was allerdings meist erst in den höchsten Lagen erforderlich werden dürfte.

Aber auch die Grundstellung des ersten Fingers hat ihren durch die Mensur der Geige bestimmten Platz, da die große Sext genau mit dem Geigenrand zusammenfällt.

Zum Lagenwechsel abwärts gleitet der Daumen unter Heben des Oberarms (Ausbiegen des Handgelenks) zunächst an seinen ihm zukommenden Platz, worauf durch Senken und Linksführung des Oberarms (Aufrichten und Rückführen der Hand vom Schulterrand der Geige) und Zurückgleiten des Spielfingers die neue Lagenstellung eingenommen wird.

Beim weiteren Lagenwechsel zur kleinen und großen Septimen- und zur Oktavlage werden durch Vergrößerung der Spannweite zwischen Daumen und Zeigefinger Hand- und Spielfinger in die neue Lage geführt, wobei diese durch entsprechendes Heben des Oberarms die erforderliche Haltung über und zum Griffbrett gewinnen. Der Winkel zwischen Unterarm und Hand wird dadurch weiter verringert, das Handgelenk erscheint immer stärker nach außen gekehrt.

Durch Verringerung der Spannweite und Senken des Arms wird der Lagenwechsel abwärts bis zur großen Sextlage zurück bewerkstelligt.

Zur Besprechung der Hand- und Armstellung in den über die Oktavlage hinausgehenden Lagen empfiehlt sich gesonderte Betrachtung jeder einzelnen Saite unter Zugrundelegung der an früherer Stelle angegebenen Verbindung der Hauptgriffarten. Schon in der Oktavlage dürfte der auf dem ersten Finger aufgebaute Dreiklang durch zwei Oktaven nur selten Anwendung finden. Man sollte nie etwas mit viel Mühe sich anzueignen suchen, was aus technischen Gründen in der Praxis vermieden wird oder überhaupt nicht vorkommt. Auch sollte man sich nie zu lang hintereinander mit der gleichen Schwierigkeit abgeben, ein Fehler, der selbst in berühmten Etüdenwerken von Kreutzer und Rode anzutreffen ist und nicht nur nicht zur Förderung der Geschicklichkeit beiträgt, sondern geradezu verderblich wirkt und wirken muß. So führen z. B. die ausgedehnten Trillerstudien bei Kreutzer leicht zur Ermüdung und dauernder Lähmung der Muskelschnellkraft. Stets gelte für das tägliche Studium die Grundregel: möglichst alle verschiedenartigen technischen Dinge in kleinen Dosen; kein gewaltsames Überwindenwollen irgendeiner Schwierigkeit.

Über die Oktavlage hinaus genügt meist weitere Vergrößerung der Spannweite zwischen Daumen und Zeigefinger. Wo diese nicht mehr ausreicht, muß die bereits erwähnte Umlagerung des Daumens an den oberen Schulterrand der Geige erfolgen, wohin der gestreckte Daumen gleitend gelangt, indem der Oberarm noch weiter nach rechts geführt wird. Die Spannweite hat sich durch diese Umlagerung wiederum verringert, zur Gewinnung noch höherer Lagen kann somit das Spiel der Vergrößerung der Spannweite von neuem beginnen, dabei darf das Heben und die Rechtsführung des Arms aus den bereits wiederholt genannten Gründen nicht vergessen werden.

Der Lagenwechsel abwärts erfolgt auf die gleichfalls bereits beschriebene Art und Weise durch Verringerung der Spannweite unter gleichzeitigem Senken des Arms. War der Daumen zur Umlagerung an den Schulterrand der Geige genötigt, zunächst bis in diejenige Lage, in welcher durch Rückführung des Arms nach links der gestreckte Daumen gleitend wieder seinen festen Halt am Halsklotz gewinnen kann. Dann bis zur großen Sextlage weitere Verringerung der Spannweite, verbunden mit fortgesetztem Senken und weiterer Linksführung des Arms.

Es drängt sich uns durch die vorstehenden Betrachtungen die Frage auf, ob es nicht möglich wäre, eine Daumenstellung zu finden, die sich für alle Lagen eignete?

Die Normalstellung, wie sie sich aus der Bequemlichkeit der Hand und der Forderung ihrer möglichst vollkommenen Entspannung ergab, ist für die höheren Lagen ausgeschlossen.

Die Lagenstellung könnte wohl noch für die große Terzlage beibehalten werden, für die tieferen Lagen kommt sie nicht in Betracht, weil dann der Ansatz der Schnecke dem Daumen im Wege steht.

Es bliebe noch die eine Möglichkeit, den Daumen auch in den unteren Lagen im Nagelglied und zwar seitlich an den Hals zu legen, so daß er bei geringer Aufrichtung der Hand allmählich zur und auf der Mittellinie des Halses gleitend bis zum Halsklotz gelangte, von wo ab nur eine Hand- und Daumenhaltung, die Lagenstellung, gegeben ist. Diese Möglichkeit kann für sich den Anspruch auf größere Einheitlichkeit erheben, allein sie entspricht in den unteren Lagen, in denen man sich vorzugsweise zu bewegen hat, keineswegs den Forderungen nach Bequemlichkeit und Entspannung, die als erstes und ausschlaggebendes Gebot uns für die unteren Lagen die Normalstellung als einzig richtig erkennen ließ. Um so mehr als die große Beweglichkeit des Daumens die Umlagerung ohne erhebliche Aufwendung an Kraft und Mühe bewerkstelligen läßt, wovon man sich leicht überzeugen kann, wenn man die unseren Betrachtungen zugrunde gelegte Tonfolge in der Zwischenlage abwechselnd mit der Normal-. und Lagenstellung spielt. Zudem werden wir, immer dem Grundsatz und dem Verlangen nach Bequemlichkeit und Entspannung folgend, und auf den bisherigen Ausführungen als Grundlage aufbauend, leicht Mittel und Wege ausfindig machen, wie beide Stellungen bei der Verbindung entfernterer Lagen geschickt ineinander überzuführen sind. Je nachdem, ob es sich um die Verbindung einer unteren oder mittleren mit einer höheren Lage handelt, werden wir eine untere oder obere Lagenvermittelung eintreten lassen, worauf hier nur hingewiesen sei.

Zweiter Teil.
Über die Bogenführung. Der rechte Arm.
Von der Bedeutung des rechten Arms in bezug auf Tonbildung, Klangfarbe, Klangstärke.

Der Laie und mit ihm sogar viele Geiger sehen die Tätigkeit der linken Hand als die Hauptsache an und unterschätzen die Wichtigkeit des rechten Arms, dessen Aufgabe die Tonbildung ist.

Von der Vollkommenheit der Tonbildung hängt im wesentlichen die Tonschönheit ab, mehr jedenfalls, als man diese im allgemeinen auf größere oder geringere Vorzüge des Instruments zurückzuführen geneigt ist.

Einzig und allein die Beherrschung der Bogenführung lassen den Geiger nach freiem Ermessen über Klangfarbe und Klangstärke verfügen, deren mannigfache Verbindungsmöglichkeiten zu Gebote stehen müssen, soll, wie bei der menschlichen Stimme, der ganze Reichtum verschiedenartigster Empfindung zum Ausdruck gelangen.

Nur dem wirklichen Künstler wird es möglich sein, eignes Empfinden und Erleben in das jeweilig vorgetragene Werk hineinströmen zu lassen, ohne diesem und seinem Schöpfer dadurch Gewalt anzutun. Die Klangfarbe wird ihm dazu als ein wesentliches Hilfsmittel dienen.

Wo aber die Klangfarbe sich nach der technischen Anforderung in Verbindung mit den dynamischen Vorschriften des Komponisten nur aus dem Bestreben nach bestem Wohlklang ergibt, wird man günstigenfalls von Tonschönheit, von einem Meister seines Instruments sprechen können. Solcherart sich zwangläufig einstellende Klangfarbe ist jedoch leblos gegen jene des im Nachschaffen auch noch eignes Empfinden vermittelnden Künstlers, der gegenüber der rein geigerischen Befähigung eine höhere Stufe der Begabung darstellt.

Die höchste Begabung verbindet damit noch eine formende, gestaltende Kraft, die, auch das eigne Empfinden in den Dienst der Sache stellend, dem Gehalt des Kunstwerks zur restlosen Darstellung verhilft. — Nicht selten wird eine solche Leistung tadelnd der Unpersönlichkeit, der »Objektivität« beschuldigt, während der sogenannten »subjektiven Leistung«, den abscheulichsten, willkürlichen Vergewaltigungen Bachscher, Beethovenscher, Mozartscher Meisterwerke, wie auch der seichtesten, oberflächlichsten Virtuosität überhaupt, die höchsten Huldigungen dargebracht werden. — Vermittelst der Klangstärke vermögen wir Licht und Schatten richtig zu verteilen, dem musikalischen Gedanken Leben und Körperlichkeit zu geben und kommen damit in das Reich des Rhythmus, dessen Wesen der periodisch gebundene Wechsel zwischen »betont und unbetont« ist.

Der Rhythmus ist der Pulsschlag in der Musik. Und wie der Puls je nach den Umständen ruhiger oder erregter schlägt, so auch der lebendige Rhythmus, der von metronomischer Taktschlägerei so verschieden ist, wie das pochende Herz von einem Uhrwerk. Einerseits an den Wechsel zwischen »schwer und leicht« gebunden, andererseits wie der Herzschlag dem Erleben unterworfen, ist der Rhythmus geradezu das Symbol der Musik. Wie denn das Gegensätzliche überhaupt erst künstlerische Wirkung ermöglicht und das letzter Erkenntnis zugängliche Fundament allen Kunstschaffens ist, das seinem Gehalt nach nicht wie ein Spiegel die Natur widerspielt, sondern Natur selbst ist in höchster, vergeistigter Erscheinung.

Hat man erst erkannt, daß die Tonbildung, Klangfarbe und Klangstärke, die Ausdrucksmöglichkeit, wie die charakterisierende Spielweise, der lebendige Rhythmus, das weite Gebiet der Stricharten, die nicht dem Zufall oder der Willkür, sondern der Kunst großer Geiger oder der harten, nach bester Ausdrucksmöglichkeit ringenden Arbeit des schaffenden Genius zu danken sind, daß all diese Dinge von einer vollendeten Bogenführung abhängen, dann wird man auch dem rechten Arm die ihm gebührende fortgesetzte, sorgfältigste Pflege zukommen lassen.

Die Schwierigkeit besteht darin, den Bogen fest und sicher in der Hand zu haben, und dennoch die gesamten Muskeln des Arms für dessen vielseitige Aufgaben geschmeidig und locker zu erhalten. Wie Joachim im Unterricht unzählige Male die Aufgabe der Hand und des Arms kennzeichnete: »Finger fest, Handgelenk lose!« — wobei »Handgelenk« als ein Sammelbegriff verstanden werden muß und zwar für die gesamte Tätigkeit des Arms, dessen dem Willen hemmungslos zu Gebote stehender Bewegungsmechanismus in einem geschmeidigen Handgelenk seinen sichtbarsten Ausdruck findet.

Ober- und Unterarm führen den Bogen und vermitteln über ein loses, geschmeidiges Handgelenk ihren Willen durch Hand und Finger auf den Bogen, der von den Fingern lediglich sicher und fest gehalten werden muß. Dem führenden Arm folgen also Hand und Finger (von größter Wichtigkeit beim Bogenwechsel!), wie ähnlich beim Schwingen einer Flagge das Fahnentuch der Fahnenstange folgt, die Fahne noch in der ersten Richtung fliegt, während die Stange schon zurückschwingt.

Von den durch die Saiten bedingten Forderungen einer guten Bogenführung.

Alle Bewegungen des rechten Arms werden durch die Aufgabe des Bogens bestimmt, die Saiten in Schwingungen zu versetzen. Je vollkommener und reiner die Schwingungen in bezug auf deren ununterbrochene Gleichmäßigkeit sind, desto vollkommener und reiner ist der Klang.

Da die Saiten transversal, d. h. senkrecht zu ihrer Längenachse und in einer Ebene schwingen, muß der Bogen so geführt werden, daß er die Saiten rechtwinklig schneidet, und sich in einer Ebene (der Strichebene) bewegt.

Eine Ebene wird durch zwei sich schneidende Linien oder Geraden bestimmt, die im vorliegenden Fall durch die Saitenlänge einerseits, andererseits durch den als Linie gedachten Bogen gegeben sind.

Da die Saite feststeht, bestimmt sie die Richtung der Bogenführung, die die Saite rechtwinklig schneiden muß; während die Lage der Strichebene dem Ermessen des Spielers bis zu gewissem Grade freigestellt ist, soweit es die Nachbarsaiten und der Bau der Geige zulassen.

Die zu Beginn eines Bogenstrichs gewählte Strichebene muß, wie die unter dem rechten Winkel erfaßte Strichstelle, zur vollkommenen Klangbildung möglichst innegehalten werden, denn jede Abweichung von der die Saite rechtwinklig schneidenden, in derselben Strichebene bewegten Bogenführung stört die Schwingungsmöglichkeit der Saite, bremst diese gleichsam und beeinträchtigt dadurch die Klangreinheit und die Tonschönheit.

Von der Strichstelle.

Hat der Bogen die Saite rechtwinklig erfaßt, so steht er parallel zum Steg, wie es von allen Schulen richtig gelehrt wird. Ausschlaggebend für diese Regel ist aber nicht etwa bequemere Spielweise oder Rücksicht auf vorteilhaften Anblick, allein ausschlaggebend ist die vollkommene Schwingungsmöglichkeit der Saite. Da die Saite transversal, d. h. senkrecht zu ihrer Längenachse schwingt, muß der Bogen rechtwinklig zur Saite geführt werden. Dadurch wird bei gleichem Abstand vom Steg immer dasselbe Saitenteilchen vom Bogen erfaßt, was die erste Bedingung für vollkommene Tonbildung und gleiche Klangfarbe ist.

Die Wahl des Abstandes der Strichstelle vom Steg wird durch unsere künstlerische Absicht entschieden, welche Klangfarbe wir erzeugen wollen.

Die Klangfarbe hängt ab von Höhe und Zahl der mitklingenden Obertöne. Da um so höhere Obertöne entstehen, je näher die Strichstelle dem Steg liegt, so ist tatsächlich die Klangfarbe in das freie Ermessen des Geigers gestellt, vorausgesetzt, daß er die Bogenführung meistert. Denn es fällt dabei erschwerend ins Gewicht, daß jeder Strichstelle, je nach dem Abstand vom Steg, eine bestimmte Bogengeschwindigkeit im Verhältnis zur Saitenbelastung entspricht. Dies ist bedingt durch den Schwingungsausschlag (Amplitude) der Saite, der in ihrer Mitte am größten, in ihren Auflagerungsstellen, also am Steg und Sattel, am geringsten ist. So ist beispielsweise näher am Steg größere Saitenbelastung bei mäßiger Bogengeschwindigkeit erforderlich. Näher am Griffbrett: größere Bogengeschwindigkeit bei geringerer Belastung.

Daß sich dies tatsächlich so verhalten muß, kann man an einer in Schwingung gesetzten, an beiden Enden befestigten Kette leicht erproben, wenn man versucht, die Schwingungen gleich groß zu erhalten. Je näher man zu den Befestigungspunkten eingreift, um so größere Kraft ist aufzubieten. Dagegen muß man an Größe der Bewegung ersetzen, was man an Kraft aufzugeben hat, je weiter man zur Mitte einzuwirken sucht.

In gleicher Weise muß für dieselbe Strichstelle je nach der Tonstärke die Bogengeschwindigkeit in das richtige Verhältnis zur Saitenbelastung gebracht werden.

Unter Saitenbelastung ist der vom Bogen auf die Saiten ausgeübte Druck zu verstehen.

Man spricht besser von Saitenbelastung und nicht von Bogendruck, weil dieser sich ohne unser Zutun nach den Hebelgesetzen vom Frosch bis zur Spitze dauernd ändert.

Schließlich verlangt auch die Tonhöhe Berücksichtigung bei der Wahl der Strichstelle. Soll die Klangfarbe beibehalten werden, und wird die Saite um die Hälfte zur Oktave oder um ein Drittel zur Quinte verkürzt, so muß die Strichstelle dementsprechend dem Steg um die Hälfte beziehungsweise um ein Drittel genähert werden. Erfährt die Strichstelle nicht eine der Saitenverkürzung entsprechende Annäherung zum Steg, so ändert sich zunächst die Klangfarbe. Hat man auch die Bogengeschwindigkeit und die Saitenbelastung beibehalten, so sind unschöne Tonbildung und häßliche Nebengeräusche aller Art die unausbleibliche Folge. Denn entsprechen Bogengeschwindigkeit und Saitenbelastung der vollkommenen Klangbildung der leeren Saite, so sind sie nach eingetretener Tonerhöhung nur für diejenige Strichstelle anwendbar, die der Saitenverkürzung entsprechend näher zum Steg liegt.

Umgekehrt: erfolgt bei gleichbleibender Tonhöhe eine Verschiebung der Strichstelle unabsichtlich, ohne also auch der neuen Strichstelle entsprechend Bogengeschwindigkeit und Saitenbelastung anzupassen, so entstehen wispernde, fauchende oder pfeifende Nebengeräusche, denen man leider so häufig begegnet, weil es den meisten Geigern an der nötigen Einsicht oder an wirklicher Bogenbeherrschung fehlt.

Mangel an Tonsinn ist mitunter der Grund für eine vernachlässigte Bogenführung, in solchen Fällen täte der Betreffende besser, die Geigerei aufzugeben. Häufiger ist die Ursache in ungenügender, ja geradezu falscher Unterweisung zu suchen. Hier ist die Erkenntnis dessen, worauf es ankommt: was die Saite verlangt und wie die Bogenführung dem gerecht zu werden vermag, trotz aller Mühe manchmal doch außerstande, eingewurzelte Fehler auszumerzen, wenn die von den Fesseln befreite Begabung nicht mithilft.

Bei den vielen Faktoren, welche einerseits die Strichstelle bedingen oder andererseits durch diese bestimmt werden, erscheint die Strichstelle als ein Punkt, dessen Deutung dem gewiegtesten Physiker Kopfzerbrechen bereiten dürfte. Bei einiger Übung und Erfahrung löst richtige Begabung diese Schwierigkeit durch das Muskelgefühl unter Leitung des Ohres ohne weitläufige Spekulation.

Wegen der Schwierigkeit dieser Frage läßt man den Anfänger die Strichstelle zunächst als unveränderlich zwischen Steg und Griffbrett festhalten. Auch wir nehmen deshalb die Strichstelle in der vorerwähnten Weise als feststehend an. Daher liegt den folgenden Betrachtungen der Gebrauch ganzer Bogenlänge unter geringer Saitenbelastung bei einer mäßigen Bogengeschwindigkeit von etwa 2 bis 3 Sekunden auf leeren Saiten zugrunde.

Von einer erschöpfenden Darstellung über die Strichstelle müssen wir hier absehen, um den Gang der vorliegenden Betrachtung nicht übermäßig aufzuhalten.

Von der Strichebene.

Außer Berücksichtigung der Strichstelle verlangt die Saite zur ungehinderten Schwingungsmöglichkeit möglichste Beibehaltung der Strichebene. Der Bogen darf nur in derjenigen Richtung fortgeführt werden, die seine Lage zu Beginn eines Bogenstrichs aufweist. Da die Saite in einer Ebene schwingt, die durch den Bogen im Augenblick seiner Berührung mit der Saite gegeben ist, muß jede Änderung der Bogenlage die Schwingungsfläche der Saite schneiden, was die Schwingung bremsen oder zum Stillstand bringen muß und durch unregelmäßige oder unterbrochene (unschöne und kratzige) Tonbildung wahrnehmbar wird.

Auch übermäßiger Druck beeinträchtigt die vollkommene Tonbildung in ähnlicher Weise. Die Saite kann dabei nicht mit der erforderlichen Gleichmäßigkeit schwingen, weil sie, in unverhältnismäßiger Weise in der Strichrichtung mitgerissen, unter dem übermäßigen Druck nun nur unvollkommen zurückschnellen kann. Sobald die einer gegebenen Strichstelle zukommende äußerste Grenze an Saitenbelastung überschritten wird, kann die Saite unmöglich gleichmäßig weiterschwingen. Solcherart herbeigeführte Störung der Saitenschwingungen ist die Ursache des Kratzens.

Da unsere Betrachtungen zunächst nur dem Gebrauch der ganzen Bogenlänge auf derselben Saite gelten, werden wir später von dem Saitenwechsel zu sprechen haben, bei dem es sich um die absichtliche Änderung der Strichebene handelt.

Wählt man die Lage der Strichebene unter Berücksichtigung gleicher Entfernung von den Nachbarsaiten, um deren Berührung zu vermeiden, so ergibt sich für jede Saite eine Strichebene. Bei Doppelgriffen, wie beim Saitenstimmen fällt die Strichebene mit der gemeinsamen Tangente der betreffenden Saiten zusammen. Eine Tangente ist eine Gerade, die einen Kreis nur in einem Punkte berührt. Die Strichebene für dreistimmige Akkorde ist die der mittleren Saite. Es gibt somit sieben Strichebenen, deren dauernde, sorgfältige Pflege Aufgabe des täglichen Studiums sein sollte.

Die Strichebene der E-Saite ist mit Rücksicht auf die Bequemlichkeit des rechten Arms ausschlaggebend für die Neigung des Geigenkörpers, indem bei herabhängendem Oberarm und bei horizontaler Haltung des Unterarms E-Saite, Bogenhaare und Unterarm in einer Ebene, der Strichebene der E-Saite, liegen müssen.

Von der Gewichtsverteilung des Bogens in bezug auf die Tonbildung.

Wir haben soeben als Grundbedingung einer guten Tonbildung die zur Saite im rechten Winkel gerichtete und eine Ebene, die Strichebene, innehaltende Bogenführung kennengelernt.

Eine weitere unerläßliche Bedingung für die vollkommene Tonbildung ist die Vertrautheit mit der Eigenart des Bogens, der die Saiten in Schwingungen zu versetzen hat und der nach seiner Zweckmäßigkeit und seiner der Hand sinnvoll angepaßten Bauart ein Werkzeug von seltener Vollendung darstellt.

Betrachten wir zunächst den Bogen auf seine Gewichtsverteilung hin und auf deren Verhältnis und Mitwirkung bei der Tonbildung. Die Hauptmasse des Bogens liegt im unteren Teil, wo die verstärkt endigende Stange zur Aufnahme von Frosch und Schraube eingerichtet ist. Der Schwerpunkt liegt demzufolge nicht in der Mitte, sondern ungefähr am oberen Ende des unteren Bogendrittels.

Setzen wir den Bogen so auf die Saite, daß sein Schwerpunkt senkrecht über der Strichstelle ruht, so ermöglicht diese Gleichgewichtslage durch Heben und Senken des Arms den Bogen mühelos jede Strichebene einnehmen zu lassen.

Führen wir den Bogen nun zum Frosch, und wollen wir die anfänglich gewählte Strichebene beibehalten, so muß dem dabei eintretenden Übergewicht des Bogens eine ausgleichende Kraft entgegenwirken.

Bei der Bogenführung vom Schwerpunkt zur Spitze liegt das Übergewicht im unteren Bogenabschnitt und muß vom Arm tragend aufgenommen werden, um die Strichebene innezuhalten. Dabei hat sich der Bogendruck auf die Saiten dauernd vermindert und die Tonstärke hat somit abgenommen, wie sie sich umgekehrt in der Richtung zum Frosch vergrößert hat.

Soll das vermieden werden und nehmen wir an, das Eigengewicht des in seinem Schwerpunkt aufgesetzten Bogens genügte zur Erzeugung der gewünschten Tonstärke, so müssen wir beim Spiel oberhalb des Schwerpunktes zur Beibehaltung unveränderter Saitenbelastung den Verlust an Bogendruck auszugleichen suchen. Unterhalb des Schwerpunktes bis zum Frosch ist gleicher Bogendruck nur durch Ausschaltung des dauernd sich vergrößernden Bogenübergewichts möglich.

Daher müssen die Finger den Bogen so erfassen, daß er nicht nur fest in der Hand liegt, sondern es muß auch die Übertragung zweier Kräfte ermöglicht werden, deren eine zur Überwindung des Bogenübergewichts, während die andere zur Aufbietung des erforderlichen Bogendrucks dient.

Von der Bogenhaltung.

Dieser dreifachen Aufgabe wird die Bogenhaltung gerecht, wenn der leicht gekrümmte Daumen sich in den Winkel lehnt, den der Froschansatz mit der Stange bildet, und die eine Wenigkeit gespreizten Finger sich ihm gegenüber so auf die Stange legen, daß der Daumen auf den Mittelfinger hinweist, der im Beginn des Mittelglieds (von der Fingerspitze aus gerechnet) auf der Stange ruht, während das Nagelglied sich an diese anschmiegt. Der ungezwungen gestreckte Zeigefinger legt sich im Nagelgelenk auf die Stange, der Ringfinger saugt sich im Nagelglied auf ihr fest, der gekrümmte kleine Finger stellt sich mit der Kuppe auf.

Die Daumenanlagerungsstelle am Bogen ist dessen Unterstützungspunkt, in bezug auf welchen die Regel von der Innehaltung der Strichebene für den Arm bedeutet, diesen Unterstützungspunkt in gleichbleibendem Abstand zu der einmal gewählten Strichebene zu führen. Je nach der Tonstärke ist der Abstand um ein geringes höher oder niedriger, wie hier nur beiläufig erwähnt sei.

Die Aufgabe, den Bogen zu halten, fällt in der Hauptsache Daumen und Mittelfinger zu. Die übrigen Finger verleihen dem Griff größere Festigkeit und Sicherheit.

Die Gegenüberstellung von Daumen und Mittelfinger gestattet die Übertragung der Ein- und Auswärtsdrehung des Unterarms auf die Stange durch den Zeigefinger einerseits, Ring- und kleinen Finger andererseits.

Von der Ein- und Auswärtsdrehung des Unterarms.

Die durch den Zeigefinger auf den Bogen wirkende Einwärtsdrehung des Unterarms stellt die Kraft dar, die den Bogendruck verstärkt, da und soweit sie zwischen dem Daumen als Unterstützungspunkt des Bogens und der Strichstelle auf die Stange einwirkt.

Außerhalb von Unterstützungspunkt und Strichstelle greift die durch Ring- und kleinen Finger vermittelte Auswärtsdrehung des Unterarms ein und ermöglicht dadurch die Überwindung des Bogenübergewichts.

Kommt die Auswärtsdrehung zur Überwindung des Bogengewichts bequem und ohne Ausnahme für alle Bogenabschnitte in Betracht, so gilt die Einwärtsdrehung zur Verstärkung des Bogendrucks mit der Einschränkung, daß sie niemals Anwendung finden darf in dem kurzen Bogenabschnitt vom Frosch bis zu der Stelle, die dem Zeigefinger gegenüberliegt. Denn der jenseits der Strichstelle ausgeübte Zeigefingerdruck verstärkt das Bogenübergewicht und gefährdet dadurch die Strichebene aufs äußerste. Soll in diesem Bogenabschnitt der Druck über das Bogeneigengewicht verstärkt werden, so kann dies nur durch Ausnutzung des Armgewichts geschehen.

Von der Armstellung zur Bogenbelastung und Bogenentlastung.

Das Armgewicht ist ohne Wirkung auf den Bogen, wenn dieser von der Hand getragen wird, also gleichsam in der Hand hängend ruht.

Umgekehrt kann das Armgewicht zur Bogenbelastung ausgenutzt werden, wenn es seinerseits auf der Stange liegt.

Das geschieht durch Hoch- und Tiefstellung von Hand und Arm, wobei dem Armmechanismus zufolge die Hochstellung stets mit Auswärtsdrehung, die Tiefstellung stets mit Einwärtsdrehung verbunden ist.

Da die Wirkung der Armstellung und der mit ihr verbundenen Unterarmdrehung auf den Bogen die gleiche ist, so kann leicht der Irrtum aufkommen, als ob die Kraft aus der Unterarmdrehung stamme. Diese verhält sich aber zur Armstellung wie die Verzierung zum Hauptgedanken, denn sie dient im Rahmen der durch die Hoch- und Tiefstellung des Arms und der Hand gegebenen Bogenbelastung lediglich zur Erzeugung und Abstufung des Bogendrucks, wie es für die gleichmäßige Tonbildung erforderlich ist.

Durch Hochstellung des Arms und der Hand werden die Finger immer senkrechter zur Stange gestellt, wodurch den an sich schwächeren Fingern die Aufgabe erleichtert wird, das durch die Entlastung verstärkt sich geltend machende Übergewicht des Bogens tragend aufzunehmen. Ein Beispiel mag diesen scheinbaren Widerspruch verständlicher machen.

Das Bogeneigengewicht an der Spitze genüge zur Saitenbelastung. Infolgedessen ist jeder Druck auf den Bogen auszuschalten, Arm und Hand haben die Hochstellung einzunehmen, wodurch der Bogen entlastet in der Hand ruht. Im Aufstrich vergrößert sich mit der Entfernung von der Spitze das Bogenübergewicht, das von der Auswärtsdrehung des Unterarms in und mit Ring- und kleinem Finger aufzunehmen ist, um die gleichmäßige Tonbildung zu wahren.

Mit welcher Armstellung auch immer der Bogen auf die Saiten gesetzt werden mag, immer wird die Auswärtsdrehung bequem auszuführen sein. Die Einwärtsdrehung dagegen wird bereits durch Tief- und Tiefststellung des Arms nahezu völlig ausgenutzt. Es kann also bestenfalls nur noch eine geringe Steigerung der Bogenbelastung durch vermehrte Einwärtsdrehung erzielt werden. Erforderte daher große und größte Tonstärke erheblich größere Saitenbelastung als das Bogeneigengewicht allein schon am Frosch zu leisten vermag, so wäre bei dem vom Frosch bis zur Spitze sich dauernd vermindernden Bogendruck die Erzeugung gleichbleibender großer und größter Tonstärke ausgeschlossen.

Infolge der unter Berücksichtigung der Eigenart des Bogens gewählten Bogenhaltung wird die durch Ausnutzung des Armgewichts erzielte Bogenbelastung vom Mittelfinger auf die Stange übertragen. So bleibt der Zeigefinger zur Vermittelung der aus der Unterarmeinwärtsdrehung stammenden Kraft zur Verfügung. Diese Einwirkung kann und darf, wie wir bereits erfuhren, in dem kurzen Bogenabschnitt vom Frosch bis zu der der Zeigefingerauflagerung entsprechenden Stelle nicht zur Anwendung gelangen.

Soll aber beim Abstrich, wenn unmittelbar am Frosch das Bogeneigengewicht zur Saitenbelastung ausreichte, Ersatz für den mit der Entfernung vom Frosch sich verringernden Bogendruck geschaffen werden, so kann das nur durch Ausnutzung des Armgewichts, d. h. durch Tieferstellung des Arms und der Hand geschehen.

Die Kürze des in Frage stehenden Bogenabschnitts, die Schnelligkeit, mit der bei nur mäßiger Geschwindigkeit der Bogen denselben durchmißt, wird es selbst aufmerksame und sehr empfindliche Ohren kaum wahrnehmen lassen, wenn die zur steten Tonstärke aufzubietende Bogenbelastung etwa erst an der der Zeigefingerauflagerung entsprechenden Stelle und dann in der von hier ab gegebenen Weise durch Unterarmdrehung einsetzte.

Wäre auch diese Ungenauigkeit durchaus verzeihlich, so ist es gleichwohl besser, dem aus dem Weg zu gehen, diesen Bogenabschnitt im forte ganz zu vermeiden; den Bogen im Aufstrich nur bis zu der dem Zeigefinger gegenüberliegenden Stelle zu führen, den frei einsetzenden Abstrich auch hier erst beginnen zu lassen.

In dem Abschnitt »Von der Strichstelle« wurde gesagt, daß dieser je nach deren Abstand vom Steg eine bestimmte Bogengeschwindigkeit im Verhältnis zur Saitenbelastung entspricht. Was nun das Bogeneigengewicht in bezug auf geringst- und größtmögliche Saitenbelastung angeht, so wäre es wünschenswert, daß genaue wissenschaftliche Untersuchung sich dieser Frage annähme, besonders hinsichtlich des Bogengewichts am Frosch, das, nach den Hebelgesetzen berechnet, sich vielleicht schon als zu groß erweisen könnte. Hier entscheidet meines Wissens bisher nur unser Gefühl, demzufolge die meisten Geiger von dem Gebrauch schwerer Bogen absehen und dadurch erreichen, kräftige Tongebung oberhalb der mehrfach erwähnten Zeigefingerstelle aktiv, also mit Einwirkung der Unterarmeinwärtsdrehung, zu erzeugen, anstatt passiv oder gar negativ, wenn das Bogengewicht an sich zur Saitenbelastung genügte oder gar als zu groß zur Verminderung zwänge. Daß unsere Körperkräfte übrigens bei der kraftvollen Tonbildung eine durchaus untergeordnete Rolle spielen, kann man daran erkennen, daß Kinder nicht selten über einen größeren Ton verfügen als Erwachsene.

Die Ergebnisse einer wissenschaftlichen Untersuchung dürften vor allem dem Anfangsunterricht zugute kommen. Nach meinen Beobachtungen bin ich der Überzeugung, daß die ersten Bogenübungen mit beträchtlicher Bogengeschwindigkeit verbunden sein müßten. Der Brauch, mit der Bildung lang ausgehaltener Töne zu beginnen, verlangt von dem Anfänger die Auswirkung einer Saitenbelastung, d. h. eine Aufgabe von nicht zu verachtender Schwierigkeit, die ohne Erfahrung nur schlecht ausfallen kann. Die ersten Versuche geraten denn auch in der Regel so kläglich, daß es mehr als begreiflich ist, wenn anfänglich aufrichtige Freude an der Sache in Unlust umschlägt. Außerdem wird dabei der Hauptforderung, nämlich möglichster Entspannung, geradezu entgegengearbeitet, weil der langsame Strich nicht mit einem gewissen Schwung zu verbinden ist, wodurch der Verlust der Unbefangenheit herbeigeführt wird. Zudem müssen die Anspannung und die leicht eintretende, wenn auch noch so geringe, Verkrampfung, den Keim zu allen jenen Hemmungen legen, gegen die später anzukämpfen meist vergebliches Bemühen ist.

Die soeben besprochene Hoch- und Tiefstellung von Arm und Hand zwecks Entlastung und Belastung des Bogens unterscheidet sich vom Armheben und -senken zum Saitenübergang dadurch, daß die Strichebene und somit auch der Bogenunterstützungspunkt ihre Lage unverändert behalten, während sie beim Saitenübergang von der Armbewegung mitzunehmen sind, wovon an anderer Stelle noch gesprochen werden soll.

Hier, wo es sich um Ausnutzung des Armgewichts zur Bogenbelastung handelt, ist darauf Bedacht zu nehmen, daß die Armbewegung wohl den Bogen belaste oder entlaste, ihn aber, wie auch die Strichebene, nicht aus ihrer Lage bringe.

Zur Bogenentlastung ist der Oberarm nicht nur zu heben, sondern gleichzeitig auch vorzubringen unter Ausbiegung des Handgelenks nach der Handrückenseite. Umgekehrt zur Bogenbelastung ist der Oberarm zu senken und zurückzunehmen unter Strecken des Handgelenks.

Um über Art und Wirkung dieser Bewegungen zu klaren Vorstellungen zu kommen, tut man am besten, zur Nachprüfung von der Hänge- oder Schwebelage auszugehen.

Weil das Handgelenk die Armtätigkeit am leichtesten erkennen läßt, auch um die Bewegung von jener zum Zwecke des Saitenübergangs zu unterscheiden, wollen wir im folgenden von einer Handgelenkhochstellung beziehungsweise -tiefstellung sprechen, wenn die ganze, zur Bogenentlastung beziehungsweise Bogenbelastung erforderliche Arm- und Handtätigkeit gemeint ist.

Die durch die Hoch- und Tiefstellung des Handgelenks bedingte Ausgleichsbewegung von Daumen und Fingern.

Um mit diesen verschiedenen Handgelenkstellungen nicht auch zugleich eine unbeabsichtigte Drehung der Bogenstange herbeizuführen, müssen zur Tiefstellung des Handgelenks der Daumen und die Finger mit Ausnahme des Zeigefingers stärker gekrümmt werden, während zur Hochstellung eine Streckung der Finger und des Daumens nötig wird.

Zur Handgelenktiefstellung wird sich der Zeigefinger eher noch stärker strecken, weil durch ihn die Einwärtsdrehung des Unterarms auf die Stange übertragen wird.

Dabei müssen die Finger den Bogen unverändert festhalten, wenn auch bei den verschiedenen Stellungen des Handgelenks Finger und Daumen ihre Berührungsflächen am Bogen teilweise lösen und neue anlagern müssen.

Es wird Sache der Erfahrung und Übung sein, trotz dieser mannigfachen Bewegungen, den Daumen als Auflagerungs- und Unterstützungspunkt des Bogens dauernd in gleicher Höhe, gleichbleibende Tonstärke vorausgesetzt, über der einmal gewählten Strichebene zu führen, wovon deren Innehaltung abhängt. Zu dieser Schwierigkeit kommt noch, daß die Ebene, in welcher der Daumen als Bogenunterstützungspunkt geführt werden muß, um dem Bogen die Innehaltung der Strichebene zu ermöglichen, je nach der Tonstärke verschieden hoch über der Strichebene liegt. Und zwar höher bei zarter, weniger hoch bei kräftiger Tongebung: der Entlastung oder der Belastung folgend.

Zweier Übungen mag hier gedacht sein, die sich in diesem Sinne als äußerste Gegensätze gegenüberstehen: Vieuxtemps soll vor jedem Auftreten einen minutenlangen (!) Ab- und Aufstrich versucht haben, wobei der Bogen bei gleichbleibender Höhe dicht über der Saite diese nicht berühren durfte. Im Gegensatz dazu empfahl ein vorzüglicher Cellist und vielgesuchter Cellolehrer ebenfalls sehr langsame Striche, die aber bei größtem Druck nur fortdauerndes gleichmäßiges Kratzen hervorbringen sollten. Beide Übungen gelten einseitig entweder der Ein- oder Auswärtsdrehung und dürften ernstlich kaum mehr als ein Anzeichen sein, in welcher Richtung das Tonideal der betreffenden Künstler lag.

Von den Fingereigenkräften bei Einwärts- und Auswärtsdrehung.

Sowohl bei der Einwärts- wie bei der Auswärtsdrehung wirkt der Daumen wie die Finger von oben Druck verstärkend oder vermindernd, seinerseits durch die Drehung selbst von unten stützend auf die Stange ein und wird somit durch diese Bewegung nicht aus der Ebene gedrängt, in der er geführt werden muß, um die Strichebene innehalten zu können.

Die von der Ein- und Auswärtsdrehung des Unterarms stammenden, auf den Bogen durch die Finger übertragenen und in entgegengesetzter Richtung wirkenden Kräfte dürfen von den Fingereigenkräften nur in geringem Grade unterstützt werden. Zu starke, selbständige Zeigefingertätigkeit führt zu gepreßter Tongebung, weil sie nur als Druck wirkt, wogegen die Tonbildung Druck und Zug verlangt, welcher Forderung die Einwärtsdrehung des Unterarms nachkommt. Zu starke Mitwirkung der Eigenkraft von Ring- und kleinem Finger gefährdet die Strichebene, nötigt den Zeigefinger zu ausgleichendem Gegendruck, durch welche überflüssigen Kraftaufbietungen die Freiheit der Bogenführung die schwersten Hemmungen erleidet.

Die Finger haben also in erster Linie den Bogen fest zu halten, die als Hebelwirkung auf der Bogenstange zur Geltung kommende Ein- und Auswärtsdrehung des Unterarms sowie die Ein- und Ausschaltung des Armgewichts zum Zwecke der Bogenbelastung und Bogenentlastung auf die Stange zu übermitteln. Trotz dieser vom Arm über das Handgelenk durch die Finger auf den Bogen wirkenden Kräfte darf das Handgelenk nicht versteift werden. »Finger fest, Handgelenk lose.«

Um ein Übermaß von Fingertätigkeit nicht aufkommen zu lassen, ist es vorteilhaft, sich darüber klar zu sein, daß die Finger das Handwerkzeug des Arms darstellen; daß dem Arm die Leitung zusteht und daß dessen Absichten lediglich durch Hand und Finger auf den Bogen übertragen werden.

Von der Elastizität des Bogens.

Die Betrachtung über das Bogengewicht hat uns erkennen lassen, wie der Bogen zu halten ist und hat uns einen Ausblick eröffnet, wie die Gewichtsverteilung unsern Absichten dienstbar gemacht werden kann. Ebenso muß die Elastizität des Bogens berücksichtigt werden, deren Beherrschung erst voll und ganz das Gebiet der charakteristischen Bogenbehandlung erschließt.

Die elastische Stange federt am stärksten in der Bogenmitte bei senkrecht auf die Saite gesetztem Bogen. Je stärker man den Bogen kantet, um so mehr wird die Wirkung der Elastizität ausgeschaltet. Man bedient sich infolgedessen der aufgerichteten Bogenhaltung bei geworfenen Strichen und neigt die Stange in der Regel nach außen, um deren Elastizität nicht zu stark wirken zu lassen, da sonst der Bogen leicht in eine tanzende, hüpfende, trommelnde Bewegung gerät, wodurch die Stetigkeit des gesponnenen Tons besonders bei zarter und zartester Tonbildung im mittleren und oberen Bogendrittel gefährdet wird.

Der gegen die auf den Saiten senkrecht stehende Führungsebene um etwa 30° geneigte Bogen wird aufgerichtet und in seine Normalstellung zurückgeführt durch Tief- und Hochstellung des Handgelenks ohne ausgleichende Daumen- und Fingerbewegungen, wie wir sie bei der Ein- und Auswärtsdrehung des Unterarms kennengelernt haben. Ja nicht aber durch eine Drehung der Bogenstange zwischen Finger und Daumen, was nur dazu führte, den Bogen nicht mehr sicher genug in der Gewalt zu haben.

Die Bogenstange darf selbst bei größtem Druck und Zug niemals die Saiten berühren. Die schwingende Saite erzeugt mit dem Holz der Stange ein außerordentlich häßliches, sägendes Geräusch.

Von der Spannvorrichtung.

Die Erfindung der Spannvorrichtung, also der Schraube, durch deren Drehung der Frosch gegen das Ende der Bogenstange und zurück bewegt werden kann, um dadurch die Haare nach Wunsch anzuspannen, wodurch auch die dabei mehr und mehr gestreckte Stange von den Saiten wegstrebt, so daß die Gefahr geringer wird, schon durch die geringste Bogenbelastung die Stange mit den Saiten in Berührung zu bringen, diese wichtige Erfindung sowie die Form des Bogens, wie sie seither im wesentlichen unverändert beibehalten werden konnte, danken wir François Tourte (1747—1835).

Vor zu starker Bogenspannung muß gewarnt werden. Meist führt dazu der Wunsch nach möglichst großem Ton und die Furcht vor den häßlichen Geräuschen. Selbstverständlich ist die stärker und stärker gespannte Stange auch bei größtem Druck kaum noch auf die Saite durchzudrücken. Doch, sei es der Druck an sich, mögen es die durch die Anspannung die die Saiten weniger geschmeidig erfassenden Bogenhaare verursachen oder beide Dinge gemeinsam, der Ton wird härter aber nicht größer. Der größte Ton wird von dem größten Schwingungsausschlag erzeugt, der durch übermäßigen Druck nur nachteilig beeinträchtigt werden kann.

Dagegen macht man mitunter vorteilhaften Gebrauch von der durch die stärkere Anspannung gesteigerten Elastizität des Bogens, wo ein Stück ganz oder zum größten Teil den Springbogen verlangt, z. B. bei Paganinis Moto perpetuum oder im letzten Satz von Haydns D-dur Streichquartett Op. 64 Nr. 5.

Von den Bogenhaaren.

Der Anspannung und der nach außen geneigten Stellung des Bogens zufolge stehen die zu einer Fläche gestrafften Haare schräg zu den Saiten je nach der Tonstärke, die wir erzeugen wollen, also je nachdem wir den belasteten oder entlasteten Bogen über die Saiten führen, werden diese von einigen wenigen Haaren bis zu voller Ausnutzung der gesamten Breite des Haarbezugs erfaßt.

Zur Erzeugung zarter und zartester Tonstärken, wozu, wie wir gesehen haben und hier zusammenfassend wiederholt werde, der durch Hoch- und Höchststellung des Handgelenks und des Daumenunterstützungspunktes unter gleichzeitiger Auswärtsdrehung des Unterarms entlastete Bogen in leisester Berührung über die Saiten geführt wird, werden nur einige wenige Haare und zwar die äußere, d. h. dem Griffbrett zugewandte Kante der Haarfläche die Saite in Schwingung setzen, wobei die ganze Länge des Bogens ausgenutzt werden kann. Im piano und pianissimo bedarf es nicht der Einschränkung, wie sie in bezug auf das Fortespiel am Frosch empfohlen wurde.

Zu kräftiger und kräftigster Tongebung, also mit zunehmender Bogenbelastung durch Mitwirkung der Einwärtsdrehung bei Tief- und Tiefststellung des Handgelenks und des Daumenunterstützungspunktes, werden allmählich mehr und mehr Haare, schließlich die ganze Haarfläche die Saiten erfassen. Doch wird die an ihren Einspannungsstellen größere Widerstandsfähigkeit der Haare besonders bei gekanteter Bogenhaltung die unmittelbare Nähe von Frosch und Spitze zu meiden nötigen. Will man doch die ganze Bogenlänge gebrauchen, so muß gegen Frosch und Spitze eine wenn auch nur geringe Bogenentlastung eintreten, soll der Ton nicht hart werden. Der Verlust an Tonstärke fällt dabei kaum ins Gewicht, da die kräftige Tongebung eine Bogengeschwindigkeit verlangt, die beim Bogenansatz an Frosch und Spitze oder zum Strichwechsel nur ein kurzes Verweilen in der durch die Sprödigkeit der Haare besser zu vermeidenden Gegend des Bogens gestattet.

Hier sei auch nochmal daran erinnert, daß zwischen der der Auflagerungsstelle des Zeigefingers entsprechenden Bogenstelle und dem Frosch, wenn man sich überhaupt dieses Bogenabschnittes bedient, die Anwendung eines größeren Bogendrucks, als er aus dem Eigengewicht des Bogens sich ergibt, nicht zu empfehlen ist. Dieser gegebene Druck reicht übrigens nicht aus, die ganze Fläche der Haare am Frosch selbst bei nur wenig gekantetem Bogen auf die Saiten zu zwingen.

Auch des von Spohr unter Ökonomie des Bogens verstandenen haushälterischen und zweckdienlichen Bogengebrauchs sei gedacht, wovon wir an anderer Stelle zu reden haben werden, dessen Anwendung auf vorliegenden Fall warnend lehrt: nicht immer den ganzen Bogen brauchen, nicht immer den Bogen nur an Frosch und Spitze wechseln wollen.

Wir haben vorher gesehen, daß die Bogenentlastung und die Bogenbelastung mit einer Hoch- und Tiefstellung des Handgelenks verbunden ist und daß eine durch diese Stellungen herbeigeführte Drehung der Bogenstange nicht eintreten darf. Der Bogen muß auch im forte gekantet bleiben, um die Stetigkeit des Tons durch die Wirkung der Elastizität der Bogenstange nicht zu gefährden. Ohne die Gültigkeit dieser Erkenntnis anzutasten, lassen wir nur ihrer Anwendung einen größeren Spielraum, indem wir den Bogen zum piano stärker und zum forte nur wenig kanten, durch welch letzteres das Spiel mit der ganzen Haarfläche nur müheloser und auf diese Weise auch in geringerer Entfernung von Frosch und Spitze möglich wird.

Das zu diesem Zweck erforderliche Aufrichten und Neigen des Bogens wird sich ohne unsere besonders darauf gerichtete Absicht mit der Hoch- und Tiefstellung von Handgelenk und von Daumenunterstützungspunkt von selbst einstellen, selbst wenn wir uns bestreben, durch diese Stellungen die Lage des Bogens nicht zu verändern. Auf keinen Fall darf der Bogen durch eine Drehung der Bogenstange zwischen den Fingern mehr oder weniger gekantet werden.

Was die Klangfarbe angeht, dürfte die äußere, dem Griffbrett zugekehrte Kante der Haarfläche den Ausschlag geben, die mit wenig oder allen Haaren zusammen die Saite bei gekanteter Bogenhaltung stets am intensivsten berührt.

Vom Kolophoniumgebrauch.

Eine in bezug auf die Tonbildung recht wichtige, häufig mit äußerster Sorglosigkeit behandelte Frage betrifft den Kolophoniumgebrauch. An und für sich sind die Haare trotz der rauhen Beschaffenheit ihrer Oberfläche nicht imstande, die Saite ausreichend zu regelmäßigen Schwingungen zu erfassen. Erst der klebrige Kolophoniumüberzug läßt die Haare die Saiten genügend angreifen, anpacken, die nun in der Strichrichtung bis an die Grenze ihrer Elastizität mitgerissen werden, sich aus der Verkettung lösend, zurückschwingen, um von einem neuen klebrigen Bogenteilchen ergriffen, das Spiel von neuem zu beginnen. Das erfordert einen gleichmäßigen Kolophoniumüberzug, den man am besten erhält, indem man den Bogen unter mäßigem Druck langsam zwei- bis dreimal hin und her über das Kolophonium führt. Die durch die Reibung erzeugte Wärme sorgt für gleichmäßige Verteilung.

Nur Einsichtslosigkeit oder Trägheit und Bequemlichkeit können den Bogen so stark einreiben wollen, daß es für mehrere Stunden nicht mehr nötig wäre. Ohne Nachteil für die Tonbildung kann diese Torheit nicht geschehen und zwar wird zu starker Kolophoniumgebrauch den Ton kratzend, sandig, rauh machen, wenn das Kolophonium hart und spröde ist und infolge dieser Eigenschaften stark staubt; wie Sandkörner legen sich die Kolophoniumstäubchen zwischen Haare und Saiten, die Berührung hindernd. Ist dagegen das Kolophonium zu weich, so werden die Haare und nach einigen Strichen auch die Saiten klebrig schmierig, der Ton unweigerlich krächzend schnarrend. Richtig und weise gebraucht man gutes Kolophonium häufiger und immer nur in gerade ausreichender Weise. Nach dem Spiel sind die Saiten von dem Kolophoniumüberzug zu befreien, der sich sonst nach und nach als Kruste ansetzt und die Saiten unrein werden läßt. Schließlich sei noch vor der Berührung der Haare gewarnt, da die von feuchten oder meist etwas fettigen Fingern berührten Stellen zur Aufnahme von Kolophonium, somit zur Tonbildung unwirksam wird.

Von der Oberarmtätigkeit bei der Bogenführung.

Nachdem wir die Innehaltung der Strichebene und die rechtwinklig erfaßte Strichstelle als Grundbedingungen einer guten Bogenführung und die sich aus der Beschaffenheit des Bogens ergebende Bogenhaltung kennengelernt haben, können wir uns nunmehr der Tätigkeit des rechten Arms zuwenden.

Man kann sich nicht eindringlich genug die Hauptregel vergegenwärtigen, die geringste Anstrengung bei im übrigen möglichster Entspannung fordert, und deren Anwendung auf die Aufgabe des rechten Arms bedeutet, daß der Bogen fest und sicher in der Hand liegen muß, ohne daß dabei unbeteiligte Muskeln mit angespannt werden: Finger fest, Handgelenk lose.

Wir haben schon bei der Untersuchung über die Geigenhaltung in bezug auf die Bequemlichkeit des rechten Arms festgestellt, daß der Oberarm nahezu frei herabhängen muß, wenn man den Bogen bei horizontaler Stellung des Unterarms und der Hand auf die E-Saite setzt.

Die vollkommene Hängelage des Oberarms kann und darf nur bei voller Ausnutzung des Armgewichts zur Bogenbelastung erreicht werden, wobei die Erzeugung des zur größten Tonstärke erforderlichen Bogendrucks nicht nur mühelos, sondern unter Entlastung des Arms erzielt wird.

Kann die Geige ohne Anstrengung des linken Arms nicht so weit nach rechts geführt werden, daß der Oberarm sich bei stärkster Tonbildung in der Hängelage befindet, so muß der Oberarm entsprechend und zwar senkrecht zur Breitenachse des Körpers vorgebracht werden, um den Bogen die Saite rechtwinklig schneiden zu lassen. Auf keinen Fall darf der vorgebrachte Oberarm sich an die Brust klemmen. Er muß frei stehen, wenn er sich ungehindert bewegen und ungehemmt den Unterarm führen soll.

Der Oberarm kann aus der Hängelage nur gehoben werden. Wird er in senkrechter Richtung zur Breitenachse gehoben, so bezeichnen wir diese Bewegung mit »vorbringen, vornehmen« zum Unterschied zum seitlichen Heben, wie es in geringem Grade zur Bogenbelastung, hauptsächlich aber zum Spiel auf den tieferen Saiten erforderlich ist.

Wir wählen die angegebene Stellung als Ausgangspunkt unserer Betrachtungen über die Bogenführung, weil dabei nicht nur der Oberarm, sondern auch Unterarm und Hand, wenn auch bis zur Horizontalen gehoben, sich in einer Haltung befinden, die der Hängelage entspricht. Von der Richtigkeit dieser Behauptung kann man sich leicht überzeugen, wenn man den Arm, ohne eine bestimmte Richtung anzustreben, frei schwingen läßt und in Horizontalhöhe aufhält. Die Hand kann sich also in dieser Stellung nach allen Seiten ungehindert bewegen, von welchen Bewegungsmöglichkeiten hauptsächlich nur die in Richtung der Senkrechten und derjenigen der Bogenführung in Frage kommen. Auch der Unterarm befindet sich in Ruhelage, weder Ein- noch Auswärtsdrehung ist wirksam, der Bogen liegt nur mit seinem Eigengewicht auf der Saite.

Dieser allgemeinen Entspannung wegen ist die Horizontallage zur Ausführung kurzer Bogenstriche, zumal in Verbindung mit Nachbarsaitenwechsel die gegebene. In sochen Fällen tut man daher gut, den Bogenabschnitt aufzusuchen, der eine der Hängelage angenäherte Stellung von Unterarm und Hand gestattet und der für jede tiefere Saite infolge der dazu erforderlichen Armhebung näher zum Frosch rückt.

Soll nun zur Verstärkung des Bogendrucks die Einwärtsdrehung des Unterarms in Verbindung mit Tieferstellung des Handgelenks und stärkerer Fingerkrümmung zur Vermeidung der Bogendrehung in Kraft treten, so muß der Oberarm nicht nur vorgebracht werden, um die rechtwinklige Bogenführung zu wahren (Hand und Unterarm haben teils durch die Krümmung, teils durch die

Tiefstellung eine Verkürzung erfahren, die ausgeglichen werden muß), er wird auch, um die Bogenbelastung durch das Gewicht des Arms und dadurch ohne Anstrengung, ja sogar unter eigener Entlastung noch wirkungsvoller zu machen, um ein weniges gesenkt werden. Doch darf er nicht durch die Hängelage hindurch dem Körper angenähert werden, das bedeutete nicht nur keine Entlastung, sondern erheblichen Kräfteaufwand, unnötige Anspannung und infolgedessen Behinderung in der Bewegungsfreiheit.

Aus den gleichen Gründen muß der Oberarm gleichfalls bei der Auswärtsdrehung des Unterarms in Verbindung mit Hochstellung des Handgelenks und ausgleichender Fingerstreckung zur Überwindung oder Verminderung des Bogendrucks vorgenommen, gleichzeitig aber seitlich gehoben werden, um den Bogen unter Ausschaltung des Armgewichts über die Saite führen zu können. Schon diese Betrachtung zeigt, daß der Oberarm, obwohl der Bogen nicht von der Stelle bewegt wurde, niemals stillstehen kann, und, je nach den zur Erzeugung der gewünschten Tonstärke erforderlichen Hand- und Unterarmstellungen, einmal als Regulator in bezug auf die rechtwinklige Stellung des Bogens zu den Saiten zu Ausgleichsbewegungen genötigt ist und daß er ferner zum Zwecke der Bogenentlastung oder Bogenbelastung seitlich gehoben und gesenkt werden muß.

Oberarm und Unterarm.

Bewegen wir nun den Bogen aus der Horizontalstellung zum Frosch oder zur Spitze, wozu der Unterarm zum Aufstrich gebeugt und zum Abstrich gestreckt wird, so muß der Oberarm in beiden Fällen gehoben, zurück zur Horizantalstellung gesenkt werden. Für einen ganzen Bogenstrich vom Frosch bis zur Spitze oder umgekehrt benötigt der Oberarm sowohl Hebung wie Senkung und zwar verläuft die Bewegung unterhalb der Horizontalstellung mit der Strichrichtung, oberhalb der Horizontalstellung der Strichrichtung entgegengesetzt.

Durch diese Tätigkeit beteiligt sich der Oberarm nicht nur wesentlich an der Bogenführung, sondern ermöglicht auch, daß diese rechtwinklig zur Saite erfolgen kann.

Bei gleicher Tonstärke hat das Heben und Senken des Oberarms zum Zwecke der Bogenführung stets so zu geschehen, daß der Ellbogen sich in einer Ebene bewegt, die, je nach der Tonstärke, mit der Strichebene zusammenfällt oder in gleichbleibendem Abstand über oder unter dieser liegt.

Es kann nicht zu oft darauf hingewiesen werden, daß nur gemeinsame und gleichzeitige Ober- und Unterarmtätigkeit die rechtwinklige Bogenführung zu bewerkstelligen vermag. Jeder Teil für sich führte den Bogen im Kreise. Ausgeschlossen ist es also, daß jemals beispielsweise der Unterarm allein die Bogenführung bewirkte.

Wie Ober- und Unterarm sich ergänzen, kann man am leichtesten aus einer Aufzeichnung ersehen, welche die Armstellungen schematisch darstellt, wie sie sich mit Notwendigkeit an mehreren, unter gleichem Abstand gewählten Bogenabschnitten ergeben. Deutlich zeigt dabei das Verhältnis der Winkel zueinander, daß die Streckungs- oder Beugungstätigkeit des Unterarms um die Horizontalstellung herum am stärksten ist und gegen Frosch und Spitze sich verringert; umgekehrt ist die Oberarmtätigkeit um Frosch und Spitze beschleunigt, mit der Entfernung von den Bogenenden verlangsamt und gleich Null in der Horizontalstellung, wo Senken und Heben sich ablösen.

Von der Unterarmtätigkeit zum Auf- und Abstrich.

Da die Horizontalstellung näher zur Spitze liegt, der Oberarm für den Bogenabschnitt oberhalb der Horizontalstellung nur einen Teil der unterhalb derselben bis zum Frosch benötigten Hebung durchmißt und zwar denjenigen, in der seine Tätigkeit am geringsten ist, hat man diese so wenig berücksichtigen zu können geglaubt, daß man die Bogenführung von der Horizontalstellung bis zur Spitze als den Unterarmstrich bezeichnete. Immerhin ist diese Bezeichnung recht brauchbar, weil damit eindeutig nur eine gewisse Art der Bogenführung in einem bestimmten Bogenabschnitt gemeint sein kann. Doch sollte der Lehrer nicht versäumen, darauf hinzuweisen, warum die Benennung nicht ganz zutreffend ist, um nicht die Stillegung der Oberarmtätigkeit herbeizuführen.

Was die Unterarmtätigkeit zum Auf- und Abstrich betrifft, so bietet die Beugungsfähigkeit zum Aufstrich keinerlei Schwierigkeit, da sie nicht voll ausgenutzt werden kann. Zum Abstrich dagegen darf der Unterarm niemals ganz ausgestreckt werden. Einmal würde dabei die Verbindung von Ab- und Aufstrich an der Spitze für den Unterarm selbst nicht hemmungslos ausführbar — der gestreckte Arm kommt dem toten Punkt bei der Maschine gleich — vor allem aber müßte entweder die feste Bogenhaltung aufgegeben, oder, falls man dies vermeiden wollte, müßte die Hand zum Zwecke des Ausgleichs und der Anspannung bis an die äußerste Grenze ihrer Bewegungsmöglichkeit geführt werden, wodurch das Spiel an der Spitze nur unter höchster Anspannung und Anstrengung vor sich gehen kann, was sich bald in bösen Folgen bemerkbar machen muß. Meist dürften schnelle Ermüdung, Schmerzen, Muskel- und Sehnenentzündungen auf solche Art herbeigeführte Überanstrengung zurückzuführen sein.

Wessen Arm zu kurz ist, um einen Bogen von normaler Länge bei fester Bogenhaltung bis zur Spitze zu führen, ohne dabei den Arm auch nur annähernd zu strecken, der müßte durchaus mit einem kürzeren Bogen spielen.

Von dem festen Bogengriff und der Beweglichkeit des Handgelenks.

Da der Bogen fest in der Hand liegen muß, um Zufälligkeiten nach Kräften auszuschalten, der Griff der Finger am Bogen also ebenso wie die Stellung der Hand zum Bogen möglichst beizubehalten ist, vor allem aber der rechte Winkel des Bogens zu den Saiten nicht geändert werden darf, so kann die Hand zum Unterarm sich nur in der Horizontalstellung in der Schwebe befinden, und auch nur, wenn weder Ein- noch Auswärtsdrehung des Unterarms wirksam ist, d. h. wenn das Eigengewicht des Bogens zur Saitenbelastung, zur Erzeugung der gewünschten Tonstärke ausreichend ist. Mit der Entfernung aus der Horizontalstellung zum Frosch oder zur Spitze wird die Hand durch ihre Beweglichkeit um Elle und Speiche die Stellung zum Unterarm einmal in der Richtung der Senkrechten und dann noch in der Richtung der Bogenführung anzupassen sein, wenn die Bogenhaltung unverändert bleiben soll.

Erleidet dabei die Bewegungsmöglichkeit der Hand in beiden Richtungen eine Beschränkung, so fällt das doch nicht wesentlich ins Gewicht, weil sie durchaus nicht bis an die äußerste Grenze ausgenutzt zu werden braucht und die Hand noch zu allen für die verschiedensten Aufgaben erforderlichen Tätigkeiten (ausgenommen im vorher besprochenen Einzelfall) befähigt bleibt. Es besteht also keinerlei Notwendigkeit, die Schwebelage durch eine Änderung der Handstellung zum Bogen dauernd beibehalten zu suchen, eine Änderung, die nur durch eine Drehung der Hand um die Berührungspunkte des Daumens und des Mittelfingers zu erreichen wäre, wodurch die Festigkeit der Bogenhaltung so erhebliche Einbuße erlitte, daß eine zuverlässige Bogenführung unmöglich würde. Will man sich durch einen Versuch überzeugen, daß hier die Bequemlichkeit nur nachteilige

Folgen mit sich bringt, so wird man leicht feststellen, daß die Ein- und Auswärtsdrehung des Unterarms zur Herstellung der gewünschten Tonstärke nur erschwert wirksam gemacht werden kann; kurze Striche besonders am Frosch nahezu unmöglich werden; die Bogenführung spielerisch, wabbelig und schlackernd wird, wie man es denn auch gar nicht so selten sehen kann, wo es aus unrichtiger Auffassung und falscher Anwendung der auf Entspannung zielenden Forderung geschieht.

Finger fest, Handgelenk lose. Die unveränderte Bogenhaltung ist nur durch die Beweglichkeit der Hand zum Unterarm möglich, und durch diese Anpassungsfähigkeit zwecks unveränderter Bogenhaltung behält das Handgelenk bei gleicher Tonstärke gleichen Abstand zur Strichebene und erscheint infolgedessen am Frosch als hochgehoben und an der Spitze als eingebogen, und dies je nach der Tonstärke und der dazu erforderlichen Armstellung an sich nur verhältnismäßig mehr oder weniger.

Von der zur Bogenführung sich selbsttätig einstellenden Ein- und Auswärtsdrehung des Unterarms.

Der Unterarmbeugung und -streckung bei der Bogenführung haben wir bereits gedacht. Daß die Ein- und Auswärtsdrehung des Unterarms, ganz abgesehen von ihrer zur Erzeugung der gewünschten Tonstärke erforderlichen Einwirkung und zwar lediglich dem Armmechanismus zufolge, jeden Bogenstrich begleiten muß, ist nicht so leicht festzustellen.

Nur ein Versuch kann dies einwandfrei aufzeigen, bei welchem die Unterarmdrehung nicht durch die Berücksichtigung des Bogengewichts beeinflußt wird. Zu dem Zwecke ziehen wir auf der Wand eine Linie, wie sie die Projektion der Strichebene der E-Saite ergibt und stellen uns so vor die Wand, daß, wenn wir mit der Hand der Linie von einem Ende zum anderen folgen, die Bewegung des Arms der bei der Bogenführung gleicht. Führen wir nun die zur Faust geballte Hand die Linie entlang, so, daß der Handrücken stets in einer Ebene liegt und das dritte Glied von Zeige- und Mittelfinger gleichbleibende Fühlung mit der Wand behalten, tragen dabei an mehreren Stellen die Lage von Elle und Speiche ab, wie sie das Handgelenk leicht erkennen läßt, und vergleichen wir nun diese neuen Linien untereinander, so sehen wir, daß die Lage von Elle und Speiche am unteren Ende beinahe horizontal ist und sich bis zum oberen Ende mehr und mehr der Senkrechten nähert. Der Unterarm muß also bei der Bewegung eine Auswärtsdrehung ausgeführt haben, der in umgekehrter Richtung eine Einwärtsdrehung entsprechen muß.

Gehört somit zu jedem Bogenstrich ein bestimmter Grad der Betätigung der Ein- und Auswärtsdrehung, so wird diese zur Herstellung der beabsichtigten Tonstärke jeweilig mehr oder weniger vergrößert oder verringert.

Führt man also den Bogen bei unveränderter fester Bogenhaltung, so daß der Handrücken die gleiche Neigung im Raum behält, so bedeutet das nach unserem Armmechanismus Auswärtsdrehung des Unterarms im Aufstrich, mithin Hochstellung des Handgelenks am Frosch, und Einwärtsdrehung im Abstrich, mithin Tiefstellung des Handgelenks an der Spitze. Und nach dem, was wir bei der Betrachtung des Bogens in bezug auf dessen Gewichtsverteilung und deren Benutzung und Berücksichtigung kennengelernt haben, bedeutet das gleichzeitig Beibehaltung der gleichen Tonstärke. Die natürlichen Armbewegungen fallen mithin mit den Forderungen zusammen, die durch die Eigenart des Bogens gegeben sind. Oder umgekehrt ausgedrückt: der Bogen ist unserem Arm mit hoher Vollkommenheit angepaßt.

Die dem Auf- und Abstrich angepaßte Bogenhaltung. Strich- und Bogenwechsel.

Es ist, wie wir gesehen haben, zu jedem Bogenstrich eine Summe von Einzelbewegungen aller Teile des Arms erforderlich, die sich dauernd wechselseitig ergänzen, bestimmen und einander anpassen müssen. Inwiefern auch die Bogenhaltung sich der jeweiligen Strichrichtung anzupassen hat, obwohl wir bisher deren möglichste Unveränderlichkeit betont haben, werden wir gleich sehen. Untätigkeit irgend eines Teils ist niemals möglich oder auch nur denkbar, so klein man den Bogenabschnitt auch wählen mag.

Fingerbewegung allein kann den Bogen in der Strichrichtung überhaupt nicht bewegen, die Bewegungsmöglichkeit der Hand für sich, des Unter- oder Oberarms für sich führten den Bogen im Kreise, erst das Zusammenwirken aller Teile ermöglicht die die Saiten rechtwinklig schneidende Bogenführung. So sind Übungen unter Stillegung des Oberarms sinnlos, denn, während sie der Pflege von Einzelbewegungen, z. B. des Handgelenks dienen sollen, führen sie gleichzeitig unbeabsichtigte Hemmungen mit sich zum Schaden der natürlichen, freien Bogenhandhabung.

Auch eine völlig starre Bogenhaltung ist ein Verstoß gegen die wunderbare Zweckmäßigkeit unseres Arms, dessem Bau wir gar nicht genug Aufmerksamkeit widmen können, um uns seiner Fähigkeiten voll und ganz zu bedienen. Wo wir durch unangemessene Anspannung eines Teils die Rücksicht auf das Ineinandergreifen und das auf Zusammenwirken gestimmte Wesen des ganzen Arms außer acht lassen, muß sich das nachteilig bemerkbar machen, zumindest durch Ungeschicklichkeit. Starre Bogenhaltung erzeugt einen harten, unbildsamen Ton.

Wie sich Daumen und Finger durch stärkere Krümmung und Streckung unter Gewinnung neuer Anlagerungsstellen der Hoch- und Tiefstellung des Handgelenks anpassen, haben wir bereits gesehen, auch daß die möglichst unverändert einzuhaltende Bogenhaltung zu Hochstellung des Handgelenks am Frosch, sowie zu dessen Tiefstellung an der Spitze in Verbindung mit der durch unseren Armmechanismus bei der Bogenführung gegebenen Ein- und Auswärtsdrehung des Unterarms nötigt, wodurch die Hand in ihrer Lage zum Unterarm notwendigerweise zu Stellungen geführt wird, in welchen ihre Beweglichkeit nur noch eingeschränkt nutzbar ist; ferner sahen wir, daß die feste Bogenhaltung mit einer dauernden Schwebelage der Hand unvereinbar ist, und warum die Schwebelage, obgleich sie die vollkommene Bewegungsfähigkeit der Hand bietet, trotzdem nicht angestrebt werden kann und darf.

Muß auch die Bogenhaltung im wesentlichen unverändert bleiben, so ist doch eine der Strichrichtung angepaßte, ausgleichende Finger- und Handtätigkeit durch die zur Bogenführung erforderliche Bewegung an sich gegeben und durch unseren Armmechanismus auch bedingt.

Strich- und Bogenwechsel am Frosch.

Diese Tätigkeit besteht im Aufstrich bei der Annäherung zum Frosch in einem Heben der Hand in der Richtung der Strichebene in Verbindung mit einer geringen Drehung der Hand um den Daumen- und Mittelfingerberührungspunkt als dem eigentlichen Bogengriff und daher Angelpunkt dieser Drehung, die, ohne gleichzeitiges ausgleichendes Krümmen von Daumen und Fingern, den Bogen im Kreise bewegte. Durch diese Bewegung vergrößert sich der Winkel zwischen Zeigefinger und Bogenstange, und den Bogenwechsel vorbereitend, wird der Arm in dasjenige Verhältnis zur Hand gesetzt, das ihm als dem Führer der ihm also folgenden Hand zum Abstrich zukommt. Außerdem wird durch das Heben der Hand diese der Schwebelage angenähert und durch die somit gewonnene größere Handbeweglichkeit zu leichterer Ausführung weiterer Aufgaben befähigt.

Von größter Wichtigkeit ist dabei, daß diese Tätigkeit von Hand und Fingern weniger aus eigner Kraft bewerkstelligt wird, sondern nach dem Beharrungsvermögen aus der Bewegung des Arms zum Aufstrich hervorgeht und gewissermaßen ein Ausschwingen des Aufstrichs darstellt, so daß, wenn der Arm sich nun abwärts bereits im Herunterstrich bewegt, Hand und Finger noch gleichsam im Aufstrich verharren nnd dann erst, nach schwungvoller Beendigung des Aufstrichs, dem Arm folgend, auch den Bogen zum Abstrich führen.

Auf solche Art schließt sich der Abstrich an den Aufstrich, daß man bei guter Ausführung den Strichwechsel kaum wahrnehmen kann.

Um Irrtümern vorzubeugen, sei bemerkt, daß wir unter Strichwechsel die Änderung der Bogenstrichrichtung, unter Bogenwechsel die dazu erforderliche Armtätigkeit verstehen.

Der möglichst verbundene Strichwechsel.

Durch Übung ist es zu erreichen, den Ton so gleichmäßig fortzuspinnen, daß er wie von einem Bogenstrich erzeugt erklingt. Eine Täuschung, die anzustreben man sich häufig genötigt sieht, wo es sich um lang ausgehaltene Töne oder um musikalisch durchaus zusammenhängende Gebilde handelt, die man unmöglich auf einem Bogenstrich hervorbringen kann und wo ein hörbarer Strichwechsel ein Verstoß gegen den künstlerischen Gedanken ist, daher durchaus vermieden werden muß.

Dieser Strichwechsel, den wir in der Folge als den möglichst verbundenen Strichwechsel bezeichnen, hat ein Mindestmaß von Bogengeschwindigkeit zur Voraussetzung, die einen gewissen Schwung zuläßt, um Hand und Finger ausschwingen, also tatsächlich dem Arm folgen zu lassen.

Niemals darf die Hand- und Fingertätigkeit beim Bogenwechsel beabsichtigt sein, wie von Hand und Finger selbständig hervorgebracht erscheinen, vielmehr muß sie ganz allein aus der führenden Bewegung des Arms hervorgehen.

Reicht die Bogengeschwindigkeit nicht aus, um den erforderlichen Schwung zu erzielen, so muß sie gegen das Bogenende beschleunigt werden, und da der Oberarm gegen das Bogenende hin stets beschleunigt zu heben ist, fällt es nicht schwer, die nötige Bogengeschwindigkeit aus führender Bewegung heraus zu gewinnen.

Dabei muß die Intensität der Saitenerfassung verringert werden, um ein Anwachsen der Tonstärke zu verhüten. Die dazu erforderliche Hochstellung des Arm- und Handgelenks am Frosch läßt den Strichwechsel nur leichter ausführen.

Infolgedessen ist die Vollkommenheit möglichst gebundenen Strichwechsels bei zarter Tongebung eher zu erreichen und wird schwieriger mit zunehmender Tonstärke. Bei starker Tongebung ist ein Nachlassen und Wiederanschwellen der Tonstärke beim Strichwechsel kaum zu vermeiden, doch so schnell vorübergehend, daß für den Spieler allenfalls, nicht aber für den Hörer die Änderung in der Tonstärke wahrnehmbar zu werden braucht.

Die beschleunigte Bogengeschwindigkeit beim Strichwechsel darf nicht zu einer Manier und in übertriebener Weise zum Schlenkern der Hand führen.

Vom Strich- und Bogenwechsel an der Spitze.

Im Abstrich bei Annäherung zur Spitze wird umgekehrt die Hand in Richtung der Strichebene gesenkt in Verbindung mit einer entsprechenden geringen Drehung der Hand um Daumen und Mittelfinger und ausgleichender Finger- und Daumenstreckung. Der Winkel zwischen Zeigefinger und Bogenstange verringert sich wieder und, wie vorher am Frosch, so wird dadurch nun an der Spitze die Hand der Schwebelage angenähert, der Strichwechsel vorbereitet. Was dort zum Bogenwechsel bemerkt wurde, hat auch für die Spitze volle Gültigkeit.

Vom Verhältnis des Abstrichs zum Aufstrich in bezug auf die Tonstärke.

Durch die ausschwingende Handbewegung in Verbindung mit anpassender Fingerkrümmung oder -streckung verändert sich beim Bogenwechsel das Verhältnis der Handstellung zu Elle und Speiche und zwar derartig, daß sich — infolge unseres Armmechanismus — am Frosch mit dem Abstrich verstärkte Auswärtsdrehung, an der Spitze zum Aufstrich verstärkte Einwärtsdrehung aus der Bewegung selbst einstellt. Träte eine Hebung oder Senkung des Arms, ja nur eine solche des Unterarms und des Handgelenks dazu, so wäre eine bedeutende Änderung der Tonstärke die Folge und muß, wenn gleiche Tonstärke beabsichtigt ist, durchaus unterbleiben. Aber auch so müßte die Unterarmdrehung die Tonstärke beeinflussen, wenn, im entgegengesetzten Sinn, das Armgewicht im Abstrich nicht naturgemäß wirkungsvoller zur Bogenbelastung zur Geltung käme, das zum Aufstrich zu überwinden' und zu heben und folglich nur eingeschränkt ausgenutzt werden kann. Und dies ist in solchem Maß der Fall, daß es nicht nur unnatürlich ist, sondern auch als unnatürlich selbst von der Sache gänzlich Fernstehenden empfunden wird, wenn betonte Taktteile nicht dem Herunterstrich zufallen. Guten Musikern müßte das wirklich gegen den Strich gehen.

Wieder einmal zeigt es sich, daß alle Lehren und Regeln einer natürlichen, dem Armmechanismus gemäßen Bogenführung abgelauscht sind, daß es nur darauf ankommt, unsere Anlagen und Einrichtungen sinngemäß und zweckmäßig brauchen zu lernen.

Der verbundene betonte Strichwechsel.

Bei langsamer Bogenführung, die unseren Betrachtungen zugrunde liegt, wird die Drehung des Bogengriffs allmählich im letzten Ende vor dem Strichwechsel ausgeführt, wobei Finger und Bogen auszuschwingen scheinen, bevor sie dem zur umgekehrten Strichrichtung vorausgehenden Arm folgen.

Die Drehung muß beendet sein, wenn der Bogen den neuen Strich beginnt. Sie kann aber auch mit dem Strichwechsel zusammenfallen, doch ist es dann ungefähr, als ob der Arm in vorzeitiger Umkehr die Hand am Ausschwingen hinderte, sie zu plötzlicher Umkehr nötigte, was denn nicht anders als ruckweise und hörbar geschehen kann.

Wir werden uns dieses Bogenwechsels bedienen, wo es in unserer Absicht liegt, bei ununterbrochener Tonbildung den Strichwechsel auf einem Ton oder zu neuer Tonhöhe so vernehmlich zu gestalten, als ob der Sänger zwischen zwei Vokalen einen Konsonanten einschöbe. Je nachdem, ob man den Bogenwechsel mehr oder weniger plötzlich ausführt und ihn noch mit zum neuen Strich plötzlich einsetzender und wieder verschwindender Bogenmehrbelastung verbindet, ist es auch möglich, den Strichwechsel mehr oder weniger vernehmlich, weicher oder härter zu bilden.

Zum Unterschied von dem möglichst verbundenen Strichwechsel wollen wir diesen in der Folge als den verbundenen betonten Strichwechsel bezeichnen.

Nur einer hochentwickelten Bogenführung wird der möglichst verbundene Strichwechsel gut gelingen. Nicht selten ist zu beobachten, daß infolge des mit dem Bogenwechsel eintretenden geänderten Verhältnisses der Unterarmstellung zur Hand und der dadurch plötzlich veränderten Einwirkung der Unterarmdrehung in Verbindung mit dem im Abstrich mitwirkenden, im Aufstrich zu überwindenden Armgewicht und der daraus entspringenden nicht unbedeutenden Schwierigkeit, die Armstellung beizubehalten und nicht etwa unbeabsichtigt höher oder — dann besonders gefährlich — tiefer zu führen, daß an Stelle des möglichst verbundenen Strichwechsels aus Unachtsamkeit oder mangelnder Bogenbeherrschung die Ausführungsweise des verbundenen betonten Strichwechsels tritt, der nun, weil er aus musikalischen Gründen nicht anzuwenden war, aufs äußerste störend wirkt und, da er außerdem unbeabsichtigt und ohne die ihm gebührende Einstellung erfolgte, meist auch noch mangelhaft ausgeführt, unangenehm rauh, hakig kratzend ausfällt.

Die Hand- und Fingertätigkeit muß jeden Strichwechsel begleiten, auch da, wo es sich um ganz kurze Striche handelt und die Hand nur noch geschüttelt wird. Sie ist nicht nur durch das Wesen unseres Arms bedingt, sie entspricht auch dem Gesetz des Verharrungsvermögens und ist zur Wahrung der die Saite rechtwinklig schneidenden Bogenführung erforderlich.

Das Abhängigkeitsverhältnis der Hand vom Arm nötigt mithin zu einer Bogenhaltung, die sich durch geringe Drehung der Hand um die Berührungspunkte von Daumen und Mittelfinger am Bogen in Verbindung mit ausgleichender Beuge- oder Streckbewegung aller Finger dem Auf- und Abstrich anzupassen vermag. Der Arm führt, die Hand folgt. Infolgedessen geht das Handgelenk als das Verbindungsgelenk von Arm und Hand stets voran, seine Geschmeidigkeit ist der sichtbare Ausdruck für einen hemmungslos bewegten Armmechanismus: Handgelenk lose. Aber trotzdem und vor allem trotz der sich der Strichrichtung anpassenden Bogenhaltung: Finger fest.

Noch einmal von der dem Auf- und Abstrich angepaßten Bogenhaltung.

Um uns von der Richtigkeit und daher unbedingten Notwendigkeit dieser sich dem Auf- und Abstrich anpassenden Bogenhaltung völlig zu überzeugen, da sie für die gute Bogenführung von höchster Wichtigkeit ist, wollen wir versuchen, ihr Wesen durch eine andere Darstellung noch anschaulicher zu machen.

Die unseren Betrachtungen zugrunde gelegte Horizontallage ist als Ruhelage zu verstehen und zu betrachten und kommt bei der Bogenführung, die stets Bewegung ist, niemals vor. Die

Hand befindet sich bei der Horizontallage in der Schwebe- oder Hängelage, das Handgelenk wie die Bogenhaltung können also die Kennzeichen weder des Auf- noch des Abstrichs aufweisen, der Winkel zwischen Zeigefinger und Stange ist nahezu ein rechter. Da auch weder Ein- noch Auswärtsdrehung wirksam ist, so ruht der Bogen nur mit seinem Eigengewicht auf der Saite.

Soll nun der Bogen aufwärts zum Frosch oder abwärts zur Spitze bewegt werden, so muß die seinem Gewicht entsprechende Reibung überwunden werden, und, mag sie noch so gering sein, hier ist ein Widerstand zu überwinden, der sich für die Gesamtbewegung bemerkbar macht, als ob der Bogen die Finger festhielte. Sind alle Muskeln entspannt, soweit sie nicht auf die beabsichtigte Bewegung eingestellt sind, so muß, da der Bogen hauptsächlich von Daumen und Mittelfinger gefaßt wird, und indem die Hand einerseits der Bewegung folgt, die Finger andererseits von dem Reibungswiderstand zurückgehalten werden, eine Drehung der Handstellung zum Bogen eintreten. Damit der Bogen dabei weiterhin die Saiten rechtwinklig schneiden kann, muß die Drehung zum Abstrich mit Krümmen der Finger, zum Aufstrich mit Strecken derselben verbunden werden. Dadurch verringert sich der Winkel zwischen Stange und Zeigefinger im Aufstrich und vergrößert sich im Abstrich.

Von der schwungvollen, nicht von Druck und Zwang gehemmten Armtätigkeit bei der Bogenführung.

Mit dem Beginn der Armbewegung darf man nicht gleichzeitig auch die Saite in Schwingung setzen wollen. Das könnte nur gewaltsam unter Anwenduug von Druck und dadurch entstehender Versteifung des Arms geschehen und widerspräche der Hauptbedingung möglichster Entspannung. Diese fordert, daß die Bogenführung keine gemessen abgezirkelte sei, sondern mit einem gewissen Schwung ausgeführt werde, der jeden Druck ausschließt, weil Druck mehr oder weniger an Stillstand gebunden ist und Schwung in erster Linie Bewegung, von jeglichem Zwang befreite Bewegung verlangt.

Bewegung muß es sein, die vom führenden Oberarm ausgeht und sich zum geführten Bogen und weiter zur schwingenden Saite fortsetzt. Bewegung muß es sein, die mit in richtigem Verhältnis zu ihr stehender Saitenbelastung den Reibungswiderstand überwindet.

Daß die Bogengeschwindigkeit zur Saitenbelastung je nach der Strichstelle in einem bestimmten Verhältnis stehen muß, um vollkommene Tonbildung zu erzielen, haben wir schon in dem Abschnitt erfahren, der uns die Hauptregeln einer guten Bogenführung erkennen ließ. Weiteres über das Verhältnis der Bogengeschwindigkeit zur Saitenbelastung muß einer besonderen Abhandlung vorbehalten bleiben.

Vom Tonansatz und vom getrennten Strichwechsel.

Wir haben bisher in unseren Betrachtungen über die Bogenführung von möglichst verbundenem oder von zwar verbundenem, doch betontem Strichwechsel gesprochen. Soll nun im Gegensatz dazu jeder Bogenstrich für sich getrennt stehen und jeder Ton mit einem scharfen Ansatz beginnen, wie es der abgestoßene Strich, das sogenannte »Martelé« verlangt, so hat jeder Strichbewegung eine völlige Ruhe vorauszugehen, während deren Dauer der Bogen mit stärkerer als zur beabsichtigten Tonstärke erforderlichen Belastung auf den Saiten ruht.

Bevor nun die vom führenden Oberarm stammende Bewegung sich in den eigentlichen Bogenstrich umsetzt, hat sie zunächst eine dem Auf- und Abstrich entsprechende Bogenhaltung herzustellen. Auf diese für das Martelé unerläßliche Vorbereitung muß dann in dem Augenblick, in dem die Bewegung den Bogen fortführend ergreift, auch die vermehrte Saitenbelastung auf das nötige, der Bogengeschwindigkeit und der Strichstelle entsprechende Maß vermindert werden, was eine vielfach abzustufende Schärfe des Tonansatzes hervorzubringen gestattet, wie es der Sprache und dem Sänger in ähnlicher Weise mit den anlautenden Konsonanten d, t, g, k gegeben ist.

Nochmals sei vor Anwendung von Druck seitens der Finger gewarnt. Fingerdruck erzeugt stets einen harten, spröden Klang. Nur durch die Haltung und unter Mitwirkung des ganzen Arms darf die Saitenbelastung erzeugt werden. Die größte Saitenbelastung ergibt sich aus der Verbindung und Ausnutzung des Bogeneigengewichts mit dem Armgewicht; die geringste unter gänzlicher Ausschaltung des Armgewichts und teilweiser Aufnahme des Bogengewichts durch den Arm, wobei nicht vergessen werden darf, daß jedem Grad von Seitenbelastung je nach der Strichstelle ein Mindestmaß von Bogengeschwindigkeit entspricht.

Da das Gewicht des Arms und des Bogens zur Saitenbelastung ausgenutzt wird, zum Aufstrich zu heben und daher zur

Belastung nur in eingeschränkterem Maß zu verwerten ist, befindet sich der Abstrich dem Aufstrich gegenüber im Vorteil. Daher verlangt eine alte Regel mit Recht, die schweren oder guten Taktteile mit dem Abstrich zu spielen.

Die französische Bezeichnung tirer und pousser für Ab- und Aufstrich zeugt von vielleicht unbewußter Einsicht und Berücksichtigung der dabei so wesentlich mitwirkenden Schwerkraft, die einmal ausgenutzt werden kann, wogegen sie im anderen Fall zu überwinden ist. Unser Sprachgebrauch kennt dafür keine in ähnlicher Weise kennzeichnenden Ausdrücke. Der Begriff »Bogenführung« ist wie eine Bezeichnung höherer Ordnung, der, die Art der Ausführung offen lassend, die Hauptregel derselben in führender Bewegung richtig erfaßt.

Der Wechsel der dem Auf- und Abstrich angepaßten Bogenhaltung macht den geschickten Bogenwechsel zu einer der schwierigsten Aufgaben, der tägliches Studium gewidmet werden muß, damit alles natürlich und hemmungslos und ohne Übertreibung geschehe, schließlich so in Fleisch und Blut übergehe, um sich völlig auf richtige, automatische Ausführung verlassen zu können.

Vom Bogenansatz, von dem frei in Bewegung auf die Saite fallenden Bogen. Die beiden einzigen Möglichkeiten, den Bogen zur Tonbildung mit den Saiten in Berührung zu bringen.

Wir haben bis jetzt drei verschiedene Arten des Strichwechsels kennengelernt, denen der dauernd auf den Saiten liegende Bogen gemeinsam war. Ist dies sowohl bei dem verbundenen wie bei dem verbundenen, betonten Strichwechsel selbstverständlich, so gibt es für den getrennten Strichwechsel zwei Ausführungsmöglichkeiten, die in bezug auf Bequemlichkeit sich die Wage halten, soweit es sich um mäßig geschwinde Strichfolgen handelt. Die Wahl zwischen beiden Arten ist also häufig dem Geschmack des Spielers überlassen.

Die Trennung der einzelnen Striche erfolgt bei liegendem Bogen durch einen Stillstand, der den neuen Bogenstrich mit beliebig scharfem Ansatz zu bilden gestattet. Im anderen Fall wird die Trennung durch Aufheben des Bogens erzielt, der unter mehr oder weniger steilem Winkel auf die Saite zurückgeführt wird. Wie hier beim getrennten Strichwechsel gibt es zu jeglichem Anfang ebenfalls nur diese beiden Ausführungsarten, den Bogen zur Tonbildung auf die Saiten zu führen.

In beiden Fällen muß zuerst die der beabsichtigten Strichrichtung angepaßte Bogenhaltung gewonnen werden.

Soll die Tonbildung aus der Ruhelage erfolgen, so wird der Bogen unhörbar auf die Saite gesetzt. Dann ist zunächst die Anpassung der Bogenhaltung zu der beabsichtigten Strichrichtung herzustellen, bevor die Bewegung sich in Tonbildung umsetzen darf.

Der Anfänger wird beim Bogenansatz gut tun, in zwei getrennten Bewegungen erst die Anpassuug zu suchen und nach einer Pause die zur eigentlichen Tonbildung führende Bewegung folgen zu lassen. Meisterhafte Bogenbehandlung wird in gewissen Fällen, besonders bei dreistimmigen Akkorden wohl immer ebenso verfahren. Da die beiden Zwecken dienende Bewegung, nämlich die zur Anpassung an die Strichrichtung und die zur Bogenführung benötigte, gleichgerichtet und durchaus gleichartig ist, wird sie im Laufe der Zeit verbunden werden können, und da die zur Anpassung erforderliche Bewegung so gering ist, werden Anpassung und Tonbeginn schließlich zusammenzufallen scheinen, aber eben nur scheinen. Denn gleich einer Welle muß die Bewegung vom führenden Oberarm ausgehen und sich bis zum geführten Bogen und endlich zur schwingenden Saite fortsetzen.

Infolge der vorherigen Fühlungnahme des Bogens mit der Saite ist der Tonbeginn je nach der dabei aufgebotenen Saitenbelastung mehr oder weniger scharf, immer aber genau bestimmt.

Weicher und weniger bestimmt ist der Tonbeginn aus der Bewegung, also aus der Luft heraus, wobei der Bogen in Bewegung unter mehr oder weniger steilem Winkel auf die Saite geführt wird. Je zarter die beabsichtigte Tonbildung, um so flacher muß der Auffallswinkel sein und um so unbestimmter wird der Tonbeginn. Am Frosch nähert sich mit steilerem und steilstem Winkel zu kraftvoller und kräftigster Tongebung die Art des Tonbeginns an Wucht und Kraft derjenigen mit Bogenansatz, ohne dieser aber jemals an Bestimmtheit und Schärfe gleichzukommen.

Kann der frei in Bewegung auf die Saite fallende Abstrich am Frosch zu zartester und stärkster Tongebung gebraucht werden, so verlangt der an der Spitze auf die Saite fallende Aufstrich eine gewisse Tonstärke, weil eine dem Bogen und dem Armmechanismus Rechnung tragende Ausführungsweise kaum weniger als steilsten Auffallwinkel und somit nur ein Aufschlagen des Bogens gestattet, was sich mit zarter Tongebung nicht verträgt, wohl aber recht geeignet ist, wo es sich um den Ausdruck von Energie und Heftigkeit oder etwa auch um Herzhaftigkeit oder Übermut handelt.

Wird dagegen der Bogen beim Strichwechsel an der Spitze aufgehoben und zum Aufstrich wieder auf die Saite geführt, so ist es in diesem Fall auch möglich, den Auffallwinkel flacher zu bilden und somit die Saite zu weicherer und zarterer Tongebung zu erfassen. Die Ausführung erfordert aber eine im hohen Grade gemeisterte Bogenführung.

Der Grund der Schwierigkeit liegt im Bogenübergewicht, das, um den Bogen frei in der Luft zur Spitze zu führen, verstärkteste Auswärtsdrehung des Unterarms verlangt, wie sie zum Spiel an der Spitze wohl überhaupt niemals zur Anwendung gelangt, da das Bogeneigengewicht in diesem Bogenabschnitt zur zartesten Tongebung bestenfalls gerade ausreicht.

Zur frei in Bewegung auf die Saite fallenden Bogenführung darf der Bogen nur mit einer der Strichrichtung angepaßten Bogenhaltung mit der Saite Fühlung gewinnen.

Am besten wird der Bogen wie zu einem Bogenstrich sowohl zum Frosch wie zur Spitze nur mit geringem Abstand über die Saiten geführt, so daß ein richtiger in der Luft ausgeführter Bogenwechsel möglich ist. In dem darauffolgenden, die Tonbildung bringenden Strich wird der Bogen durch Senken des ganzen Arms bis zu der der gewünschten Tonstärke entsprechenden Stellung allmählich der Saite genähert und die Berührung hergestellt.

Auch zu wiederholten Ab- oder Aufstrichen ist es vorteilhaft, den Bogen durch die Luft so zum Frosch oder zur Spitze zurückzuführen, daß er die Strichebene in nahezu gleichbleibendem Abstand innehält. Ganz ungeschickt ist ein Abdrehen des Bogens aus seiner Lage, wozu und wonach zur Wiedergewinnung der Strichebene überflüssige Bewegungen und mithin unnötiger Kraftaufwand erforderlich ist.

Da unsere Betrachtung dem Gebrauch des ganzen Bogens gilt, können wir uns darauf beschränken und hier vorgreifend nur bemerken, daß der Bogenansatz für jeden Bogenabschnitt zuverlässig möglich ist; die frei in Bewegung auf die Saite fallende Bogenführung mit der Entfernung vom Frosch aber schwieriger wird, was, wie vorher begründet, mit der Überwindung des Bogenübergewichts zusammenhängt.

Noch einiges zum getrennten Strichwechsel.

Der Strichwechsel hat, abgesehen von den vom Komponisten vorgesehenen Pausen und oft zu Mißverständnissen führenden Zeichen . - ՝ ⟩ und Angaben wie marcato, staccoto usw., nach dem musikalischen Sinn mitunter so zu geschehen, daß die einzelnen Bogenstriche deutlich voneinander getrennt vernommen werden können, daß jeder Bogenstrich für sich seinen eigenen Anfang hat.

Nach den uns bereits bekannten Ausführungsarten erfolgt die Trennung entweder durch den Bogenansatz oder durch Aufheben des Bogens.

Bei der Trennung durch Bogenansatz gewinnt man vorteilhaft im Abstrichende an der Spitze durch mehr oder weniger verminderte Anpassung von Hand und Fingern zum folgenden Aufstrich und während der Pause die zu stärkerem oder schwächerem Bogenansatz erforderliche größere oder geringere Saitenbelastung. Die weitere Ausführung erfolgt in der besprochenen Weise. Am Frosch wird die dem Abstrich zukommende Bogenhaltung im Aufstrichende hergestellt, die Hand schwingt also aus.

Über die durch Aufheben des Bogens verursachte Trennung haben wir schon bemerkt, daß beim Strichwechsel an der Spitze der Auffallwinkel flacher genommen werden kann als zum freien Einsatz an der Spitze, der nur mit steilerem Auffallwinkel geschickt möglich ist, also stärkere Tongebung voraussetzt.

Im Abstrich wie im Aufstrich hat die Anpassung von Hand und Finger zur neuen Strichrichtung im letzten Bogenende einzusetzen, die Vollendung des Bogenwechsels in der Luft zu erfolgen; das Aufheben selbst durch mäßiges, je nach der Tonstärke geringeres oder stärkeres Heben des ganzen Arms, wobei der Unterarm mit dem Handgelenk etwa den doppelten Weg zurücklegt, als mit dem Ellbogengelenk. Infolgedessen ist das Heben des Arms am deutlichsten in der Stellung des Handgelenks zu erkennen, ist bei zarter Tongebung kaum wahrzunehmen und hat mit zunehmender Tonstärke in vermehrter Weise zu geschehen. Die gleiche Bewegung dient auch dem Saitenübergang, wovon noch zu sprechen sein wird. Hierbei aber erfolgt das seitliche Armheben nur, um die Hand zu befähigen, in nachfolgendem Ausschwingen den Bogen tragend von den Saiten abzuheben, und ihn nach Anpassung an die neue Strichrichtung in Bewegung auf die Saiten zu führen.

Besondere Sorgfalt ist bei diesem mit Aufheben des Bogens verbundenen Strichwechsel dem an der Spitze bei zartester Tongebung zuzuwenden. Nehmen wir an, der kleine Finger hätte sich bei Annäherung zur Spitze vom Bogen entfernt, was er sehr wohl darf und wie es bei den meisten Geigern beim Spiel in der oberen Bogenhälfte häufig zu beobachten ist, weil die Auswärtsdrehung des Unterarms dabei nicht mitwirkt. Nun genügt ein leichtes Aufsetzen und Wiederentfernen des kleinen Fingers, den Bogen in ausreichender Weise abzuheben und zurücksinken zu lassen.

Am Frosch ist gleichgültig, wie hoch der Bogen von den Saiten abgehoben wird, da der flachere Winkel zur zarteren Tongebung wie der steilere zur kräftigeren bei der Rückführung des Bogens gleicherweise bequem zu Gebote stehen.

Der Bogen könnte auch allein durch eine Handbewegung von der Saite gehoben werden. Das ist aber nicht vorteilhaft, weil dies zu übermäßigem Aufschlagen des Bogens führt und vor allem gegen die dem Arm zustehende Führung verstößt. Am besten wird die Beweglichkeit der Hand wie immer und überall auch hier lediglich zu ausgleichender, ausschwingender und anpassender Tätigkeit benutzt.

Zum getrennten Strichwechsel an der Spitze mit Aufheben des Bogens ist noch zu bemerken, daß er der schwierigen Ausführung wegen bei zarter und zartester Tongebung nur äußerst selten Anwendung finden wird, der Strichwechsel mit Bogenansatz an der Spitze um so vorteilhafter an einer Stelle gebraucht werden kann, als dieser nicht nur mit vollkommenster Weichheit, sondern auch aufs bequemste bewerkstelligt werden kann.

Von der Armstellung zum Spiel auf den tieferen Saiten.

Zum Spiel auf der A-, D- und G-Saite muß der ganze Arm seitlich gehoben werden, womit unserem Armmechanismus zufolge gleichzeitig Einwärtsdrehung des Unterarms verbunden ist.

Wieder nehmen wir die Horizontalstellung zum Ausgang unserer Betrachtung.

Wollte man die Horizontalstellung des Unterarms auch für die tieferen Saiten beibehalten, so stellte die dazu erforderliche Oberarmhebung eine Arbeitsleistung dar, die mit der Forderung nach möglichster Bequemlichkeit unvereinbar ist. Nachteilig wirkt dabei, daß, je höher der Oberarm gehoben wird, um so stärkere Einwärtsdrehung des Unterarms sich selbsttätig einstellt, wodurch die Handbeweglichkeit für weitere Aufgaben eine erhebliche Beeinträchtigung erlitte.

Die Regel, wonach der Oberarm seitlich nur wenig gehoben werden darf, ist also wohl begründet.

Zudem ist der Anblick eines seitlich gehobenen Oberarms außerordentlich unvorteilhaft, weil geradezu häßlich. Möglicherweise empfinden wir solche Bewegungen und Stellungen als häßlich, die unserem Gefühl als unnatürlich, anstrengend und unbequem erscheinen und daher Unlustgefühle wachrufen.

Die seitliche Hebung des Arms zum Spiel auf den tieferen Saiten ist der Art nach die gleiche wie bei der Bogenbelastung und -entlastung zur Herstellung der verschiedenen Tonstärken und erfolgt etwa so, daß der Unterarm mit dem Ellbogengelenk ungefähr die Hälfte der Wegstrecken zurücklegt, die das Handgelenk durchmißt. Um die rechtwinklige Bogenführung zu wahren, muß der Oberarm gleichzeitig auch vorgebracht werden. Der Unterarm steht also zu jeder tieferen Saite steiler und das Handgelenk erscheint immer mehr ausgebogen, wie es zur Beibehaltung der unveränderlichen Stellung des Bogens zu den Saiten und der unveränderten Bogenhaltung — selbst bei gleicher Tonstärke — nötig ist.

Die Beweglichkeit der Hand hat dabei in lotrechter Richtung eine Beschränkung erlitten, und da die Hand zu weiteren Aufgaben befähigt bleiben muß, die Bogenhaltung im wesentlichen als unveränderlich feststeht, läßt sich an dem Grad der Beschränkung klar erkennen, um wieviel der Oberarm gehoben werden muß, denn der Saitenwechsel zur nächsthöheren Saite und zurück muß, soweit es sich um kürzeren Aufenthalt auf der höheren Saite handelt, immer noch bequem von der Hand bewerkstelligt werden können.

Wie hoch auch immer der Oberarm stehen mag, stets muß sich der Ellbogen zum Spiel auf einer Saite bei gleicher Tonstärke in einer Ebene bewegen, die parallel zur Strichebene und je nach der Tonstärke entsprechend höher oder tiefer liegt.

Haben wir die Hängelage als äußerst mögliche Tiefstellung des Oberarms bei größter Tonstärke auf der E-Saite gefunden, wobei der Ellbogen sich in einer Ebene bewegt, die nur um ein geringes unter der Strichebene liegt, so läßt sich die höchste Armstellung zur zartesten Tongebung auf der G-Saite nicht mit gleicher Bestimmtheit feststellen. Diese Frage entscheidet vor allem die Beweglichkeit der Hand, die zu ihren Zwecken befähigt bleiben muß. Der Ellbogen dürfte im äußersten Fall, also bei zartester Tongebung auf der G-Saite, an die Strichebene der G-Saite ungefähr heranreichen.

Abgesehen von der auf die Bogenhaltung zu nehmenden und der Bequemlichkeit des Arms Rechnung tragenden Rücksicht hängt die Höchststellung des Arms von der Geigenhaltung und von der Beschaffenheit des Steges ab.

Je flacher der Steg gehalten ist, um so weniger braucht der Arm bis zur G-Saite gehoben werden, um so leichter ist der Saitenübergang und das drei- und vierstimmige Akkordspiel. Dafür wird aber das Spiel auf den mittleren Saiten, besonders in den höheren Lagen, sehr erschwert, wo nicht unmöglich, wobei auch die Höhe des Stegs und der dadurch bedingte kleinere oder größere Abstand der Saitenlage über dem Griffbrett mitspricht.

Da die Geige in erster Linie ein Gesangsinstrument ist, die Möglichkeit der mehrstimmigen Behandlung dagegen durchaus zurückzustehen hat, so muß die Einrichtung des Stegs im Interesse gleicher Klangfarbe gestatten, einen Gesang oder ein zusammengehöriges Gebilde größeren Tonumfangs mit Bequemlichkeit auf einer Saite zu spielen.

Der rund geschnittene Steg ermöglicht das bis in hohe Lagen ungehinderte Spiel auch auf den mittleren Saiten, erschwert aber den Saitenübergang und das mehrstimmige Akkordspiel und erfordert mit zunehmender Rundung entsprechend erhöhte Armstellung.

Niemals darf die Rundung des Stegs oder die Geigenhaltung zu einem bis in Schulterhöhe geführten Oberarm Veranlassung geben.

Wir werden noch einen Weg kennenlernen, der die Armstellungen für die tieferen Saiten von der E-Saite ausgehend in zuverlässiger Weise erkennen läßt, doch müssen wir uns zuvor mit der Armtätigkeit beim Saitenübergang vertraut gemacht haben.

Vom Saitenübergang.

Der Saitenübergang ist eine Änderung der Strichebene, die beim Spiel auf derselben Saite möglichst beibehalten werden muß, soll die Saite gleichmäßig schwingen.

Die Lage der Strichebene ist unserem Ermessen freigestellt, soweit es die Nachbarsaiten und der Bau der Geige zulassen, und wird beim Spiel auf einer Saite so gewählt, daß ihr

Abstand von den Nachbarsaiten gleich ist, um deren Berührung zu vermeiden.

Zum bequemeren Saitenübergang kann daher die Strichebene der höheren oder tieferen Saite angenähert werden, daß es nur noch einer geringen Armtätigkeit bedarf, um die neue Saite zu erfassen.

Geschieht die Annäherung allmählich, so ist damit keine Gefahr für die ungehinderte Schwingungsmöglichkeit der Saite verbunden. Der allmählich sich ändernden Strichebene folgt die Saite ohne Schwierigkeit. Zu dieser Annäherung wird der ganze Arm gehoben oder gesenkt und zwar so, daß die größtmögliche Annäherung unmittelbar vor dem Saitenübergang erreicht wird. Nach vollzogenem Saitenübergang wird die der verlassenen Saite zunächst noch angenäherte Strichebene nun auf der neugewonnenen Saite wieder zu gleichem Abstand von den Nachbarsaiten geführt, wenn längeres Verweilen auf der neuen Saite beabsichtigt ist.

Die ganze Bewegung besteht aber nicht aus einem fortgesetzten Heben oder Senken des ganzen Arms, sondern nach der Annäherung der Strichebene bewerkstelligt eine Handbewegung den eigentlichen Saitenwechel, der, möglichst gebunden, nur auf diese Weise genau und geschickt auszuführen möglich ist.

Wie dem Strichwechsel muß auch dem Saitenübergang größte Aufmerksamkeit und Pflege gewidmet werden. Nachstehende Betrachtungen gelten möglichst verbundenem, gleichzeitigem Strich- und Saitenwechsel bei zartester Tongebung, weil diese die Beobachtung besser und auch die lückenlose Bindung vollkommener gestattet.

Durch das Zusammenfallen von Strich- und Saitenwechsel versteht es sich von selbst, daß der Vorgang ein Mindestmaß von Bogengeschwindigkeit, einen gewissen Schwung erfordert, also stets aus der Bewegung heraus zu geschehen hat. Aber auch da, wo der Saitenwechsel während eines Bogenstrichs eintritt, bleibt diese Forderung bestehen. Denn immer wieder zeigt die genaue Beobachtung, daß jede zur Bogenführung auszuübende Bewegung, sofern sie unserem Armmechenismus zufolge richtig gebildet ist, vom Oberarm ausgeht und, einer Welle gleich, über Unterarm und Hand zum Bogen sich fortsetzend, diesem unseren Willen aufzwingt.

Erfolgte umgekehrt zum Saitenübergang eine selbständige Handbewegung, auf welche sich stützend der ganze Arm dann die der neuen Strichebene zukommende Stellung gewänne, so führte das, von der dabei eintretenden Belastung oder Entlastung des Bogens abgesehen, zu einem wenn auch vorübergehenden Druck auf die Saiten, der stets von übler Folge für die Tonbildung ist.

Der Wichtigkeit des Gegenstandes wegen untersuchen wir jede der vier durch die Verbindung von Strich- und Saitenwechsel gegebenen Möglichkeiten gesondert.

Vom Übergang zur nächsttieferen Saite an der Spitze.

Beim Übergang zur nächsttieferen Saite an der Spitze beschleunigt der Oberarm seine mit dem ganzen Arm gemeinsam zur Annäherung der Strichebene begonnene Hebebewegung unmittelbar vor dem Strich- und Saitenwechsel, so daß es den Anschein hat, als fiele sie mit diesem zusammen, ohne jedoch den Unterarm derartig mitzunehmen, daß das Handgelenk seine Stellung und Lage zum Bogen erheblich veränderte. Das Handgelenk wird dabei nur wenig höher geführt als beim Bogenwechsel auf derselben Saite, wodurch zum Ausgleich ein Senken der Hand in Verbindung mit stärkerer Fingerstreckung erforderlich wird.

Zum eigentlichen Saitenübergang wird dann der Unterarm um das Ellbogengelenk, gleichzeitig zur Unterstützung sowie zur genauen und geschickteren Ausführung des Saitenwechsels auch die Hand gehoben, in Verbindung mit ausgleichender Fingerkrümmung und der zur neuen Strichrichtung erforderlichen Einwärtsdrehung des Unterarms.

Durch das beschleunigte Heben des Oberarms wird der Schwung erzielt, der den Saitenwechsel leicht bewerkstelligen läßt.

Der Oberarm ist nur so hoch vorauszuführen, als es ihm zur neuen, der verlassenen Saite noch angenäherten Strichebene zukommt.

Nach vollzogenem Saitenwechsel steht das Handgelenk im Beginn des Aufstrichs durch die zur Unterstützung und geschickteren Ausführung des Saitenwechsels gehobenen Hand zunächst zu tief und gewinnt die ihm zukommende führende Stellung wieder, indem der Unterarm, außer der zum Aufstrich erforderlichen Beugung, die zum Saitenwechsel einsetzende Hebung nun seinerseits beschleunigt, noch bis zur Erreichung der ihm zukommenden Stellung fortsetzt, während die Hand gleichzeitig und entsprechend gesenkt wird, wodurch die Strichebene, die immer noch der verlassenen Saite angenähert war, gewahrt bleibt.

Die Handbewegung beschreibt also eine flache Schleife, die durch das gleichzeitige Heben des Unterarms und den ausgleichenden Fingerbewegungen dennoch den Bogen in einer Ebene zu führen ermöglicht.

Die Ausgleichsbewegungen der Finger sind der Art nach die gleichen wie beim Bogenwechsel auf einer Saite, zum Saitenwechsel nur stärker auszuführen.

Eine geringe Drehung der Bogenstange ist trotzdem unvermeidlich, sie ist aber bei guter Ausführung des Saitenwechsels so gering, daß sie ohne störenden Einfluß auf die Tonbildung ist.

Haben alle Teile des Arms die ihnen zur neuen, der verlassenen Saite immer noch angenäherten Strichebene zukommende Stellung erreicht, so kann nun durch weiteres gemeinsames Heben des ganzen Arms die Strichebene zu gleichem Abstand von den Nachbarsaiten geführt werden.

Die hier getrennt beschriebene Armtätigkeit beim Saitenübergang muß durch Übung zu einer einzigen Gesamtbewegung werden, die uns ohne bewußte Aufmerksamkeit zu Gebote stehen muß.

In der Folge können wir von dem gemeinsamen Heben oder Senken des ganzen Arms zur Annäherung der Strichebene an die zu gewinnende Saite und zu deren Führung zu gleichem Abstand von den Nachbarsaiten nach vollzogenem Saitenwechsel absehen und uns auf den eigentlichen Saitenübergang beschränken.

Vom Übergang zur nächsthöheren Saite an der Spitze.

Der Bogen- und Saitenwechsel an der Spitze zur nächsthöheren Saite ist ungleich bequemer auszuführen, allein schon deswegen, weil das Schwergewicht des Arms zur Senkung ausgenutzt werden kann, wogegen es beim Übergang zur tieferen Saite überwunden werden muß. Der Vorgang beim eigentlichen Saitenwechsel erfolgt auf die gleiche Weise, nur in umgekehrter Richtung.

Unmittelbar vor dem Bogen- und Saitenwechsel wird der Oberarm beschleunigt gesenkt, wiederum ohne den Unterarm derartig mitzunehmen, daß das Handgelenk seine Stellung zum Bogen wesentlich veränderte, das nur um ein geringes tiefer geführt wird als beim Bogenwechsel auf derselben Saite.

Zur Wahrung der der höheren Saite angenäherten Strichebene muß die Hand gehoben, zum Ausgleich die Finger stärker gekrümmt werden.

Nun kann durch Senken des Unterarms und der Hand in Verbindung mit der zur neuen Strichebene erforderlichen Auswärtsdrehung des Unterarms und der zum Saitenwechsel stärker als nur zum Bogenwechsel auszuübenden ausgleichenden Fingerstreckung der Saitenübergang schwungvoll bewerkstelligt werden, wobei die führende Stellung des Handgelenks durch das Senken der Hand und das zum Aufstrich voran- und übergehende Handgelenk gesichert bleibt.

Die Hand beschreibt wieder eine flache Schleife, nur in umgekehrter Richtung als beim Übergang zur tieferen Saite.

Vom Übergang zur nächsttieferen Saite am Frosch.

Während es an der Spitze ganz ausgeschlossen ist, einen Saitenwechsel nur durch die Unterarmdrehung zu bewerkstelligen, kann man am Frosch von der E-Seite bei zartester Tongebung ausgehend allein durch die Einwärtsdrehung bequem zur G-Saite gelangen. Das bedeutete indessen bei unveränderter Armstellung mit jeder tieferen Saite vermehrte Tonstärke, wie es denn auch zu geschehen hat, wenn ein derartiger dynamischer Unterschied beabsichtigt ist. Unsere Betrachtung gilt aber vorerst dem möglichst verbundenen Saitenwechsel bei gleicher Tonstärke.

Zum gleichzeitigen Bogen- und Saitenwechsel am Frosch zur tieferen Saite muß Ober- und Unterarm im Aufstrichende die ihm zur neuen Strichebene zukommende Stellung gewinnen, und, da es mühelos möglich ist, vorteilhafterweise gleich zu der Strichebene, die gleichen Abstand von den Nachbarsaiten hält.

Die Annäherung der Strichebene liegt immer im Interesse des genauen und leicht auszuführenden Saitenwechsels.

Ist schon beim Bogenwechsel auf einer Saite ein hochgehobenes Handgelenk am Frosch die Voraussetzung für bequeme Hand- und Fingertätigkeit, so verlangt der damit verbundene Saitenwechsel ein noch höher geführtes Handgelenk. Denn durch die Einwärtsdrehung wird sonst die Beweglichkeit der Hand zu sehr begrenzt und außerdem muß, wie schon bemerkt, Rücksicht auf die sonst plötzlich vermehrte Bogenbelastung genommen werden.

Das Handgelenk erscheint infolgedessen stärker ausgebogen als beim Bogenwechsel auf derselben Saite und die Finger sind zum Ausgleich stärker gestreckt.

Der eigentliche Saitenwechsel erfolgt nunmehr lediglich durch die Einwärtsdrehung, die zeitlich mit dem Beginn des Abstrichs zusammenfällt.

Vom Übergang zur nächsthöheren Saite am Frosch.

Beim Übergang zur höheren Saite am Frosch senkt sich der ganze Arm zur Annäherung der Strichebene an die höhere Saite wie in den anderen Fällen.

Zum eigentlichen Saitenwechsel, der lediglich durch die Auswärtsdrehung des Unterarms bewirkt wird, behalten Ober- und Unterarm ihre bis dahin gewonnene Haltung.

Erst mit dem Abstrich wird der ganze Arm in die der neuen Strichebene entprechende Stellung geführt. Und zwar allmählich, wenn es sich um zarteste Tongebung handelt, schnell und schneller, wenn es kräftigerer Tonstärke gilt, bis bei stärkster Tongebung die Senkung des ganzen Arms nahezu mit der Auswärtsdrehung zusammenfällt und wobei die schwungvolle Bewegung von höchster Wichtigkeit ist.

Damit die Auswärtsdrehung des Unterarms, sowie die zum Bogenwechsel erforderlichen Ausgleichsbewegungen der Finger mühelos bewerkstelligt werden können, auch im Interesse des am Frosch zu berücksichtigenden Bogenübergewichts, muß das Handgelenk im Aufstrich ausreichend hochgeführt werden.

Beim Übergang zur höheren Saite am Frosch fällt das Bogenübergewicht deswegen erschwerend ins Gewicht, weil die höhere Saite von einem Bogenteil erfaßt wird, das um den Saitenabstand näher zum Frosch liegt, und weil somit das Bogengewicht plötzlich verstärkt wirksam wird. Wenn man diesem Umstand nicht Rechnung trägt, ist eine hakige Tongebung bei diesem Saitenwechsel die unausbleibliche Folge.

Ebenfalls mit Rücksicht auf den Saitenabstand darf der Aufstrich nicht soweit geführt werden, daß, im schlimmsten Fall, die obere Saite nicht mehr mit den Haaren, oder, auch noch recht gefährlich und möglichst zu vermeiden, nur von dem Bogenabschnitt zwischen Zeigefingerstelle und Frosch erfaßt werden könnte.

Aus dem gleichen Grunde ist umgekehrt beim Bogen- und Saitenwechsel zur tieferen Saite an der Spitze Vorsicht geboten, wobei also der Bogen im Abstrich nicht ganz ausgezogen werden darf.

Vom Saitenübergang in Verbindung mit veränderter Tonstärke.

Vorstehenden Betrachtungen hatten wir den verbundenen Strichwechsel bei zartester Tongebung zugrunde gelegt.

Fällt mit dem gleichzeitigen möglichst verbundenen Saiten- und Strichwechsel auch ein Wechsel in der Tonstärke zusammen, so sehen wir uns vor eine leichtere Aufgabe gestellt, wenn es sich um einen Übergang von der höheren Saite bei zarter Tongebung zur tieferen mit kräftiger Tongebung handelt. Gleichgültig ist dabei, welche Saite mit dem Ab- oder Aufstrich genommen wird, gleichgültig auch, ob man mit der höheren oder tieferen Saite beginnt; einzig entscheidend und Voraussetzung ist das Zusammenfallen der kräftigen Tongebung mit der tieferen Saite und der zarten Tongebung mit der höheren Saite.

Das hängt damit zusammen, daß der Arm nicht nur zur Verminderung des Bogendrucks, sondern auch zum Übergang zur tieferen Saite zu heben ist, oder umgekehrt: nicht nur zur Verstärkung des Bogendrucks, sondern auch zum Übergang zur höheren Saite zu senken ist.

Hat also bereits ein Heben des Arms zur Herstellung zartester Tongebung stattgefunden, so ist es einleuchtend, daß, um den Arm zu der ihm auf der tieferen Saite zukommenden Stellung zu führen, es eines weiteren Hebens kaum oder gar nicht bedarf, weil er bei starker Tongebung auf der tieferen Saite in bezug auf diese seine äußerste Tiefstellung einzunehmen hat.

Ja, es ist sogar denkbar und durchaus richtig, wenn der Arm bei zartester Tongebung auf der oberen Saite höher steht als bei größter Tonstärke auf der tieferen Nachbarsaite und daher zu diesem Übergang zu senken ist, welcher Fall besonders bei flacherem Steg leicht eintreten kann.

In der Regel wird aber die Stellung des Arms für beide Strichebenen ungefähr die gleiche sein, so daß der eigentliche Saitenübergang lediglich durch Heben der Hand in Verbindung mit den mehrfach beschriebenen Ausgleichsbewegungen der Finger und der Einwärtsdrehung des Unterarms erfolgt, wodurch gleichzeitig die Tiefstellung des Arms zur Erzeugung größter Tonstärke gewonnen wird.

Dieser leichteste Saitenübergang empfiehlt sich für Anfänger zur Einführung in den Saitenwechsel, weil dabei der Vorgang einfacher ist und sich nahezu auf eine Handbewegung beschränkt. Läßt man daran anschließend Tonbildung mittlerer und leisester

Stärke auf der nunmehr erreichten tieferen Saite folgen, auf letztere wieder den Übergang zur stärksten Tongebung auf der nächsttieferen Saite bewerkstelligen, so wird man den Schüler auf leicht faßliche Art mit der seitlichen Armhebung und durch umgekehrtes Verfahren mit dessen Senken vertraut machen.

Nachstehende Darstellung zeigt schematisch die Bedeutung der seitlichen Hebung des Oberarms.

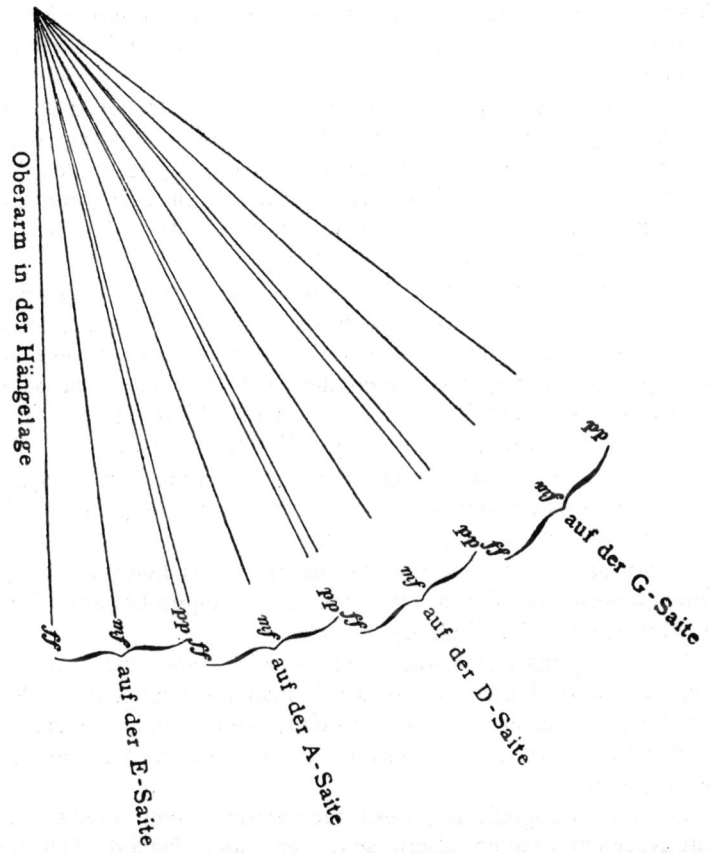

Fällt aber die starke Tongebung mit der höheren Saite und die zarte mit der tieferen zusammen, so erfordert dies eine vermehrte Armhebung oder Senkung.

Deutlich geht aus der schematischen Darstellung hervor, daß je nach der Tonstärke ein Saitenübergang zur Nachbarsaite größere Anpassungstätigkeit des Arms erfordern kann als ein Saitenübergang zur übernächsten Saite.

Vom Saitenübergang über dazwischenliegende Saiten hinweg.

Im günstigsten Fall ist die anpassende Armtätigkeit beim Saitenübergang über eine Saite hinweg kaum größer als beim Nachbarsaitenübergang bei gleicher Tonstärke. Die vermehrte Schwierigkeit liegt darin, die zu überspringende Saite nicht erklingen zu lassen, und ist bei Anwendung des getrennten Strichwechsels unerheblich, weil die Armbewegung alsdann in die Pause fallen kann.

Anders beim verbundenen Strichwechsel. Dabei muß der Saitenübergang während der Handhebung oder -senkung so bewerkstelligt werden, daß jegliche Bogenbelastung durch den Arm ausgeschaltet und das Bogeneigengewicht selbst tragend aufgenommen ist, um die zu überspringende Saite selbst bei Berührung nicht in Schwingung zu bringen.

Der Schwierigkeit dieser Aufgabe wegen wird man meist von dem verbundenen Strichwechsel absehen und den getrennten Strichwechsel anwenden, wobei der in der Pause ohne Bewegung fest aufliegende Bogen die zu überschreitenden Saiten als Brücke benutzen kann, die nun nicht mitklingen, weil trotz der Saitenbelastung die tonbildende Bewegung fehlt.

Wo aber die vollkommene Bindung unerläßlich ist, wird man den Nachbarsaitenwechsel durch geeigneten Fingersatz oder Lagenwechsel zu ermöglichen suchen.

Nicht selten hat der mit der Eigenart des Instruments vertraute Komponist durch als Vorschläge eingeschobene Noten die Möglichkeit der Bindung erleichtert.

So streng man sich auch stets an die Vorschriften und Bezeichnungen zu halten hat, so würde man in diesem Fall die Meinung des Komponisten nicht treffen, wollte man die zur erleichterten Ausführung eingeschobenen Noten vollgewichtig wiedergeben.

Da es unmöglich ist, alles niederzuschreiben, bleibt vieles dem Nachschaffenden überlassen, der durch Nachdenken und Nachfühlen der Absicht des Komponisten nachzuspüren hat. An anderer Stelle wird darüber mehr zu sagen sein.

Zum Schluß.

Wir haben nun alles durchgesprochen, was zum Gebrauch des ganzen Bogens bei mäßig langsamer Führung gehört. In keiner Weise wird die Bogenführung geändert, wenn auf einem solchen Bogenstrich ein oder mehrere Töne zu spielen sind. Es kommt dabei nur darauf an, daß die Tätigkeit der linken Hand die des rechten Arms nicht beeinflußt. Übung muß es ermöglichen, daß beide Arme ihre verschieden gearteten Aufgaben unabhängig voneinander ausführen können und daß nicht etwa die Tätigkeit eines Arms im anderen eine durch die Natur gegebene Verbindung ähnliche Anspannung auslöse.

Wie sehr die gleichen Muskelgruppen miteinander in Verbindung stehen, zeigt der wohlbekannte Versuch, mit beiden Händen gleichzeitig ein Ornament zu zeichnen, wobei die linke, in der Regel ungeschicktere Hand, mühelos das Spiegelbild der von der rechten ausgeführten Linienbildung bringt.

Wie schwer es dagegen ist, mit beiden Händen gleichzeitig verschiedenartige Bewegungen auszuführen, zeigt überzeugend ein anderer Versuch, wobei man die eine Hand klopfen, die andere streichen und dann gleichzeitig die Rollen tauschen läßt.

Und wie die Fähigkeit, die Arme gleichzeitig verschiedenartig zu betätigen, dem einen mehr als dem anderen gegeben ist, so wird auch Übung diese Anlage in verschiedenem Grade auszubilden gestatten.

Könnte uns diese Erkenntnis mitunter entmutigen, so richten wir uns an der anderen ebenso wahren wieder auf, daß es der mit Fleiß und Ausdauer Strebende meist weiterbringt als ein von Natur überreich Beschenkter. Eine Erkenntnis, die Goethe sagen läßt: Genie ist Fleiß.

Die auf Seite 15 für die linke Hand mitgeteilten Übungen erfordern fortgesetzten Saitenübergang in gleicher Richtung von der höchsten bis zur tiefsten Saite und zurück mit gleich kurzem Verweilen auf jeder Saite.

Diese Spielweise nennt man das Arpeggio, es wird durch fortgesetztes, gleichmäßiges Heben und Senken des ganzen Arms ausgeführt ohne besondere Handtätigkeit bei jedem Saitenübergang. Dadurch wird jede Saite mit gleicher Tonstärke, also ohne Betonung erfaßt.

Ist die Betonung beabsichtigt, so ist der Saitenübergang durch die Hand zu bewerkstelligen, was nur bis zu einer begrenzten Geschwindigkeit geschehen kann. Der Betonung wegen besteht aber dann die Eigentümlichkeit des Arpeggio nicht mehr.

Das Arpeggio kennt nur eine Betonung im Sinne des Rhythmus und nicht für jede einzelne Saite. Dieses ist die Urform:

Die Ausführung erfolgt lediglich durch Heben und Senken des ganzen Arms, durch Annäherung der Strichebene und schließlicher Preisgabe der ersten und Gewinnung der nächsten Saite, worauf das Spiel sich gleicherweise fortsetzen kann.

Die richtige Erkenntnis vom Wesen der Saite und des Bogens, die dessen Eigenart angepaßte Bogenhaltung und eine den Forderungen der Saite und des Bogens Rechnung tragende Bogenführung, sowie eine dem Wunderbau des Arms entsprechende natürliche Armtätigkeit, das sind die Grundlagen, auf welchen sich höchste Bogenfertigkeit aufbauen kann.

In der Regel fehlt es an der täglichen Pflege der Bogenführung, deren Ausbildung meist mangelhafter als die der linken Hand ist. Nichts ist wichtiger als tägliches Überprüfen der Tätigkeit des rechten Arms, nichts ist dazu mehr geeignet als mäßig langsame Striche in drei Stärkegraden auf leeren Saiten in Verbindung mit den vier verschiedenen Arten des Bogenwechsels und der Saitenübergänge an Frosch und Spitze. Das ist nicht nur die Grundlage für eine beherrschte Bogenführung, sondern auch deren höchstes und schwerstes Ziel.

Alles Wissen und alle Erkenntnis vermag die Übung und Erfahrung nicht zu ersetzen, wohl aber den Weg zu ebnen und abzukürzen, der nun einmal zurückgelegt werden muß, um zu einer richtigen Bogenführung zu gelangen, auf die wir uns, ebenso wie auf eine sichere Beherrschung der linken Hand, derartig müssen verlassen können, daß sie wie selbsttätig sich abspielt und gestattet, unsere Aufmerksamkeit ungeteilt dem Kunstwerk und unserer künstlerischen Absicht und Eingebung zuzuwenden, um diese restlos, soweit solches all unserm Tun jemals vergönnt st, zum Ausdruck zu bringen.

Die Betrachtung der zur Bogenführung erforderlichen Armtätigkeit, die Untersuchung über Bogen und Saite nötigten zu getrennter Behandlung aller aufeinander angewiesenen und sich gegenseitig bedingenden einzelnen Teile. Der Versuch, nicht nur die Notwendigkeit und daher Zweckmäßigkeit, sondern auch die zufolge unseres Armmechanismus gegebene Richtigkeit aller Bewegungen aufzuzeigen, brachte eine breitere Ausführung mit sich, als es die klare Übersicht wünschenswert erscheinen läßt. Es ist zu empfehlen, diese Aufzeichnungen wiederholt zu lesen, da der Anfang die Bekanntschaft mit dem später Mitgeteilten nahezu voraussetzt, wie man am Schlusse das Ganze gegenwärtig haben muß.

Zwei Betrachtungen

Vorwort

KARL KLINGLER wurde am 7. Dezember 1879 in Straßburg geboren. Sein Vater, Theodor Klingler, war Bratschist im Opernorchester und ein angesehener Lehrer am Straßburger Konservatorium. Er war das 5. von 6 Kindern und fing schon frühzeitig an, Geige zu spielen.

Mit 17 Jahren kam er zu JOSEPH JOACHIM nach Berlin, der seinen weiteren Werdegang entscheidend prägte. 19jährig erhielt er den Mendelssohn-Preis. Um die Jahrhundertwende finden wir ihn als Konzertmeister der Berliner Philharmoniker, doch gab er die Orchestertätigkeit nach einigen Jahren auf, um sich vorwiegend der Kammermusik zu widmen. Wie sehr Joachim seinen Schüler Klingler schätzte, geht daraus hervor, daß er den fast 50 Jahre Jüngeren als Bratschist in sein berühmtes Quartett aufnahm.

Nach Joachim's Tode (1907) trat Klingler mit seinem eigenen Quartett die Nachfolge an und brachte es in den folgenden Jahrzehnten gleich seinem großen Vorgänger zu europäischer Berühmtheit. Neben ausgedehnten Konzertreisen hatte Klingler eine Professur an der Hochschule für Musik in Berlin, wo er als Violinlehrer tätig war.

Karl Klingler war ein vielseitig begabter Musiker mit offenem Interesse für die verschiedensten Gebiete der Kunst und Wissenschaft, darunter Mathematik und Naturwissenschaften, deren moderne, aufsehenerregende Forschungsergebnisse er lebhaft verfolgte. Auf musikalischem Gebiet betätigte sich nicht nur als Geiger und Lehrer, sondern auch als Komponist. Er wurzelte in der klassischen Tradition. Die Pflege des ererbten unübersehbaren Besitzes herrlichster Meisterwerke war ihm Bedürfnis und Pflicht, und das bekannte Goethe-Wort aus Faust I: „Was du ererbt von deinen Vätern, erwirb es, um es zu besitzen" fand in Klingler reiche Erfüllung. Daß ihm auch die Gefahren nicht unbekannt waren, die unsere Tradition schon oftmals in Verruf gebracht haben, geht aus seinen eigenen Worten hervor: „Gewohnheit und Gewöhnung sind gefährlich, wenn man sie nicht von höherer Warte überwacht". Und darauf verstand er sich: was Klingler in Angriff nahm, geriet ursprünglich und lebendig, frei von jeder Schablone. Der Schwerpunkt seines

Wirkens blieb das Quartettspiel. Wer Klingler hörte, dem wurden die Werke zum Erlebnis. Seine Anhänger haben ihn nie vergessen. –

Als Karl Klingler am 18. März 1971 in München starb, hinterließ er als geistiges Erbe zahlreiche Kompositionen und mehrere Schriften über Musik wie auch über Mathematik. Diese Schriften sind größtenteils in seinen späteren Lebensjahren entstanden und geben uns Einblick in die Erfahrungen eines bedeutenden Künstlers und Menschen, dem Musik mehr war als Unterhaltung und Freude am Spiel, so wie Beethoven es ausdrückt: „Musik ist höhere Offenbarung als alle Weisheit und Philosophie".

Damit kommen wir zu den hier vorliegenden Aufsätzen *Vom Rhythmus* und *Vom musikalischen Einfall und seiner Darstellung*. Im *Rhythmus* begnügt Klingler sich nicht mit der landläufigen Auffassung von Taktarten und ihrer metrischen Gliederung, sondern er holt tiefer aus und greift auf die Weisheit der Griechen zurück, die im Rhythmus das vielleicht höchste Geheimnis **aller** Kunst erkannten. Wir werden zu den Naturgesetzen geführt, die allgemeine Gültigkeit haben und vom Wandel der Zeiten unberührt bleiben, zur Schwerkraft der Erde, dem ruhenden Mittelpunkt, der das Wasser talwärts lenkt (Rhythmus = Fluß, fließen). Diese Bewegung wirkt auf unser Gemüt: so drückt sich in jedem echten Kunstwerk Seele und Gemüt seines Urhebers aus.

Um vollen Nutzen aus Klingler's Ausführungen zu ziehen, sollten Kenntnisse in Harmonie- und Formenlehre mitgebracht werden, auch sollte der Leser imstande sein, die angeführten Notenbeispiele zum Erklingen bzw. zur eigenen geistigen Vorstellung zu bringen; doch auch diejenigen, die solche Vorbildung nicht besitzen, werden nicht vergeblich lesen, denn es ist Klingler gegeben, seelische Vorgänge aufzuzeigen, die sich in den einzelnen Werken abspielen und die unmittelbar, unabhängig von Fachkenntnissen, zum Hörer und Leser sprechen.

Vom Rhythmus mit seiner grundlegenden Unterscheidung zwischen schwer und leicht kommt Klingler über den *musikalischen Einfall* – diesem unerforschlichen Geschenk der Musen – zur Darstellung der Werke durch den nachschaffenden Künstler. Er selbst war ein begnadeter Interpret, der die Gabe der Einfühlung besaß und eine ungewöhnliche Gestaltungskraft. Überdies hatte er sich mit unermüdlichem Fleiß die Kenntnis einer umfangreichen Literatur angeeignet und ihre geistige Durchdringung, ganz zu schweigen von seinem hervorragenden technischen Können, das es ihm ermöglichte, jede, auch die feinste seelische Nuance zum Ausdruck zu bringen. Da er Geiger war, vorwiegend Quartettspieler, erklärt sich seine Auswahl der Notenbeispiele und sein besonderes Eingehen auf die Probleme des Streichquartetts, dieser vielleicht höchsten Form klassischer Musik –.

Als ehemalige Schülerin, spätere Mitarbeiterin und zweite Geige im letzten Klingler-Quartett (1945–1948), will ich meine Zeilen nicht beschließen ohne ein Wort der Dankbarkeit und Verehrung für diesen Meister, den das Schicksal mir schenkte. Möchten Klingler's Betrachtungen dazu beitragen, den Suchenden und Verunsicherten in unserer Zeit der Umwälzungen Rat und Hilfe zu geben auf ihren Wegen zu immer neuen Ausdrucksformen aus der Quelle uralter ewiger Schöpferkraft, die uns ins Leben rief.

Hannover, im Mai 1979 *Agnes Ritter*

Ns. Der Wortlaut von Karl Klingler's vorliegender Schrift ist nach dem vorhandenen Manuskript unverändert beibehalten. Einige fehlende Angaben (Opuszahlen u. drgl.) wurden ergänzt. Mehrere Notenbeispiele, die mitten im Satz standen, wurden an das nächste Punkt- bzw. Kommazeichen gerückt und ihre ursprüngliche Stelle mit einem diesbezüglichen Hinweis versehen.

Die Inhaltsangabe und das Verzeichnis der Notenbeispiele (S. 149) stammen von meiner Hand und möchten dazu dienen, dem Leser den Überblick über die Fülle des Gebotenen zu erleichtern.

Aus dem Inhalt

                                                                                           Seite

Vom Rhythmus 93
Rhythmus: das vielleicht größte Geheimnis **aller** Kunst – Mensch und Kosmos – Raum und Zeit – Grundlegende Gesetze von allgemeiner Gültigkeit Fußn. 10 – Wasser folgt der Schwerkraft und strebt talwärts – „Rhythmus" (griechisch) heißt: Fluß, fließen, die Bewegung wirkt auf unser Gemüt – „schwer" und „leicht" – Taktarten in der Musik – Metrum und Metronom – Vom einzelnen Ton zum Motiv, Fußn. 7 – „Rhythmus" als musikalisches Geschehen in mannigfacher Auswirkung: dynamisch, metrisch, melodisch, harmonisch – Freiheit und Gebundenheit des Interpreten

Vom musikalischen Einfall und seiner Darstellung 109
Ein Geschenk der Musen – Ausdruck von Seele und Gemüt – Menschliche Erkenntnisse und ihre Grenzen – Erfindung und Gestaltungskraft – Formschöpfung und Schablone – Tonalität – Kadenz – Gliederung Fußn. 10 – Pausen Fußn. 10 – Vom Motiv zum musikalischen Einfall – Auswirkung eines Motivs nicht nur **in**, sondern auch **an** Tönen – Aneinanderreihen und ineinandergreifen von Motiven, einzelne Motive in ihrem Verhältnis zu größeren Einheiten bei: Bach, Beethoven, Mozart – Von den Betonungen (s. a. Rhythmus: schwer und leicht) – Tradition: ihr Wert und ihre Gefahren – Bedeutung der Interpretation: Einfühlung und Gestaltungskraft, Unvollkommenheit der Notierung, versteckte Klippen – **Worte** können nur die Richtung andeuten, in der jeder Einzelne sich selbst bemühen muß – Begabung und Fleiß

Fußnoten 143
Verzeichnis der Notenbeispiele 149

Vom Rhythmus

Oft haben wir Veranlassung, unsere Sprache zu bewundern. Lange bevor die Töne wissenschaftliche Erklärung fanden, benutzte sie die Begriffe hoch und tief zutreffend für Töne hoher und niedriger Schwingungszahlen. Ebenso bezeichnete die Weisheit der Griechen das vielleicht höchste Geheimnis **aller** Kunst mit Rhythmus (zu deutsch: Fluß, fließen).

Nach Überzeugung des Verfassers haben grundlegende Gesetze allgemeine Gültigkeit, auch dann, wenn sie anfänglich nur auf bestimmte Gebiete Anwendung gefunden haben sollten, wie z. B. der Begriff Rhythmus in der Poesie und in der Musik. Man hat nicht mit Unrecht die Musik klingende Architektur genannt, spricht von Harmonie auch außerhalb der Musik, von Farbe und Linienführung nicht nur in der Malerei.

Mit dem Begriff Fluß (Rhythmus) wird ein gesetzmäßiger Vorgang bezeichnet: Wasser folgt der Schwerkraft und strebt talwärts, in unterschiedlicher Weise je nach Menge und Gelände. Die Bewegung wirkt auf unser Gemüt, wie es in Lenau's letztem Gedicht zum Ausdruck kommt:

Sahst du ein Glück vorübergehn,
das nie sich wiederfindet,
ist's gut, in einen Strom zu sehn,
wo alles wogt und schwindet.

...
...

Hinträumend wird Vergessenheit
des Herzens Wunde schließen;
die Seele sieht mit ihrem Leid
sich selbst vorüberfließen.

Im übertragenen Sinn spricht man im Versbau von Hebung und Senkung, von schwer und leicht in der Musik. Durch die rhythmische Linienführung befriedigen uns Maler und Bildhauer bei der Betrachtung ihrer Werke wie auch die Natur beim Anblick eines Gebirgszuges, wenn unser Blick über die Gipfel gleitet. Die Natur ist die größte Künstlerin.

Raum und Zeit sind im Rhythmus vereint, räumliche und zeitliche Kunst berühren sich in Ursprung und Wirkung. Eine alles durchdringende, gestaltende Gesetzmäßigkeit liegt jeder Kunst zugrunde, auch dem Wechsel als dem einzig Beständigen, der Voraussetzung für jedes Kunstschaffen und seinen Genuß. In diesem Sinne möchte man Kunst als gestaltete Gesetzmäßigkeit bezeichnen. Nicht auf das Wissen darum, sondern auf das Gefühl dafür kommt es an. Wobei nicht unbeachtet bleiben darf, daß unsere Sinneswahrnehmungen wie unser ganzer Organismus ebenfalls derselben Gesetzmäßigkeit ihr Wesen verdanken. Und erst, wenn unser Ichbewußtsein die Übereinstimmung zwischen Kosmos und unserer eigenen Natur ahnend und beglückend erfüllt, betreten wir das künstlerische Gebiet schaffend, nachschaffend oder aufnehmend.

In der Musik zeigt sich der Rhythmus zunächst in zwei- oder dreiteiligem Takt (Metrum), wo er jeder ersten Zählzeit eine Betonung zuordnet und die anderen dagegen mehr zurücktreten läßt.

Wird die Betonung auf die vorangehende leichte Zählzeit verschoben, so muß dies besonders angezeigt werden; ausgenommen bei Synkopen und synkopierter Absicht, z. B.:

NB 1   Beethoven op. 74   Allegretto con var.
        Streichquartett Es-dur

NB 2   Mozart K. V. 499   Allegretto
        Streichquartett D-dur

welche die schwere Zeit ohne besonderen Hinweis stets vorausnehmen (vgl. a. „Einfall" S. 139), doch sei hier ausdrücklich vor Übertreibung gewarnt.

Die Unterscheidung von schwer und leicht besteht auch bei Unterteilungen (Achtel, Sechzehntel usw.) und bei Zusammenfassung mehrerer Takte zu Großtakten, in welchem Fall Beethoven z. B. im E-dur Presto von op. 131 „ritmo di quattro battute" hinzusetzt.

Da „schwer und leicht" sich zudem noch mit unterschiedlicher Länge der einzelnen Teile verbinden, wobei Gewicht und Dauer sich wieder unterschiedlich paaren, so ist das Metronom, das die Zeit lediglich gleichmäßig einteilt, durch das Fehlen jeglicher Betonungs- und Längenunterschiede im eigentlichen Sinn unrhythmisch. Doch entziehen sich diese, zumal die Längenunterschiede, jedem Versuch schriftlicher Kennzeichnung, weil sie kaum meßbar sind und es auch nicht sein sollen. An Beispielen wird das später deutlicher werden.

Ausnahmen, über das Normale gesteigerte Fälle, werden durch „tenuto", „sforzato" usw. als Zusatz zur betreffenden Note angezeigt. Das Maß aber, sowohl inbezug auf die Dehnung als auch auf die Betonung, bleibt der Einfühlung überlassen.

Allgemein darf man sagen, daß der leichten Zählzeit eher eine Dehnung zukommt als der schweren, letztere sei denn ein Vorhalt, der außerdem stets eine Betonung verlangt.

Der Niederschlag einer Axt, wobei die Schwerkraft unsere Absicht unterstützt, nimmt kürzere Zeit in Anspruch als das Ausholen zum Schlag, weil hierbei noch die Schwerkraft zu überwinden ist.

Der Dehnung der leichten Teile entspricht der dreiteilige Takt, der bis zum 14. Jahrhundert in der Musik ausschließlich herrschte. Dann erst kam auch der gerade Takt auf, dem im Gegensatz zum dreiteiligen die Dehnung der leichten Zählzeit fehlt, und der deswegen tempus imperfectus genannt wurde.

Damit dürfte zusammenhängen, daß alle vornehmen Tänze im dreiteiligen Takt stehen, während die vulgären (Kaschemmentänze, Jazz) zweiteilig sind. Unzweifelhaft ist das Gewöhnliche und das Auserlesene nicht nur von der Taktart abhängig; oft genügt eine Kleinigkeit, zumal beim Vortrag, eine unerwünschte Wirkung in eine glückliche zu verwandeln, wie ja auch vom Erhabenen zum Lächerlichen nur ein kleiner Schritt ist.

Uns erscheint es unbegreiflich, daß die Zeitgenossen Beethoven's sein Violinkonzert als banal und trivial ablehnten, und daß es erst, reichlich vierzig Jahre später, durch Joachim's Wiedergabe zum Konzert der Konzerte wurde. Ihm war es vorbehalten, den Adel aufzuzeigen, der uns immer wieder ergreift, und der von dem Konzert nicht mehr zu trennen ist. Joachim spielte die aufsteigende Tonfolge, besonders die Achtel, mit zunehmender, wenngleich unauffälliger Dehnung und nahm damit dieser Stelle das Unvornehme, das ihr eine metronomische Behandlung leicht gibt. Dies ging mir auf, als ich einen aus den Motiven dieses Konzertes fabrizierten Militärmarsch hörte. Wer sich das Metronom zur Richtschnur wählt, hat mit Künstlerschaft nichts zu tun.

NB 3

Unterstrichen sei noch einmal, daß die erwähnten Dehnungen möglichst nicht bis zum Bewußtwerden dringen, und daß die hierzu nötige Freiheit zum „rubato" gehört, wobei gewissermaßen nur die Taktstriche Gültigkeit behalten, worüber W. A. Mozart in einem Brief (vom 24. Oktober 1777 aus Augsburg) an seinen Vater folgendermaßen schreibt: „... Daß ich immer akkurat im Takt bleibe, über das verwundern sie sich alle. Das tempo rubato in einem Adagio, daß die linke Hand nichts darum weiß, können sie garnicht begreifen. Bei ihnen gibt die linke Hand nach ..."
Hier trifft in vollstem Maße zu:
gebunden in der Freiheit, frei in der Gebundenheit.

Zur Erläuterung eine Stelle aus Beethoven op.18,1:

Allegro con brio

NB 4

So ungefähr spielte Joachim, der in dieser Hinsicht so glücklich veranlagt war, daß er, nach seinen eigenen Worten, die Straffheit von Mendelssohn und die Freiheit von Liszt vereinigte.

Der Begriff Rhythmus in seiner oben gegebenen bildgemäßen Auffassung ist ein an Töne gebundenes Geschehen, dessen Gesetzmäßigkeit – über das Taktmäßige hinaus – von vielen Faktoren bestimmt wird und in vielerlei Gestalt erscheint. Wie sehr auch das Metrum vom Rhythmus durchdrungen ist, er erschöpft sich nicht in ihm. Ja, man könnte sagen, wenn das Metronom selbstherrlich hervortritt, ist es nicht anders, als wenn die Kreatur sich über ihren Schöpfer erheben wollte. Gewiß bedient sich der Rhythmus des Metrums, aber nicht ausschließlich. Kommt es gar zur verhängnisvollen Verwechslung von Metrum (Takt) und Metronom (Zeitmesser), dann bleibt nur noch festzustellen: als der Mensch zu messen anfing, hat er das Paradies verloren.

Der Rhythmus als Geschehen kann sich bereits an einem einzigen Tone rein dynamisch auswirken.

Wagner's Rienzi-Ouvertüre beginnt mit einem langen, von der Trompete geblasenen a^1, das so leise wie möglich einsetzt, anschwillt und wieder langsam versinkt, um dem nächsten Gedanken Platz zu machen. Der Atem zwar beschränkt glücklicherweise eine uferlose Ausdehnung des Tones, aber auch die Schwellung darf nicht übertrieben werden. Die Stelle des dynamischen Höhepunktes ist ebenfalls nicht gleichgültig: seine Verlegung in die Mitte wird leicht etwas starres mit sich bringen, vielmehr dürfte ein rascheres Anwachsen und langsameres Verklingen jedem anderen Verfahren vorzuziehen sein. Auch hier ist das Maß dem künstlerischen Gefühl überlassen. Verschiedenartigste Auffassung und Interpretation kann gut geheißen werden, wenn sie in allen Teilen überzeugend musikalischer Logik folgt (de gustibus non disputandum est). Leopold Mozart sagt: „An der guten Ausführung ist alles gelegen".

NB 5

Im angeführten Beispiel (NB 5) verlangt unser Wohlgefallen, daß einerseits die Tonstärke in Grenzen bleibe, andrerseits die Dauer uns nicht ermüde.

Wie hier an einem einzigen Ton plastische Gestalt annimmt, kann ein crescendo und diminuendo den Aufbau eines ganzen Stückes bestimmen (Lohengrin-Vorspiel).

Ist uns das An- und Abschwellen an einem einzigen Ton als musikalisches Geschehen ohne weiteres verständlich, so verlangt das Anschwellen für sich allein ein Ziel, womit dann in der Regel der Aufschluß über den taktmäßigen Rhythmus mit seinem ersten „Schwer" gegeben oder eingeleitet und mit seiner Folge als ein Ganzes, als musikalischer Gedanke (Motiv) erkennbar wird:

NB 6    NB 7

Spohr, Gesangsszene   Weber, Freischütz

Zum Verständnis eines musikalischen Gedankens ist seine taktmäßige Bedeutung unerläßlich. Um hierüber Klarheit zu gewinnen, müssen mindestens zwei schwere Zählzeiten (zwei Takte) zum Bewußtsein kommen, soweit die musikalische Eingebung nicht blitzartig aufleuchtet, * einer Interjektion gleich:

NB 8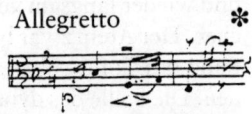
Beethoven op. 135

Da der Aufschluß erst nachträglich erfolgt, d. h. wenn ein Motiv bereits an uns vorübergezogen ist, so ergibt sich hieraus die Wichtigkeit der Wiederholung, nicht nur einzelner Motive, sondern weiterhin auch größerer Abschnitte in Tonstücken: wiederholen oder nicht-wiederholen sollte also nicht als Frage eines alten Zopfes betrachtet werden, wenigstens nicht vonseiten des Vortragenden, auch nicht unter Hinweis auf durchkomponierte Sätze großer Meister, denen man hierüber die Entscheidung getrost überlassen kann (vgl. Beethoven, erste Sätze in op. 127, 130, 132, 135).

Wollte man sich etwa darauf berufen, daß der ältere Brahms bei der Aufführung früherer Werke gegen die Wiederholung sein konnte, dann ist sein Standpunkt nur so zu verstehen, daß er durch die Beschäftigung mit neuen Arbeiten das Interesse an früheren verloren hatte. Geschah dies sogar bei seiner c-moll Sinfonie, so ist es umso weniger begreiflich, als der Hörer ohne die Wiederholung um die Köstlichkeit des Unterschiedes zwischen Rückkehr zum Anfang und Wendung zur Durchführung gebracht wird.

Der Nachschaffende hat sich die Treue gegen das Werk zur Pflicht zu machen. Abweichungen irgendwelcher Art darf sich nur der erlauben, dessen Urteilsfähigkeit und Verantwortungsbewußtsein einwandfrei sind.

Bevor wir uns dem Rhythmus in anderer Gestalt zuwenden, sei noch der gleichmäßigen unbetonten Tonwiederholung gedacht (s. a. „Einfall" S. 134 ff) und des mit gleichbleibender Kraft ausgehaltenen Tones, welche beide einleitenden Charakter haben und, ähnlich dem zuvor erwähnten crescendo, ihre taktmäßige Bedeutung erst nachträglich erhalten:

NB 9 Beethoven Violinenkonzert

NB 10 Bruch g-moll Konzert

Tonwiederholung mit verschiedener Länge und unterschiedlicher Betonung (metrische Gliederung) zeigt den Rhythmus in der landläufigen Auffassung:

NB 11 Beethoven op. 59,1

Die Wiederholung des ersten Taktes läßt bereits mit dem zweiten Schwer keinen Zweifel über die Taktart. Bis auf das punktierte Viertel, mit dem der Einfall verklingt, haben alle kürzeren Noten gleiche Dauer. Jedes Achtel könnte als Sechzehntel mit nachfolgender Sechzehntelpause notiert sein. Für diese Auffassung sind die Punkte maßgebend. Eine ganz genaue Notierung pflegen selbst große Meister oft zu unterlassen, wenn sie den richtigen Vortrag für selbstverständlich halten. So beendet Beethoven das Fugenthema in op. 59,3

NB 12

mit einem Viertel, dem auf keinen Fall eine Betonung und nicht mehr als die Länge eines Achtels gegeben werden darf, wie es vor allem aus der weiteren Verwendung hervorgeht. – Phil. Em. Bach schreibt, daß die Töne nur halb so lang gehalten werden dürfen, wie sie notiert seien. Gilt diese Vorschrift hauptsächlich für den Generalbaß, so darf man sich ihrer besonders bei Abschlüssen erinnern, die zugleich Anfang neuer Gedanken sind; bleiben nämlich dabei begleitende Harmonien in die neue Phrase überhängend stehen, so stören sie den Fortgang.

NB 13

Allegro

Mozart K. V. 464

Allenfalls könnte eine verhallende Abschlußnote noch ein gangbarer Ausweg sein, graphisch dargestellt:

gut ▬ bedenklich ▬ schlecht ▬

Tonwiederholung ohne Betonungsmöglichkeit (Orgel) läßt nur durch Dehnung schwer von leicht unterscheiden:

NB 14

Fällt die metrische Gliederung mit Änderung der Tonhöhe zusammen, z. B. im Motiv:

Allegro con brio

NB 15

Beethoven op. 18,1

so fühlen wir das musikalische Geschehen stärker im melodischen Linienzug als im abstrakten Metrum.

Um sich davon zu überzeugen, klopfe man das Motiv, wodurch es eine beträchtliche Entstellung erfährt. Die wirkliche Dauer der Anfangs- und Endnote ist nur noch zu raten, eine Unterscheidung zwischen gebundenen und gestoßenen nicht mehr zu treffen. Das Wesentlichste fehlt, der Ton, an dem der Rhythmus, das musikalische Geschehen sich vielgestaltig vollzieht.

Dem Schlaginstrument fehlen somit wesentliche Faktoren, um es zu musikalischem Ausdruck zu verwenden. Das klassische Orchester kennt in seinem Verband daher nur die Pauke, die einen stimmbaren, klangvollen Eigenton besitzt.

Im tönenden musikalischen Einfall spricht der Komponist seine Empfindungen aus, die im Erklingen beim Hörer gleiche oder ähnliche Seelen- und Gemütszustände erwecken. Töne sind also Träger verschiedenartiger Stimmungen, nicht nur der in dem Kunstwerk enthaltenen, sondern darüber hinaus zugleich auch derjenigen des Vortragenden. D.h. die Modulationsfähigkeit des Tones gestattet dem Interpreten, seine eigenen Empfindungen mit einströmen zu lassen. Die Aufgabe des Nachschaffenden ist der Beleuchtung vergleichbar, die ein- und derselben Landschaft einen immer wechselnden Anblick gibt. Daraus erklärt sich die unterschiedliche Wirkung desselben Musikstückes in der Abhängigkeit von der Künstlerschaft des Interpreten, abgesehen von der gleichfalls unterschiedlichen Aufnahmebereitschaft des Hörers.

Bemerkenswert ist, daß Beethoven das Motiv:

NB 15

notiert und nur hie und da  schreibt, was rein taktmäßig auf dasselbe herauskommt. Die erste Schreibart entspricht aber besser dem con brio, das dem Allegro hinzugefügt ist, und der Erregung, die an dem ersten Tone gewissermaßen rüttelt und zerrt. Die zweite dagegen gibt nur das Metrum an sich und ist im Vergleich mit der ersten rein bildmäßig genommen kahler und nüchterner.

Sagten wir oben, daß zum Verständnis eines musikalischen Gedankens mindestens zwei „schwer" gehören, so könnte man es als einen Kunstgriff, als die Kraft des Genies ansehen, wenn das zweite Schwer, die Erwartung steigernd, hinausgezögert wird.

In Beethoven's Leonoren-Ouvertüre ist das fp beginnende g^2 regungslos auszuhalten:

NB 16

Bis auf den durch die Tonstärke markierten Beginn ist alles auf einen leisen Orchesterklang abgestellt. Es geschieht nichts. Das langsame stufenweise Abwärtsschreiten erhöht die Spannung noch weiterhin, wenn die einzelnen Viertel einander **unterschiedslos** folgen, bis das fis^1 ein neues Schwer zum Bewußtsein bringt. Eine Bewegung ist zwar bemerkbar, ihre taktmäßige Beziehung erhellt erst der fünfte Takt.

Ähnlich führt Schubert in seiner Unvollendeten nach fortgesetzter Achtelbewegung die Violinen in atemraubender Stille, bis die unerwartete Harmonie mit neuer Bewegung die Stimmung vorbereitet für den herrlichen Gesang der Klarinette:

NB 17

In beiden Fällen wird die Wirkung nur erreicht, wenn die Geigen den vorgeschriebenen langen Bogen trotz der kaum zu bewältigenden technischen Schwierigkeit nicht teilen.

Bei dem folgenden Beispiel ergibt sich die Taktgliederung sehr bald durch die Bewegung in Verbindung mit der harmonischen Bedeutung: Brahms, Violinkonzert

NB 18

Nach dem Beginn wird die erste Fortschreitung als zweites Schwer empfunden, was durch die Ruhepunkte nach je zwei Takten seine Bekräftigung findet.

* Anm. Bei Brahms bedeutet das sonst als Akzent gebrauchte Zeichen >, wenn eine Stelle mit zarter Tongebung (p, mp) vorzutragen ist, ein weiches, mit Dehnung verbundenes Hervortreten der Note, auf der es steht:

NB 19

Brahms op. 51,1

Die gleiche Behandlung gilt auch für das gewissermaßen nur vergrößerte Zeichen ⋟ : (ebenda)

NB 20
Un poco piu animato

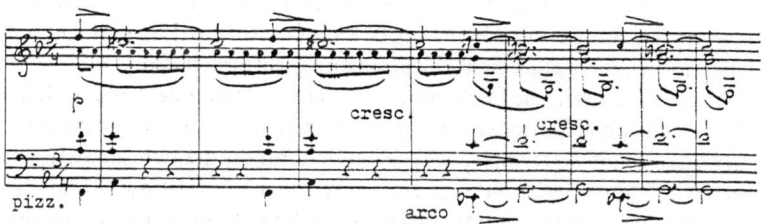

Im NB 18 ist die Dehnung gleich einem ritardando, das sich bis zum Eintritt des C-dur erstreckt. Eine dementsprechende Vorschrift fehlt wohl, wie Brahms selber gelegentlich schriftlich äußerte, aus berechtigten Bedenken, aus Furcht vor Übertreibung.

Die Dehnung gibt in allen drei zuletzt erwähnten Beispielen (NB 18–20) den Takten eine zusätzliche Länge, etwa dem zu vergleichen, wenn man einem Schwungrad bremsend die Hand auflegt. Daß es sich hier um etwas anderes handelt als in dem oben (S. 96) besprochenen rubato, dürfte ohne weiteres einleuchten: dort handelt es sich um Freiheiten der führenden Stimme, die innerhalb der Taktstriche Dehnung und Beschleunigung zum Ausgleich bringt, hier aber ist der melodische Gedanke so stark, daß sein Pulsschlag sich auch auf die harmonische Begleitung erstreckt, was sich aus dem Partiturbild erkennen läßt. (Man achte auch auf die Gewichtigkeit der Harmoniefolgen, die aus dem melodischen Fluß geboren sind und wiederum ihn tragend unterstützen.)

Unsere Betrachtung hat uns unvermerkt zur harmonisch begleiteten Melodie geführt. Wir haben gesehen, daß dem melodischen Linienzug das Primat zuerkannt werden muß, sei es, daß das Eigenleben der Melodie sich in Freiheit über der taktmäßig gebundenen Begleitung bewegt, sei es, daß die Kraft der melodischen Eigenart, die harmonische Begleitung durchdringend, auch diese an ihrer rhythmischen Prägung teilnehmen läßt (NB 18–20).

Soweit der Baß nicht Träger der Melodie ist, spricht man gern im Hinblick auf seine harmonische Bedeutung von des Basses Grundgewalt. Nach der melodieführenden Stimme fällt dem Baß die wichtigste

Rolle zu. Dem entspricht der leider geschichtlich gewordene Brauch des bezifferten Basses.

Die Gesetzmäßigkeit, die den Harmoniefolgen zugrunde liegt, ist Gegenstand der Harmonielehre; wir müssen es uns versagen, näher darauf einzugehen. Nur so viel sei bemerkt, daß jede harmonische Verbindung aus der einfachen Kadenz entwickelt werden kann. Eben diese Gesetzmäßigkeit wird die Kadenz vor Abnutzung bewahren. An der richtigen Stelle wird ein natürliches Empfinden sie erwarten und gern aufnehmen.

Ist die harmonische Begleitung allzu reich, so kann sie von der Melodie zu sehr ablenken oder diese gar übertönen. Das ist meist der Fall, wenn es sich um wertvollere Werke handelt, für die der richtige Stil noch mangelt (Stil = Beschränkung auf das Wesentliche). Ist die Harmonie dagegen zu dürftig (mißbräuchliche, schablonenhafte Verwendung der Kadenz), kann sie die Melodie entwerten bis zum Überdruß.

Erst dann, wenn die Harmonie beherrschend ist, können wir auch sie als ausschlaggebend für das musikalische Geschehen erkennen. Hierzu gehört der Trugschluß, dessen Wirkung als Überraschung gesteigert wird, wenn sein Eintreten gleichsam eine Verzögerung erfährt. Um Harmoniefolgen ihren vollen (inneren) Wert zu geben, ihn ganz auszukosten, bedürfen sie eines ausreichenden Verweilens, wie es Brahms in seinem F-dur Streichquintett sogar durch ritardando molto vielsagend vorschreibt:

Brahms op. 88
NB 21   Grave ed appassionato

ritard. molto

Streng metronomisches Zählen hat der Komponist zwar schon vorsorglich aufgehoben, das Maß der Verzögerung aber ist wiederum der Einfühlung des Interpreten anheimgestellt, der verstehen muß, den Zeitpunkt des Reifseins nicht nur für sich, sondern auch für seine Hörer zu erfassen.

Die Nutzanwendung auf die Tempobehandlung des Chorals, wie auch für die aus tiefer Versenkung aufsteigenden Harmonien im Dankgesang von Beethoven (op. 132) braucht nunmehr des näheren wohl nicht ausgeführt zu werden. Die gewaltige Wirkung der Macht der Harmonie schlägt in ihr Gegenteil um, wenn das Empfinden hierfür fehlt oder Absicht bemerkbar wird. – Übertreibung ist freilich eher zu befürchten (vgl. S. 102), wenn ritardando oder dgl. vorgeschrieben ist.

Wir hoffen, mit vorstehenden Ausführungen gezeigt zu haben, daß das musikalische Geschehen (Rhythmus) sich taktmäßig (metrisch), dynamisch, melodisch und harmonisch auswirken kann, in jeder Gestalt, für sich allein oder in mannigfacher Verbindung und wechselseitiger Durchdringung untereinander.

Mit dieser Auffassung von Rhythmus als eines gesetzmäßigen Vorgangs, als gestalteter Gesetzmäßigkeit, ist ein Standpunkt eingenommen, der mit Kunst als Ausdruck des Spieltriebes und bloßer Freude am Spiel kaum noch etwas gemein hat, wie Beethoven sagt: „Musik ist höhere Offenbarung als alle Weisheit und Philosophie". Von Hans von Bülow stammt das schöne Wort: „im Anfang war der Rhythmus", doch bleibe dahingestellt, in welchem Sinne er es gemeint hat.

In bezug auf das Metronom hat Beethoven übrigens seine Erfindung lebhaft begrüßt, daß man mit seiner Hilfe über das Zeitmaß nicht mehr im Zweifel zu sein brauchte. Daß er sich dabei einer Täuschung hingab, dieweil das Zeitmaß keineswegs ein- für allemal das gleiche bleibt, da es von geistiger und körperlicher Disposition, akustischen Gegebenheiten, also von Bedingungen äußerer und innerer Art beeinflußt wird, hat er selbst nach einiger Zeit eingesehen und sich dazu geäußert: „Der Teufel hole alle Mechanisierung". – Wir wissen, daß seine metronomischen Angaben zu einem Werk verloren gingen und er sie aufs neue machen mußte. Als sich später die ersten wiederfanden, zeigte sich ein Unterschied von ungefähr dreißig Prozent. Es sei noch hinzugefügt, daß „schnell" nicht „lebhaft" gleichzusetzen ist, ebensowenig wie „langsam" nicht „Ruhe" bedeutet u. a. m. Charakteristischer Ausdruck ist nicht zu messen, er wird zur Erscheinung kommen, gleichgültig ob man ein Tonstück schneller oder langsamer vorträgt. Dies wurde mir zum Erlebnis anläßlich zweier Aufführungen des Violinkonzerts von Beethoven, in welchen Joachim der Solist war. Unter Steinbach begann das erste tutti so langsam, daß ich die Uhr zog. Es dauerte 5½ Minuten, und der ganze Satz beanspruchte eine um fünf Minuten längere Zeit als acht Tage später unter Nikisch, der das bei Joachim gewohnte Tempo nahm. Bemerkenswert war die beide Male trotz der Verschiedenheit herrliche Gestaltung Joachim's und die Tatsache, daß der Solist den Dirigenten nicht desavouierte.

Wie naheliegend mitunter grobe Mißverständnisse sein können, zeigt Beethoven's Angabe am Schluß-Allegro von op. 95, wo man o = 92 liest. In unseren Tagen kann man diese Stelle, (vielleicht infolgedessen) heruntergerast hören. Joachim nahm das Tempo ungefähr ♩ = 92. Ich glaube nicht, daß er sich durch metronomische Angaben entscheidend leiten ließ, sein überragendes Einfühlungsvermögen gab der Stelle aber eine Größe und Bedeutung, die doppelt so schnell gespielt, fehlt. Sollte nur ein Halsstrich vergessen sein?

Beethoven hat das Adagio appassionato aus op. 18,1 mit Achtel = 138 versehen, während er manchmal bei Andante Achtel = 72 vorschreibt. Wer zu lesen und zu deuten versteht, wird die schnelleren Achtel im Adagio zu würdigen wissen und sie einem erregten Pulsschlag bei großer äußerer Ruhe und Fassung zuschreiben.

Wenn ein Komponist metronomische Angaben macht, so täte er auf alle Fälle besser, eine untere und obere Grenze anzugeben, wie es z. B. Reger tut. Ein Spielraum erkennt die Modulationsfähigkeit der Tempoangabe an und fällt nicht in den Fehler seiner starren Behandlung.

Glaube nur niemand, daß er ein bestimmtes Tempo von einem Autor übernommen hätte, es könnte ihm leicht ergehen wie dem Drehorgelmann, der über das Tempo des Liedes an den Abendstern von Wagner persönlich belehrt wurde und die Vorübergehenden in der Folge durch den Anblick eines Schildes mit der Aufschrift „Schüler Richard Wagners" belustigte.

Im allgemeinen kann man sagen, daß die schnellsten Notenwerte für die Temponahme ausschlaggebend sind. Die Vernehmbarkeit rascher Tonfolgen muß stets gewahrt werden, zumal wenn man den Standpunkt einnimmt, daß die vorgeschriebenen Töne auch hörbar erklingen und nicht in einem musikalischen Geräusch untergehen sollen, soweit nicht Tonmalerei zu solchen Absichten führt.

Auf keinen Fall darf technische Schwierigkeit oder leichte Spielbarkeit das Tempo bestimmen und es beschleunigen oder verlangsamen. Hier sollte man sich vor Verwechslung mit musikalischer Auffassung hüten! In dieser Richtung liegt der verbreitete Fehler, beim Üben über leichte Stellen schnell hinweg zu spielen. Besser ist es, solche Stellen ganz auszulassen. Die technische Beherrschung und allzu häufige Wiederholung eines Werkes (Routine!) führt auch oft zu unangebracht schnellerer Temponahme, was Max Reger als einen Fehler unserer motorisierten Zeit bezeichnete.

Es ist noch einer umstrittenen Frage zu gedenken: ob ein Musikstück immer mit einem leichten Takt beginne oder nicht. Des Verfassers eigene Meinung nimmt einen ersten vollständigen Takt, dem natürlich ein Auftakt vorangehen kann, stets als schwer, es sei denn, daß der Komponist es ausdrücklich anders verlange:

NB 22 Beethoven op. 131

Adagio

Unzweifelhaft geht jeder Äußerung eine Sammlung, jeder Empfindung eine Veranlassung (Ursache) voran. Doch ist nicht einzusehen, warum ein künstlerisch geformtes Ergebnis sich nicht sofort mit seinem ganzen Gewicht enthülle (s. NB 23), ähnlich wie die elektrische Spannung sich unsrer Beobachtung entzieht und mit dem flammenden Blitz ihre Auslösung findet.

NB 23 Beethoven op. 95

Allegro con brio

Eine Gebundenheit in dieser Hinsicht erscheint unserm freien Willen zu widersprechen: ein Landschaftsmaler kann den Ausschnitt aus der Natur frei wählen, ein Architekt den Turm seines Domes ebensowohl über den Eingang wie auch über die Mitte stellen, eine Ecke betonen usf. nach freiem Entschluß, soweit er dabei nicht durch räumliche Gegebenheiten angeregt und bestimmt wird. Wissenschaftlich theoretisch hat sich schon J. J. Rousseau (1712–1778) zu dieser Frage geäußert, später J. Monsigny (1762–1855) und in jüngster Zeit Hugo Riemann (1849–1919). Der Letztere gab in von ihm bezeichneten Ausgaben oftmals einen aus dem Unendlichen kommenden Bogen zum eigentlichen Beginn.

Besonders unglücklich erscheint dem Verfasser die Anführung des großen B-dur Trios von Beethoven op. 97 (s. NB 24) als Beispiel für die

NB 24

Allegro moderato

Ansicht, daß der zweite, vierte Takt usf. jeweils als schwer aufzufassen sei. Ihn mutete es an, als ob er alsdann zu jedem ersten Takt mit dem einen Bein auf die Bordschwelle und zum zweiten Takt mit dem andern in die Gosse zu treten hätte, wie es Kinder zum Spaß zu tun pflegen. Sollte dieser Vergleich hinken, dann wäre es gerade so, wie ein Unbefangener eine widernatürliche Betonung empfinden müßte: nämlich hinkend. Oder sollte etwa der im vierten Takt folgende betonte Quartsextakkord sein böses Spiel treiben?

Geben wir zu, daß nicht selten der zweite und vierte Takt usf. besonders zu betonen sei (s. NB 25), so wird man dies meist mit geringer Mühe als einen Bestandteil der der Erfindung innewohnenden Eigenschaften erkennen und das wahre Schwergewicht, entgegen der Vorschrift, aber in Übereinstimmung mit der Harmoniebehandlung auf dem 1. und 3. Takt fühlen.

NB 25 Beethoven op. 18,4

Allegro ma non tanto

Übrigens braucht man bei verdoppeltem Zeitmaß dementsprechend nur die Notenwerte zu verdoppeln, um die Vorhaltschwerpunkte auf die ungeraden Takte zu stellen:

eine Schreibweise, die von den Meistern mit Vorliebe bei schnellen, besonders letzten Sätzen angewandt wird, weil sie Balken erspart, z. B. Beethoven op.1,3, Klavier-Trio c-moll:

NB 26

Prestissimo C

Kunstjünger halten sich am besten von derlei unfruchtbarem Theoretisieren fern. Die Beeinflussung selbst größter Begabung (Riemann-Reger) ist gefährlich und kaum wieder abzustreifen.

Töne sind die Bausteine des Musikers, an denen sich der Rhythmus mannigfach auswirkt. Nicht zuletzt durchdringt er auch den musikalischen Einfall, der als solcher richtig erkannt sein muß, um richtig dargestellt zu werden, und dem wir eine besondere Betrachtung widmen wollen.

Vom musikalischen Einfall und seiner Darstellung

Der musikalische Einfall ist ein Geschenk der Musen, weder lehr- noch erlernbar. Ungleich verteilten Begabungen entsprechen ebenso ungleiche Auswirkungen von der schöpferisch verwerteten, gestalteten Erfindung des Tondichters bis zu den Tönen, die einer mehr oder minder unbewußt so vor sich hinsingt, summt, trällert oder pfeift. Die Zusammenhänge mit unserem Seelenleben, unseren Gemütszuständen sind offenbar, die tatsächlichen Vorgänge jedoch umhüllt geheimnisvolles Dunkel.

Unerklärlich ist auch der wohl jedem begegnete, oft längere Zeit andauernde Erinnerungszwang an einen musikalischen Gedanken, der uns sogar nicht einmal zu gefallen braucht, uns aber so packt, daß wir ihn beim besten Willen nicht loswerden, bis er von selbst verschwindet, wie er von selbst kam. Andererseits versagt unser Erinnerungsvermögen in Fällen, die wir mit vollster Überzeugung als unter allen Umständen für ausgeschlossen hielten, bis die Erfahrung uns das Gegenteil beweist und uns vor ein Rätsel stellt. Von Haydn mit seinem schier ans Unfaßliche grenzenden Erfindungsreichtum wird berichtet, daß er bei gelegentlich fehlender Inspiration niemals vergeblich zum Rosenkranz gegriffen, von Berlioz, daß er eigene Themen nicht erkannt und nach ihrem Schöpfer gefragt habe.

Möglich, daß manches heute noch Unbegreifliche, Unverständliche eines Tages seine Erklärung finden kann. Möglich auch, daß die Bestimmung des Menschengeistes zum Teil in der Erweckung dieser und jener Wahrheit aus Dornröschenschlaf liegt. Sicher aber sind der Erkenntnis, vor allem des Erkennens unserer selbst, unübersteigbare Schranken gesetzt. Ebenso sicher wird mit jeder Erweiterung unseres Wissens das Geheimnisvolle, das Wunderbare nur umso geheimnisvoller und wunderbarer.

Jeder Versuch, die glückliche Minute zu belauschen, den Schleier von den dunklen Vorgängen wegzuziehen, woher und auf welche Art eine Eingebung uns zufällt, ist vergeblich. Nicht zum wenigsten deswegen, weil die Neigung, danach zu fragen und darüber nachzudenken, nur dann auftaucht, wenn uns gerade nichts einfällt. Denn die Gnade des günstigen Augenblicks erfüllt uns in einem Maße, das kritische Beobachtung ausschließt. Hinterher mag es wohl vorkommen, daß wir eine Beziehung zu einem Erlebnis, einen ursächlichen Zusammenhang feststellen zu können glauben, doch ist das belanglos in bezug auf das, worauf es ankommt: was wir aus dem Geschenk zu machen verstehen. Das rein Handwerkliche kann man sich aneignen. Aber das Besondere, jedem einzelnen Einfall allein und nur ihm Zustehende: die aus ihm selbst hervorgehende Auswertung zu Formen größeren Umfangs ist wiederum eine Frage der Begabung, einer Begabung anderer Art, nämlich der Gestaltungskraft. Durch sie findet die Meisterhand für einen an sich bescheidenen Gedanken nicht selten eine erstaunliche Ausschöpfung, umgekehrt fehlt oftmals einem wahren Kleinod an Erfindung die würdige Fassung und erst recht eine ebenbürtige Fortsetzung.

Die Bedeutung der Gestaltungskraft neben und über den Einfall hinaus zeigt sich deutlich bei der Betrachtung der Werke unserer größten Meister, wo der Aufbau einander entsprechender Sätze eine immer ungleiche Behandlung aufweist, kein Satz dem anderen gleicht. Allenfalls die auf den Tanz zurückzuführenden Formen halten zunächst an der gegebenen Gliederung fest. Nach und nach wird die Bindung lockerer, bis das rein künstlerisch Musikalische, der Eigenart des Einfalls zu ihrem Recht verhelfend, jede Fessel mehr und mehr abstreift. So entwickelt Haydn – der Schöpfer der klassischen Sonate, des Streichquartetts, der Symphonie – das Menuett z.B. vom ursprünglichen Zeitmaß (moderato) des Tanzes bis zum Prestissimo und ist somit auch der Vater des Scherzo. Sein gesamtes Schaffen zeigt übrigens eine nicht überbotene Mannigfaltigkeit an Formen, frei von jeder Spur einer Schablone, wie es nicht anders sein kann, wenn die Gestaltung aus dem Wesen des Einfalls erwächst und dieser, vor der Niederschrift, in den Augen eines echten und gewissenhaften Künstlers zur Verwertung für würdig befunden wurde. (In dieser Beziehung lassen es selbst sonst hochzuschätzende Komponisten mitunter fehlen.)

Die unterschiedliche Gestaltungskraft erklärt auch den Blick für Möglichkeiten gegenüber fremder Erfindung, deren Benutzung in eigenpersönlicher Prägung zu bewundernswerten, herrlichen Neuschöpfungen führen kann, z.B. das musikalische Opfer von Bach, die Diabelli-Variationen Beethoven's oder die Haydn-Variationen von Brahms u.a.m.[1]

Ebenso wie man bei einer Folge von Tönen nur dann von einem musikalischen Einfall sprechen kann, wenn sie tonal gebunden sind, d. h. zu einem Grundton (Tonika) in einem harmonischen (auch alterierten[2]) Verhältnis stehen, so ergibt sich die musikalische Form durch Einschnitte (Zäsuren), Ruhepunkte, die vor allem durch die Haupt-, seltener auch durch die Nebendreiklänge ausgezeichnet und in dieser Verbindung als musikalische Interpunktion erkannt werden. Der harmonische Zusammenhang ist also sowohl für den musikalischen Einfall als auch für die musikalische Form von unerläßlicher, entscheidender Bedeutung, und eben diese Bezugnahme auf einen ruhenden Pol, auf einen festen Mittelpunkt ist es, was wir unter Tonalität verstehen, was unser Empfinden verlangt und befriedigt und uns befähigt, einem Musikstück zu folgen und es aufzunehmen[3].

Der tonische Dreiklang gehört immer zum Abschluß, meist auch zum Anfang.

Eine Ausnahme zeigt z. B. das a-moll Quartett von Brahms Op. 51 Nr. 2, dessen erster Satz mit der Unterdominante beginnt:

NB 1

Die wichtigste Unterteilung des Aufbaus ist im kleinen wie im großen in der Regel mit einer Wendung zur Dominante verbunden. Daraus ergibt sich harmonisch eine dreiteilige Gliederung mit der Folge von Tonika-Dominante-Tonika in mannigfachen Kombinationen, die bei einem ersten, gleich bis zur Dominante führenden und als Einheit aufzufassenden Einfall zur Zweiteiligkeit (Vorder- und Nachsatz) wird. Weitere Betrachtungen zu diesem Gegenstand der Formenlehre müssen wir uns hier versagen[4]. Was indessen bei unseren Ausführungen als Mindestmaß an Kenntnissen darüber vorausgesetzt werden muß, mag sich mit der Untersuchung des Anfangs der c-moll Sonate Op. 30 Nr. 2 von Beethoven ergeben:

NB 2a

Mit dem Ablauf des unbegleiteten Hauptgedankens steht nicht nur Ton- und Taktart, sondern auch der Charakter des Stückes fest. Die unerbittliche Entschlossenheit wird durch das piano nicht gemildert. Die Wendung zur Tonika macht den Einfall zur abgeschlossenen Einheit, die keiner Ergänzung bedarf. Von solcher Gestaltung sagt Max Löwengard in seiner Formenlehre: „Der unteilbare, naturgemäß kurze Ganzsatz verlangt nach einer Bestätigung durch die nachahmende Wiederholung". Die Richtigkeit dieser für den Aufbau von Musikstücken auf Grund des Studiums der Meisterwerke gegebenen Regel erweist sich auch hier:

NB 2b

Mit der Versetzung des Hauptgedankens in die Unterdominante bilden die ersten vier Takte eine Einheit höherer Ordnung, einen Vordersatz, dem ein Nachsatz von gleicher Länge mit gegensätzlicher (unterschiedlicher) Erfindung und Modulation zur Oberdominante folgt. Die ersten acht Takte, wiederum als Vordersatz genommen, erhalten einen entsprechenden Nachsatz mit Rückkehr zur Tonika. Weitere sechs Takte bekräftigen den Schluß:

NB 2c

Im kleinen wie im großen, immer wirkt auch gegensätzliche Gegenüberstellung formbildend, Hand in Hand mit der die Gliederung beherrschenden elementaren Kraft der Haupt- und Nebendreiklänge, so daß man die Formen als eingekleidete Kadenzen bezeichnen könnte.

Trotz der geschlossenen Einheit des Einfalls versteht es Beethoven, Teile desselben zu neuen Motiven auszudeuten. Takt 13 und 14 sind von der metrischen Zeichnung durchdrungen. In dem zur Durchführung überleitenden Abgesang wird der Hauptgedanke zur Begleitung einer innigen Kantilene, unter Umwandlung des abschließenden Viertels in eine auszuhaltende ganze Note:

NB 2d

Weiterhin gelangt der Schnörkel vom vierten zum ersten Viertel zu drängender Wirkung, mit immer gewichtigeren Schritten die entscheidende Wendung herbeiführend:

NB 2e

In der zweiten Hälfte des gebrochenen Oktavenganges:

NB 2f

erscheint der Schnörkel in der Vergrößerung und steckt in dem aufwärtsstrebenden Lauf der Violine im letzten Viertel als Umkehrung:

NB 2g

T. 103

Unschwer ließen sich noch weitere Beziehungen aufdecken, die zu erkennen gäben, wie sehr – vielfach wohl im unbewußten – der ursprüngliche Einfall fortwirkt.

Der Einfall mag kürzer oder länger, von streng wertendem Urteil oder von leichterem Gewicht sein, stets ist er Ausdruck der Persönlichkeit, der Empfindungen von Seele und Gemüt. Als solcher spricht er unmittelbar zu uns. Das aus ihm erwachsende Kunstwerk jedoch bedarf schon eher des Verstehens – wie es in unserem deutschen Sprachgebrauch heißt – im Sinne einer Vertrautheit durch Erziehung und Gewöhnung. Neue Werke zumal von noch unbekannten Autoren können daher die Anerkennung häufig nicht sofort finden, es sei denn, sie bewegten sich in ausgetretenen Pfaden oder wären mehr auf Klangreiz und andere leicht faßliche Wirkungen abgestellt als auf Auseinandersetzung mit Problemen, die an die letzten Dinge rühren.

Oft wird eine Häufung von Einfällen geradezu als Erfindungsarmut erscheinen, weil unser Aufnahmevermögen begrenzt ist und durch ein Zuviel erschöpft wird. Bei wiederholter Begegnung erschließt sich, was zuvor verborgen blieb, und nur die bedeutendsten, wertvollsten Werke werden uns durch immer neue Entdeckungen überraschen; ganz abgesehen von wahrhaften Offenbarungen durch eine tiefer schürfende Interpretation. Ein echter Künstler als Interpret wird auch einem Werk von geringerem Rang den Stempel höherer Bedeutung aufzudrücken verstehen, wie umgekehrt ein Meisterwerk eindruckslos an uns vorüberziehen kann, wenn der Vortrag nur den Noten gerecht wird. Leopold Mozart: „Am guten Vortrag ist alles gelegen".

Die Entwicklung der Musik hat die Stufe hinter sich gelassen, wo ihre Ausdrucksfähigkeit allgemein verständliche Symbole gefunden hatte[5], wie z. B. der verminderte Septimenschritt aufwärts als Ausdruck von Schmerz. Wollte man daraus auf eine Abnutzung des Symbolhaften, auf eine Abkehr aus Überdruß schließen, so darf demgegenüber die Gewißheit ausgesprochen werden, daß derartige Symbole bei natürlichem, alsdann berechtigtem, ökonomischem Gebrauch ihre ursprüngliche Kraft nicht eingebüßt haben und ihre Wirkung auf einen unvoreingenommenen Hörer nicht verfehlen. Doch darf man dabei nicht übersehen, daß neben der Bedeutung und dem Gehalt, die dem Dur in der Regel die Kraft, das Licht, die Freude, dem Moll das Zarte, Dunkle, Leidvolle zuordnet, noch etwas wesentliches für die Auffassung entscheidend hinzutritt: Der Zusammenhang, die Aufeinanderfolge im ganzen Rahmen; sodaß bei Schubert mitunter das rührend Schmerzliche unser Herz bewegt, wenn er sich vom Moll zum Dur wendet.

Nur im Vorübergehen sei des Vogelgesanges gedacht. Neben der Feststellung, daß es auch da gute und schlechte Musikanten, bescheidene und anspruchsvolle Einfälle gibt, begegnen wir den gleichen Intervallen, die wir gebrauchen. Dreiklangsmotive überwiegen, aber man hört auch solche mit diatonischen Fortschreitungen:

NB 3

NB 4
Beethoven hat den Amselruf:

in seiner Pastorale verwendet.

Im Hauptgedanken der Eroika sind sogar die Synkopen der Versuch einer Übertragung ins menschlich Musikalische:

NB 5a

NB 5b

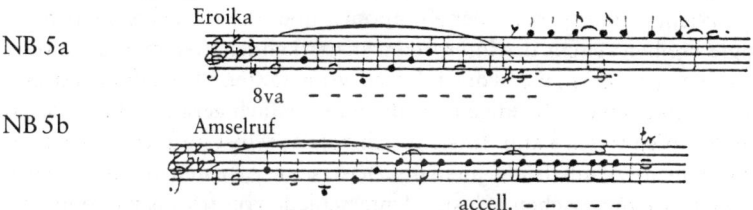

Für das Metrische in komplizierterer Gewandung, für das zwitschernd Hohe und für die mit Nebengeräuschen vermischten Klänge fehlt uns das Aufnahmevermögen. Unzweifelhaft besteht eine Symbolik nach Tageszeit, Zweck usw. Bedauerlich, daß wir nicht mit Hilfe eines Wundermittels ähnlich wie Siegfried durch das Drachenblut uns das Verständnis der Vogelsprache aneignen können. Vielleicht vermöchten wir dann bis zu Kunstformen vorzudringen, deren Vorhandensein wir zu bezweifeln geneigt sind; einstweilen erscheinen uns die Rufe als unzusammenhängend.

Tonales Empfinden können wir ihnen nicht absprechen. Auch von absolutem Tonbewußtsein ist zu reden, da die Rufe meist in derselben Tonhöhe erklingen. Ein hübsches Erlebnis mit einem Dompfaffen dürfte hier zur Bekräftigung seine Stelle haben. Ich hatte bemerkt, daß der Vogel sein eingelerntes Liedchen stets in D sang, und war überrascht, ihn in Des mit einstimmen zu hören, als ich, am Klavier sitzend, mich in dieser Tonart bewegte. Um zu prüfen, ob ein Zufall vorläge, modulierte ich rasch nach D. Der Dompfaff schwieg und sang nach kurzer Zeit sein Liedchen wieder in der gewohnten Tonart. Meine Wißbegierde war noch nicht befriedigt und ließ mich nochmals nach Des gehen. Krächzend hörte der Vogel auf und blieb weiterhin stumm. Dürfen wir nicht ein Fragezeichen zu der Annahme setzen, daß der Mensch die Kunst – und auch anderes – für sich allein habe?

In der Gestaltungskraft berühren sich kompositorisches Schaffen und künstlerisches Nachschaffen, Interpretation[6]. Jene hat den Einfall, diese die Einfühlung zur Voraussetzung. Damit zusammenhängend steht die Einmaligkeit der Notierung einer Vielfalt der Wiedergabe gegenüber (s. a. „Vom Rhythmus" S. 100). So versteht sich die auf den ersten Blick seltsame Tatsache, daß ein großer Komponist durchaus nicht immer sein bester Interpret zu sein braucht, wobei sicherlich die Scheu des Sich-selbst-zur-Schau-Stellens den Urheber hindern kann, während der Interpret im Dienst am fremden Kunstwerk sein Bestes in letzter Hingabe einsetzen wird.

Nicht immer verfügt der Komponist über die Einsicht, die berechtigte Freiheit seitens des Interpreten anzuerkennen, indem er allzu starr an einer gewissermaßen vorsätzlichen, vorgefaßten Vorstellung festhält, wodurch er einer lebendigen Wiedergabe vielfach geradezu behindernd in den Weg treten kann. Er steht sich bereits selbst im Lichte, wenn er, wie es heute ziemlich allgemein üblich ist, seine Arbeiten mit übertrieben vielen Vortragszeichen belastet. Unterschiede von ffff bis zu pppp sind nun einmal nicht darzustellen. Weiser war es entschieden, sich auf einfaches forte und gelegentliches piano zu beschränken (Bach) und mit fähigen Interpreten zu rechnen, die von selbst das Erforderliche erkennen und tun. Gerade diese werden aus der Wertschätzung eines Komponisten heraus bestrebt sein, all seinen Vorschriften aufs getreueste gerecht zu werden, was unweigerlich zu Übertreibungen führen muß, wenn man beispielsweise einen an sich schon zu betonenden Vorhalt noch mit ⟶ versieht (s. aber Rhy. S. 102). Geringer Befähigten, die einer solchen Selbstverständlichkeit nicht naturgemäß folgen, ist auch mit Vorschriften nicht aufzuhelfen. Zwischen allzu sparsamer und übertriebener Bezeichnung steht das klassische Dreigestirn (Haydn, Mozart, Beethoven) vorbildlich in der Mitte.

Die Gestaltungskraft befähigt den Komponisten, ein Kunstwerk zu schaffen, den Interpreten, es dem Hörer so vorzutragen, daß es plastisch vor ihm ersteht. Wäre es dabei mit der genauen Wiedergabe des Notenbildes allein getan, dann läge kein Problem vor. Unzweifelhaft aber ist eine schriftlich genaue Notierung überhaupt unmöglich, sowohl in bezug auf das Metrische, als auch auf den Ausdruck (Zeitmaß und absolute Tondauer s. a. „Vom Rhythmus" S. 94 f, 98 f, 102 ff).

Selbst die treffendste Beurteilung eines Kunstwerkes verhilft noch nicht zu seiner überzeugenden Wiedergabe; auch das Vermögen, „den Affect am rechten Orte anzubringen, und die Charaktere, so viel es möglich ist, zu unterscheiden", wie Leopold Mozart so hübsch sagt, können wie etwas angelerntes, nachgemachtes an der Oberfläche haften bleiben; das, **was** uns an die Seele faßt, uns über uns selbst erhebt, das Kunstwerk zum Erlebnis werden läßt, das ist Gottesgnadentum im Dienst an dem, was nur das Kunstwerk auszudrücken vermag: das Unbegreifliche, das nicht mit Worten zu fassen ist.

Nach diesen Ausführungen sei der Versuch unternommen, „von dem richtigen Notenlesen und guten Vortrage überhaupts" einiges weitere – mehr beiläufig als verbindlich – zu sagen. Leopold Mozart hätte das eine oder andere sicherlich auch behandelt, wenn er zur Verwirklichung seiner Absicht gekommen wäre. Er beendet nämlich seine Violinschule unter der oben zitierten Überschrift mit den Worten: „alles, was ich nun in diesem letzten Hauptstücke niedergeschrieben habe, betrifft eigentlich das richtige Notenlesen und überhaupts den reinen und vernünftigen Vortrag eines gut gesetzten musikalischen Stückes. Und alle meine Bemühung, die ich in Verfassung dieses Buches angewendet habe, ziehlet dahin, die Anfänger auf den rechten Weg zu bringen und zur Erkänntnis und Empfindung eines guten musikalischen Geschmackes vorzubereiten. Ich will also hier schließen, obwohl ich für die Herrn Concertisten noch vieles zu sagen hätte. Wer weiß es? Vielleicht wage ich es noch einmal, die musikalische Welt mit einer Schrift zu vermehren? wenn ich anders sehe, daß dieser mein Eifer den Anfängern zu dienen nicht gar ist unnützlich gewesen."

In unserem Beitrag zum Rhythmus streiften wir schon den Gedanken, daß ein einzelner Ton dem Einwurf, dem Ausruf, einer Interjektion gleichkommt, deren Bedeutung als Freude, Schmerz, Schreck u. a. uns unmittelbar verständlich ist. Aus der Erfahrung haben wir von früh auf gelernt, den Zusammenhang und den Klang zu beachten, welche Aufschlüsse über Beweggründe und Empfindungen vermitteln, eine Aussage erst im rechten Licht erscheinen lassen, ja mitunter ihr direkt widersprechen. Man pflegt zu sagen, auf den Tonfall komme es an: c'est le ton, qui fait la musique.

In ein- und demselben Ton können verschiedene Empfindungen gleichsam übereinander gelagert sein (vgl. Rhy. S. 100), und in bezug auf den Hörer bleibt offen, was er wahrnehmen will und kann; ähnlich wie wir durch eine Glasscheibe hindurch sehen oder sie als Spiegel benutzen können oder beides zugleich: die Welt sieht sich unter Tränen lächelnd gelegentlich noch schöner an.

In bezug auf einen einzigen Ton haben wir zu unterscheiden, ob ihm Selbständigkeit zuzusprechen ist oder nicht (Rhy. NB 5, S. 97). Liegt nur harmonische Bedeutung vor, so ist Unterordnung und unauffällige Behandlung am Platze, z. B. Beethoven Op. 131, cis-moll Quartett:

NB 6 Andante moderato e lusinghiero

Anders in der F-dur Violinsonate von Beethoven Op. 24:

NB 7

Das sforzato ist beredt, hier ist keine Unterordnung verlangt: der einzelne Ton hat motivischen Charakter[7]. Man könnte an ein Kind denken, das am Ende von Verszeilen in den Reim mit einstimmt. Was uns als Ausdruck kindlicher Naivität entzückt, würden wir aus dem Mund eines Erwachsenen störend und mit Mißfallen bemerken. Eine Flageolet-Behandlung auf der A- und hoch oben auf der G-Saite dürfte einer frohgemuten Spielfreude nicht unangemessener Ausdruck sein. Jedoch nur, wenn eine übermütige Disposition die hierzu berechtigende Voraussetzung bietet, als solche dann unmittelbar zu erkennen ist und ergötzlich wirkt, während eine gleiche, aber vorbedachte Spielweise selbst bei gutem Gelingen sich als etwas nachgemachtes, angelerntes verriete.

Ein Motiv als etwas charakteristisches kann sich in oder auch an Tönen auswirken. Im ersten Fall ist es eine kürzere musikalische Eingebung, die zu den Einfällen gehört, denen unsere Betrachtungen gelten, proteusartiger Verwandlung fähig, wenn Gestaltungskraft hinzukommt im Bunde mit Phantasie, Kombination und Beherrschung tonaler (harmonischer) Forderungen:

NB 8   Allegro
J. S. Bach, Violinkonzert a-moll

Das Motiv ⨎ bestimmt zwar schon die Tonika, nicht aber die Taktart, wozu immer mindestens zwei schwere Zählzeiten gehören. Erst dann, wenn eine musikalische Eingebung nach beiden Seiten hinsichtlich Ton- und Taktart Aufschluß gibt[8], ist sie das, was wir bisher unausgesprochen unter „Einfall" verstanden und betrachtet haben. Infolgedessen kann man bei einem durchaus als Einheit aufzufassenden Einfall immer noch geeignete Bestandteile motivisch auswerten (vgl. S. 115). Das wird umso eher der Fall sein, je ausgedehnter der Einfall an sich ist, je mehr er also den Rahmen eines Motivs überschreitet. Mit dem Motiv ⨎ ist auch der Charakter des Satzes bestimmt. Die ihm eigene Straffheit geht aus der Weite des Quartenschritts und dem Punkt über dem Auftakt hervor. Daß das Motiv in der unter dem Notenbeispiel angegebenen Weise in Verengerung und Erweiterung des Schritts, in Umkehrung und auch bei umschriebenem Auftakt sein fortgesetztes Spiel treibt, bestätigt der Einsatz der Solovioline:

Bemerkenswerterweise steht der kürzende, zu energischer Bogenführung auffordernde Punkt über dem Achtelauftakt nur bei dem Motiv in seiner Urgestalt. Er fehlt dagegen, wenn das Abschlußviertel in Bewegung übergeht (s. NB 8 Takt 3). Wie dadurch die Straffheit eine Milderung erfährt, muß auch der Auftakt nunmehr weicher behandelt werden.

Im zweiten Falle spricht sich das Motiv in der Art des Geschehens an einem einzigen Ton aus, wie im Notenbeispiel 7 durch das sforzato, oder im Rienzi-Beispiel (s. Rhy. S. 97) durch den Schweller < >, d.h. durch besondere Dynamik oder kennzeichnende Tondauer.

Zunächst noch ein Beispiel dynamischer Charakterisierung:

NB 9   Haydn, Streichquartett Op. 76 Nr. 2

weil hier eine sonst unter allen Umständen nur als Unart zu bezeichnende Behandlung der Synkopen zum Motiv erhoben wird.

Daß die Tondauer zu charakteristischem Merkmal werden kann, setzt Gleichzeitigkeit verschiedener Tonlängen zur Unterscheidung voraus. Wie es sich im Allegretto von Beethoven's f-moll Quartett Op. 95 findet:

NB 10

Hier nehmen die durch Punkte verlängerten Achtel Bezug auf die am Anfang des Satzes vom Cello vorgetragenen hinzuhauchenden Seufzer:

NB 10a

Die im NB 10 gleichzeitig als einfache Achtel notierten Töne haben dagegen nur harmonische Bedeutung und müssen demzufolge eher noch kürzer, auf alle Fälle verhallend gespielt werden, um die überstehenden Seufzer deutlich zur Geltung kommen zu lassen.

Im Menuett von Mozart's Es-dur Streichquartett (NB 11) ist der Einfall in Achteln mit dazwischengeschalteten Achtelpausen notiert. Die hier verlangte grazile, leichte und kurze Wiedergabe wäre durch eine Viertelnotierung mit darüber gesetzten Punkten als Kürzungszeichen keineswegs zu erwarten: das Charakteristische jedes einzelnen Tones dürfte dann in einer festeren, markanteren, wenn auch kurzen Spielweise gesucht werden.

NB 11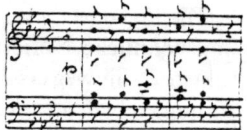

Im Lerchenquartett von Haydn (Op. 64,5) sind bei gleicher Notierung über die Achtel gar noch Punkte gestellt, was bei aller Zartheit (p) einen schärferen Tonbeginn nahelegt (Präzision):

NB 12

Leopold Mozart würde vielleicht hier „darzu" bemerken, daß es doch wohl nicht so ganz unnötig sei, „von dem richtigen Notenlesen und guten Vortrage überhaupts" zu reden. Und fragend hinzufügen, doch wer möchte verkennen, daß hinwiederum ein Punkt oft nicht mehr zu bedeuten habe, als einen Einzelstrich, wenn Haydn im Adagio Op. 17,5 schreibt:

NB 13

Hier den Auftakt von dem zugehörigen Niederstrich durch eine Pause zu trennen, wäre doch offenbar musikalische Unnatur, mißverstandene Buchstabentreue.

Für den Vortrag motivisch charakteristischer Einzeltöne empfiehlt sich bogentechnisch gleiche Behandlung, wie es die allgemein geltende Regel fordert: gleiches tunlichst auf gleiche Art wiedergeben; d. h. in den NB 11 und 12 für die Achtel immer Aufstriche nahe am Frosch mit leicht auffallendem ○ oder etwas angesetztem Bogen ○ , für die Seufzer im NB 10 lange, die Saiten kaum berührende Aufstriche, wobei die Pausen die Rückkehr zur Spitze ermöglichen.

Im NB 9 verlangen die Punkte über dem zweiten Achtel zwar auch ein Abheben des Bogens, aber wegen der rasch anwachsenden, jedesmal wieder zart beginnenden Tonstärke sind die Synkopen aus technischen

Gründen geschickt nur mit abwechselnden Ab- und Aufstrichen zu spielen.

Die Eigenart dieses Einfalls ist übrigens so außerordentlich, daß die ungewöhnliche Notierung der Synkopen, wie sie sonst nur über den Taktstrich hinweg erscheint, durchaus berechtigt ist. Mit dem crescendo zusammen bedeutet der Punkt hier ein Abreißen des Tones, eine Sonderung, Trennung der einzelnen Akkorde voneinander, eine Kürzung also, auf keinen Fall aber einen staccato-Ansatz.

In der d-moll Violinsonate von Brahms finden wir ein ähnliches Beispiel:

nur verträgt das vierte Achtel [sf] hier zugleich noch eine Dehnung, wie es deutlicher aus der vorangehenden Stelle im Klavier (NB 14) hervorgeht mit der von Brahms selbst stammenden Pedalvorschrift:

NB 14

Im Anschluß an die Betrachtungen zum Motiv dürfte eine Bemerkung zum Händelschen Rhythmus ♩.♪♩ angebracht sein. Das musikalische Empfinden wird von selbst das punktierte Achtel länger halten und das Sechzehntel verkürzen, wobei häufig der Punkt als Pause aufzufassen ist. Wenn dagegen dieser Rhythmus mit Triolenbewegung zusammentrifft, dann schließt er sich der letzteren an, z.B. Bach Partita G-dur:

NB 15

Mitunter liegen die Dinge indessen nicht so einfach, daß man sich mit der genannten Faustregel zufrieden geben könnte. So z.B. im Adagio von Beethoven's e-moll Quartett Op. 59,2, wo dieser Rhythmus geradezu zum Motiv erhoben ist. Hier finden sich für ihn über ein Dutzend verschiedene Schreibweisen, wenn man Bindungen, Pausen, Noten mit und ohne darüber gesetzte Punkte und Steigerungen der kurzen Note bis zum Zweiunddreißigstel mit einbezieht. Die Zahl der Unterscheidungen erhöht sich noch bei einer sinngemäßen Auslegung, die allmählich aus einer Art in die andere übergeht. Z. B. Beethoven Op. 59, e-moll:

NB 16

Nur die Einsicht, daß eine bis zum letzten reichende Aufzeichnung schlechthin unmöglich ist, und ein tieferes Eindringen in die Zusammenhänge wird zu der Erkenntnis führen, daß mit der für das Auge so völlig verschiedenen Notierung ♫ | ♫ dasselbe Bewegungsmotiv gemeint ist, das in den weitgespannten Bögen nicht nur die fortlaufende Verbindung bleibt – den roten Faden festhaltend –, sondern das sich zugleich dem jeweiligen Ausdruck anschließt und daher unmerkliche Abstufungen erfordert. Nur eine solche Einstellung hat den hohen Geistesflug Beethoven's erfaßt, der selber gerade dieses Stück zu seinen besten Eingebungen zählte. Und so war die Auffassung des Joachim-Quartetts. Wer demgegenüber von einem Fehler sprechen und das dritte Sechzehntel ♫ neu angestoßen wissen wollte[9], wem bei der Begegnung mit so wanrhaft kongenialer Deutung die Augen nicht sofort aufgehen sollten, dem ist nicht zu helfen, dem wird das Allerheiligste sich nicht erschließen.

„Wenn ihr's nicht fühlt, ihr werdet's nie erjagen".

Ähnlich wie beim Händelschen Rhythmus wird ein natürliches musikalisches Empfinden nicht befriedigt, wenn man die metrische Zeichnung ♫ ♫ ♪ streng metronomisch behandelt. Eine dem Notenbild genau folgende Wiedergabe wirkt lahm, langweilig. Das Achtel ist also um ein Weniges zu verlängern, die beiden Sechzehntel sind entsprechend zu kürzen. Übertriebene Verlängerung des Achtels hinwiederum führt zu Monotonie: die Bewegung muß fließend sein.

NB 17
Im Legato:

Beethoven, Op. 132
Allegro

entfällt eine Schwierigkeit, die sich bei Einzelstrichen einstellt:
Mozart, Sonate C-dur K. V. 296 für Violine und Klavier
Allegro vivace
NB 18

Dabei darf, wie zuvor schon gesagt wurde, die Verlängerung nicht in ein tenuto ausarten.

Wie beim Händelschen Rhythmus gehören die beiden kürzeren Noten auftaktig immer zur folgenden längeren – wenngleich der Einfall durchaus mit der längeren beginnen kann, z. B.:

Mozart, Sonate b-dur K. V. 301 für Violine und Klavier
Allegro con spirito
NB 19

(vgl. Rhy. S. 104) –, und immer geht den kürzeren Noten gleicherweise eine kleine Pause voraus, wohlverstanden aber, daß es sich um Einzelstriche, nicht um legato handelt.

Bei unseren klassischen und vorklassischen Meistern, die der Freiheit des Interpreten noch einen größeren Spielraum ließen, kann der Charakter des Stückes, oder ein wohlbegründeter Kontrast, oder eine erwünschte Abwechslung bei Wiederholungen die Zusammenfassung der beiden kürzeren Noten auf einen Bogen (legato oder spiccato) rechtfertigen, auch wenn es nicht vorgeschrieben ist, z. B.:

Mozart, A-dur Konzert
NB 20   Allegro aperto

Die Lebendigkeit wird gesteigert, wenn dasselbe im Orchester vorangehende Bewegungsmotiv energisch mit Einzelstrichen erklang; der

Masse des Orchesters ist im forte die wuchtigere Behandlung angepaßter, sowie die liebenswürdige besser dem Solisten ansteht.
Doch muß man zu unterscheiden verstehen!

Schubert a-moll Quartett Op. 29
Andante

NB 21

Im Andante von Schubert's a-moll Quartett (NB 21) ist die gleiche Bewegung (wenn auch in vergrößerten Zeitwerten) im piano anmutig belebt wiederzugeben, im forte des Mittelteils dagegen mit äußerster Strenge des Zeitmaßes. Technische Gründe, etwa bequemere Spielbarkeit, sollten nicht mit Auffassung (Interpretation) verwechselt werden.

Die früher dem Spieler mehr oder weniger anheimgestellte Strichbehandlung kann mitunter aus technischen Rücksichten namentlich die folgende Phrasierung nahelegen: ♪ ♩. ♪ ♩. ♪ · Schnelle und schnellste Zeitmaße ausgenommen, ist der Verfasser mit dieser Spielweise meist nicht einverstanden, wenn nicht musikalische, sondern technische Beweggründe ausschlaggebend waren. Besonders klavieristische Einstellung dürfte nicht mitsprechen. Allein der Gesang ist Vorbild.

Pausen sind auch Musik. Der bekannte Ausspruch ermahnt zunächst, sie nicht zu übersehen, wie es bedauerlicherweise nur allzu häufig geschieht, namentlich seitens der Pianisten durch einen unangebrachten Pedalgebrauch. So stehen in der Kreutzer-Sonate (NB 22)

Beethoven Op. 47

NB 22

und an ähnlichen Stellen zwar Pausen, und die Akkorde sind außerdem noch mit Punkten versehen: tut nichts, das Pedal wird getreten, die Musik samt dem Partner dazu, aber mit Füßen! Hier und ebenso in den Notenbeispielen 11 und 12 haben die Pausen sowohl kürzende als auch trennende Bedeutung. Daß die Kürze der vorangehenden Noten durch sie gleichsam unterstrichen wird, ist ohne weiteres einleuchtend. Aber es bedarf der Erkenntnis, daß der Kürze der Töne charakteristische, motivische Bedeutung zukommt, um einzusehen, daß die Pausen das motivische Geschehen am einzelnen Ton (Akkord) innerhalb des musikalischen, über eine ganze Strecke reichenden Einfalls kennzeichnen.

Da nun die Pausenzeichen als Unterbrechungen der klingenden Vorgänge immer dieselben sind, gleichgültig, ob sie Motive oder Einfälle, Satzglieder oder noch größere Abschnitte begrenzen, trennenden oder kürzenden Charakter haben, so gehört eine richtige Beurteilung des Musikstückes dazu, ihnen das ihrer Bedeutung jeweils zukommende Gewicht zu geben[10]. D. h. Pausen ergänzen zwar die Takte zur Vollständigkeit, jedoch ist demselben Zeichen in ein und demselben Satz ohne Änderung des Zeitmaßes (z. B. einer Achtelpause) nicht immer dieselbe Länge zuzumessen, vielmehr ist diese abhängig von der Bedeutung der Pausen, ob kurze Motive oder höhere Einheiten von einander getrennt werden: im einen Fall sind sie flüchtiger und im anderen gewichtiger aufzufassen. Das Maß der Beschleunigung oder Verzögerung ist freilich nicht anzugeben und ist eine Frage der Gestaltungskraft, die das Empfinden für das Reifsein gefühlsmäßig sicher abzuschätzen vermag. Zur Verdeutlichung noch einige Beispiele, aus denen die Berechtigung solcher Unterscheidungen hervorgeht.

Wer im Adagio von Beethoven's F-dur Quartett Op. 18,1 die Pausen streng auszählen wollte, würde den Zusammenhang höchstwahrscheinlich verlieren (NB 23):

NB 23

In Beethoven's Streichquartett G-dur Op. 18,2 (NB 24) ist der erste Einfall zugleich auch ein Motiv, weil es im Verlauf des Stückes immer nur in seiner ganzen Länge Verwendung findet. Diesem Vordersatz folgt ein kontrastierender Nachsatz mit dreimaliger Wiederholung eines neuen, ganz kurzen (nicht weiter teilbaren) Motivs:

NB 24 Allegro

Abgesehen von den längeren Pausen kommt der Halt auf den Abschlußvierteln mit Gegenüberstellung von Tonika und Dominante dem Verständnis der Gliederung in Vorder- und Nachsatz zugute. Die Einheit des Nachsatzes geht auch aus dem Gebälk hervor, hier haben die Pausen mehr kürzenden als trennenden Charakter. Unser Beispiel zeigt somit in enger Aufeinanderfolge, daß Pausen bald einzelne Motive, bald höhere Einheiten begrenzen.

Den ersten vier Takten folgt eine doppelte Bekräftigung der Tonika:

NB 25

Der hierzu benutzte weitere Einfall (Zweitakter) wird pausenlos wiederholt, ist durch die Wiederkehr auch für den Hörer ohne weiteres leicht zu erkennen, doch ist ein geringer Einschnitt beim Vortrag nicht unangebracht, der in der Notierung zwar nicht durch eine Pause, wohl aber durch einzelne Achtelfahnen angedeutet ist. Je bedeutender ein Komponist, umso mehr muß man auf solche kennzeichnenden Merkmale achten.

Nicht immer, aber sehr oft ist dem Vortrag inbezug auf das Erkennen und Vermitteln der tatsächlichen Gliederung von Einfällen und größeren Zusammenhängen eine schwierigere Aufgabe gestellt, nämlich dann, wenn das Ende eines Gedankens zugleich Anfang des folgenden ist, was nicht ohne weiteres aus dem Notenbild hervorgeht und hervorgehen kann, es sei denn, daß ein Phrasierungsbogen bis zu einer Note reicht und ein zweiter von derselben Note seinen Anfang nimmt. Von den Absichten und den Schreibeigentümlichkeiten der verschiedenen Komponisten abgesehen, sind übrigens Phrasierungsbögen von solchen, die aus technischen Gründen für Bläser und Streicher gesetzt sind, nicht zu unterscheiden. Früher pflegte man die Bögen taktweise zu setzen, auch bei einem darüber hinausreichenden Gedanken, z.B.:

Beethoven, Violinsonate F-dur Op. 24
Allegro
NB 26
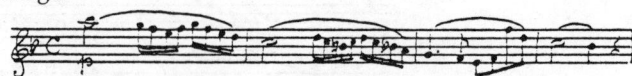

Umso mehr sollte man bei Bögen, die mehrere Takte zusammenfassen, davon überzeugt sein, daß sie wohlüberlegt geschrieben sind, und daß man sich daran zu halten hat, ungeachtet der damit erwachsenden technischen Schwierigkeit, z. B.:

Beethoven, Streichquartett Op. 59 F-dur
Allegro
NB 27

Durch Bogenteilung geht der hier verhaltene, abwartende Charakter verloren (s. a. Rhy. S. 101, 102).

Die Bogenteilung erfordert einen Strichwechsel, der bei bester Ausführung zumindest dem Auge nicht entgehen kann. Wir Streicher unterscheiden betonten und unbetonten Strichwechsel. Der betonte ist überall da am Platze, wo ein Phrasierungsbogen – auch innerhalb eines zusammenhängenden Gedankens – gesetzt ist (s. NB 26 u. a.). Wer sich über die Hörbarkeit und den Grad derselben Rechenschaft geben will, besonders in Zweifelsfällen, versuche singend oder pfeifend zu beobachten, wo er den Luftstrom unterbricht, und mit welcher Stärke er beim neuen Ansatz fortfährt. Im NB 27 wird er bemerken, daß er bis zum Ende des langen Bogens keine Unterbrechung einschaltet, wohl aber vor jedem der folgenden Punkte, ebenso vor dem kleinen Bogen wie vor den Einzelnoten.

Der Gesang ist unser Vorbild, ist Ausdruck und Sprache unserer Empfindungen. Gehobene Sprache ist Musik. Die Verwandtschaft zeigt sich im Satzbau, in Artikulation, bzw. in der Phrasierung. Bindebogen sind die Vokale, der gehemmte Atemstrom bedeutet Konsonanten. Je nach dem Charakter wird man vor allem Lippen- und Zungenkonsonanten bei gesungenen musikalischen Einfällen benutzen. Besonders bemerkenswert ist der die Lippen schließende Laut M am Schluß eines Gedankens, dem man immer noch etwas Klang läßt, wenn man nicht auf einem Vokal verhauchend endet. Mit dieser Bemerkung sei nur darauf hingewiesen, wo Rat und Aufschluß zu finden ist, nicht zuletzt für die

Behandlung des Tonendes, das meist verhallend, nur ausnahmsweise abgeschnitten, abbrechend zu wählen ist.

Daß auch andere Versuche der Komponisten, ihre Intentionen klar und eindeutig zu Papier zu bringen, unzureichend sind, zeigt z. B. die der verschiedenen Auffassungen wegen bekannte Stelle im letzten Satz der Kreutzer-Sonate (s. NB 28):

NB 28

Schon die Taktänderung verrät Außergewöhnliches. Auch das einfache f nach dem doppelten ff ist, ebenso wie die Punkte über den halben Noten im 2/4 Takte zu beachten. Wenn nun die Einen einen viertaktigen Fortgang gewahrt wissen wollen, dann ist nicht einzusehen, warum Beethoven sich so viel umständliche Schreibarbeit gemacht haben sollte. Die andere Auffassung hält die Takte 5 bis 8 für vier gleich gewichtige, von denen der erste noch Beziehung zum Vorhergehenden besitzt, aber gemilderten, überleitenden Charakter hat, dem nach kürzestem besinnlichem Einschnitt (Taktänderung) zunächst drei gleichwertige, von einander zu sondernde Akkorde (einem Aufhorchen gleich) folgen, um darauf einem ruhigen Viertakter (Takt 9 bis 12) Raum zu geben. Die Wiederholung der Takte fünf bis zwölf gibt gewissermaßen nochmals Rechenschaft über das „Woher" und das „Wohin". Als Ergebnis erscheint der ruhige Viertakter nun beruhigter (ritardando) wieder aufgegriffen, ein drittes mal aber wie von plötzlichem Entschluß nach zwei Takten durch den im piano beginnenden und anwachsenden Triller unter Wiederaufnahme des alten Zeitmaßes (a tempo) unterbrochen: der Presto-Gedanke hat gesiegt.

Handelt es sich aber im Hinblick auf die Gliederung und ihre Behandlung um eine Kette gleichwertiger einzelner Töne, dann spricht noch ein weiterer Gesichtspunkt mit. Wenn Haydn im letzten Satz seines D-dur Quartetts Op. 64,5 eine Art Perpetuum mobile bietet, so sind Zäsuren dieser übergeordneten Absicht wegen unangebracht, auch da, wo Einschnitte deutlich gegeben sind. Die Gliederung wird durch die Begleitung ohnehin genügend fühlbar (s. NB 29). Die Freude an der gleichmäßig laufenden Bewegung muß vorherrschen (darf aber nicht in Hetzjagd ausarten!). Unmerkliche Schattierungen in dynamischer und metrischer Beziehung, auch in der Handhabung eines mehr oder weniger scharfen spiccato können den Vortrag lebendiger machen, wie es die eingeklammerten Zeichen im vierten und achten Takt andeuten:

Haydn, Streichquartett Op. 64,5 D-dur
Finale. Vivace

NB 29

Ohne Begleitung indessen, bei einstimmigen Kompositionen wie in den Solosonaten für Violine oder Cello von Bach, wo melodischer Gedanke und harmonische Bedeutung (Ober-, Baß- und Mittelstimmen) in ein und demselben Linienzug enthalten sind, tritt uns das Problem, höchste Ansprüche stellend, noch gesteigert entgegen. Dies gilt nicht nur für die Kunst, sich in der Einstimmigkeit auszudrücken, sondern ebenso für die Kunst des Vortrages, alles Erforderliche richtig zur Geltung zu bringen. Wenn Bach einstimmig schreibt, bevorzugt er gleichartig fortgesetzte Bewegung, die, wie im vorerwähnten Beispiel von Haydn, als charakteristisches Merkmal in ihrer Gleichmäßigkeit erhalten werden muß oder zum wenigsten in der Wirkung als solche. Die anspruchsvollste Setzweise verlangt die feinfühligste Darbietung. In den Zwischenspielen der C-dur Fuge von Bach für Violine allein (s. NB 30), die aus weiser Erwägung als Gegensatz und zur Abwechslung eingeschaltet sind, zur Erholung für Spieler und Hörer von den mehrstimmigen Durchführungsteilen des Fugenthemas mit allen kontrapunktischen Künsten, die Erwartung zugleich aufs neue spannend, hält es mitunter schwer, darauf zu verzichten, die Begrenzung und Verknüpfung der Gedanken aufzuzeigen. Nach der Gewalt des vorangehenden Durchführungsteils mit dem umgekehrten Fugenthema (al riverso) ist es angezeigt, das Zwischenspiel mit zarter Tongebung zu beginnen und mit einem (nicht zu früh einsetzenden) durchgehenden crescendo zu versehen. Gleichmäßigkeit kommt der Spannung zugute, hörbare Gliederung dem Verständnis; das eine schließt das andere aus; der gute Vortrag wird die Gleichmäßigkeit anstreben und die Gliederung des Aufbaus nur unauffällig erkennen lassen, worauf wir gleich noch zurückkommen.

Bach, Solosonate C-dur
NB 30   Fuga (Zwischenspiel)

Einzelstriche hin und her sind für die einzelnen Achtel vorzuziehen, und wenn man aus Phrasierungsgründen eine Gruppe auf einem Bogen zusammenfaßt, so ist der Charakter durch non legato-Behandlung beizubehalten:

NB 31

Vielleicht ist gelegentlich ein etwas gehaltener Strich (⌣) nicht unangebracht, wenn neue Motive hinzukommen oder eine Richtungsänderung in der Linienführung eintritt. Doch läßt sich hiervor eigentlich nur warnen, vor allem vor ausgetüfteltem Vorsatz, und empfehlen, eine derartige Behandlung der jeweils im Augenblick gegebenen Beurteilung und Einsicht unter wachem eigenem Verantwortungsbewußtsein zu überlassen, wie es die durch die Leistung herbeigeführte musikalische Logik, so oder so fortzufahren — auch in bezug auf technische Dinge — verlangt. Die im NB 30 zum ersten Viertel hinzugefügte eingeklammerte Terz setzt die vorangehende Dreistimmigkeit auch im Abschluß fort. Diese Eigenmächtigkeit dürfte Bach kaum übel vermerken. Wie bewundernswert er übrigens den einstimmigen Satz meistert, wie alles Wichtige in der Linienführung enthalten ist, kann man am besten erfahren, wenn man eine begleitende zweite und dritte Stimme hinzuzufügen versucht. Man wird sich schnell überzeugen, daß für keine entscheidende Note im sauberen Satz Platz ist. Jeder Zusatz ist so überflüssig, daß man die Bemühungen selbst eines Robert Schumann und anderer Komponisten eigentlich nicht verstehen kann, diese Wunderwerke mit einer Klavierbegleitung zu versehen. – Das durch den einstimmigen Satz gegebene Nacheinander bei unregelmäßiger Reihenfolge im Erscheinen von Ober-, Mittel- und Unterstimme macht es oft zumindest schwer, wo nicht unmöglich, mit Sicherheit anzugeben, wo die verschiedenen Motive miteinander verknüpft sind. Auch aus diesem Grunde ist möglichst Gleichmäßigkeit der Achtelbewegung geboten. Inbezug auf das für die lange Steigerung empfohlene crescendo sei noch bemerkt, daß diese Wirkung zu erzielen ist, wenn man an gegebenen Stellen (weibliche Endungen und dergl. mehr) mit der Tonstärke zurückgeht, um immer noch bis zum Abschluß Steigerungsmöglichkeit zu behalten. Das Zurückgehen kann sich auch über mehrere Takte erstrecken, wenn der ausdrucksvolle Vortrag mit seinen natürlichen Schattierungen sich in Grenzen hält und sich der größeren Idee eines durchgehenden crescendo unterordnet. Wer hier etwa daran Anstoß nehmen wollte, daß man – durchaus zutreffend – nicht zugleich anwachsen und abnehmen könne, der denke an einen im ganzen ansteigenden Gebirgszug, in dem einzelne Erhebungen voneinander durch Senkungen und neue Anstiege getrennt sind, wenn auch in unserem Fall der höchste Ton der musikalischen Linie noch durchaus nicht mit dem Gipfel der Steigerung zusammenfällt.

Wie hier die verkettete, ineinander verschränkte Motivarbeit ein schwieriges Problem für die Darstellung bildet, so ist es ähnlich auch bei einer zahlreicheren bloßen Aneinanderreihung von Motiven und Einfällen. Dieser Arbeitsweise begegnen wir bei keinem Komponisten so oft und in so ausgedehntem Maße wie bei Beethoven. In der c-moll Symphonie hat er ein zunächst selbständig hingestelltes Motiv (s. NB 32a) für den ganzen Aufbau des ersten Satzes so glücklich verwendet, wie es selbst ihm nicht immer gelang.

NB 32a

Allegro con brio

Die Skizzenbücher zeigen von der frühesten Aufzeichnung bis zur endgültigen Fassung einen gewaltigen Unterschied, einen Aufstieg von Alltäglichkeit zu einmaliger Genialität (... was wir aus dem Geschenk zu machen verstehen! – Genie ist Fleiß ...).

Anders steht es dagegen mit dem nicht unähnlichen Motiv in seinem Es-dur Streichtrio Op. 3

Andante  und seiner Auswertung:

NB 33   Andante

Das mit echt Beethovenscher Wärme zu achttaktigem Gesang benutzte Motiv ist ganz der Violine übertragen, wie seine in die Oktave versetzte Wiederholung. Dasselbe Motiv wird auch zum Fortgang weiter verwendet. Nicht weniger als zwanzig mal ein gleiches metrisches Motiv so vorzutragen, daß es nicht ermüdet, erfordert eine hohe Gestaltungskraft, die bei aller Schlichtheit dem Motiv kaleidoskopartig fesselnde Abwechslung zu geben versteht, so wie es Beethoven an einigen Stellen selber schon andeutet:

Wer den Gehalt wahrhaft erfühlt, dem wird es gelingen. Ohne Beseelung, selbst mit schönstem Ton vorgetragen, wird der an sich anmutige Linienzug hart an die Grenze führen, wo der berühmte kleine Schritt vom Erhabenen zum Lächerlichen zu fürchten ist. Eine der sogenannten „Romantik" und ihrem Innenleben abholde Einstellung wird diesem Stück musik-gewordener Innigkeit nicht gerecht werden. In der c-moll Symphonie besteht eine derartige Gefahr nicht, zunächst wegen des ganz anderen Charakters und dann, weil die Wiederholung des Motivs auf viele Stimmen verteilt ist. Z. B.:

NB 32b

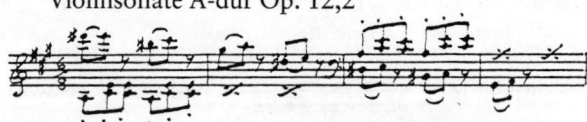

Diese Arbeit mit Motiven liebt Beethoven, bald melodisch selbständiger (s. NB 34), bald unscheinbarer als Unterteilungs- und Bewegungsmotiv, immer eine größere Linie tragend, verzierend und belebend, die Teilnahme einzelner Stimmen stärker anregend:

Violinsonate A-dur Op. 12,2

Allegro vivace
NB 34

NB 35

Violinsonate a-moll Op. 23
Allegro molto

Hier (NB 35) wie in Haydn's F-dur Quartett Op. 3,5 (s. NB 36) wird einfachste Tonwiederholung zum Motiv erhoben. Der Unterschied in der Betonung verändert den Charakter:

NB 36

Haydn, Op. 3,5 Streichquartett F-dur
Scherzando

Die ebenfalls motivische Wiederholung dagegen des machtvoll-trotzigen f-moll Akkords, mit dem die Egmont-Ouvertüre (Beethoven) nach der Fermate fortfährt (s. NB 37), ist der Tonstärke nach völlig übereinstimmend zu behandeln. Die um einen Auftakt bereicherte Wiederkehr der metrischen Zeichnung läßt die Zugehörigkeit zu dreiteiligem Takt erkennen:

NB 37

Sostenuto ma non troppo

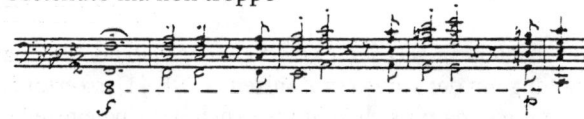

Die hiermit verwandte Folge von zwei schweren Zählzeiten im Tripeltakt in der metrischen Gliederung von kurz-lang führt zur Passacaglia und Chaconne, in welchen Formen diese Bewegung vorherrscht und sie kennzeichnet:

in mannigfachen Kombinationen.

Ein die Chaconne und Passacaglia unterscheidendes Merkmal ist mit Sicherheit nicht zu geben.

Für Tonwiederholungen, die im dreiteiligen Takt auf leichte Zählzeiten fallen (s. NB 38), oder die nachschlagende harmonische Begleitung im Walzer ist geschmeidige Einfühlung am Platze, metronomische Starrheit zu vermeiden:

NB 38 Haydn, Streichquartett Op. 64 D-dur, Menuett

Hier wie auch bei häufigerer nachschlagender Tonwiederholung (s. NB 39 und 40) sind die Pausen zumindest gut zu halten, wenn nicht noch etwas zu verlängern, der Lebendigkeit der Bewegung wegen:

NB 39 Mozart, Streichquintett g-moll (K.V. 516)
Allegro

NB 40 Haydn, Op. 76,2 Streichquartett d-moll
Allegro

Beginnt in gerader Taktart eine begleitende dreimalige Tonwiederholung mit der schweren Zählzeit (s. NB 41), so erfordert sie subtile Behandlung, damit sich kein unvornehmer Zug einstelle, der sich hierbei schon immer dann ergibt, wenn man eine Unterscheidung von schweren und leichten Achteln hörbar macht, sie sei denn ausdrücklich verlangt.

NB 41 Schubert, Streichquartett E-dur Op. 125,2
Allegro con fuoco

Als selbständiges Motiv gebraucht Mozart diese Art der dreimaligen Tonwiederholung in dem von ihm als Scherz gedachten Dorfmusikanten-Sextett (s. NB 42), wo er damit die stümpernden Halbkomponisten parodiert und persifliert:

NB 42
Mozart, Dorfmusikanten-Sextett K.V. 552
Allegro

Das gleiche Motiv benutzt er begleitend in Cosi fan tutte, um die Langeweile zu charakterisieren.

Bei dreimaliger Tonwiederholung ist, um das Bedenkliche zu vermeiden, entweder gleichbleibende oder unauffällig abnehmende Tonstärke geboten. Eine anwachsende verlangt ein anschließendes Schwer[11] (vgl. Rhy. S. 97), z.B.:

NB 43
Bach, Fuga aus der Solosonate g-moll
Allegro

Gerade diese von Bach nicht nur für Solovioline sondern auch für die Orgel gesetzte Fuge zeigt uns in vergleichender Betrachtung, daß einer vorzüglichen Regel eine andere, von einem anderen Gesichtspunkt aus gewonnene, widersprechen kann. Inbezug auf das, was wir hier zu den Tonwiederholungen äußerten, mache man es sich zur Richtschnur, in scheinbar ähnlich gelagerten Fällen nicht gewohnheitsmäßig zu verfahren.

Schreibt Bach z.B. in der Partita II für Solovioline:

NB 44
Allemande

so ist das erste auftaktige Sechzehntel wie beim Händelschen Rhythmus zu kürzen[12], nicht so aber die folgenden, die melodisch aufzufassen sind. Oder wenn empfohlen wird, gleiches auf gleiche Art zu behandeln, und demzufolge etwa die wiederholten halben Noten im letzten Satz von Schubert's C-dur Symphonie (s. NB 45) erst dann zu ihrer vollen übermütigen, köstlichen Bedeutung kommen, wenn sie von allen Bässen mit Herunterstrich gespielt werden (auch nur ein einziger Spieler, der es anders macht, verdirbt die Wirkung):

NB 45

Schubert, Symphonie C-dur
Allegro vivace

so ist das hinwiederum aus technischen Gründen mitunter durchaus unmöglich (vgl. S. 120 NB 9) oder aus musikalischen zu vermeiden[13], oder die sonst in der Regel mit dem gleichen Klang auf derselben Saite anzustrebende Wiedergabe von Zusammengehörigem ist gelegentlich auf verschiedene Saiten zu verteilen, sei es aus spielerisch virtuosem Anlaß, sei es zur gewollten Abwechslung:

NB 47

Beethoven Op. 47 Kreuzer-Sonate
Adagio

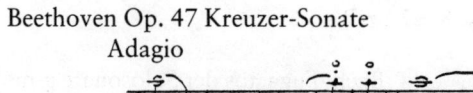

oder zwecks verbindenden Übergangs:

NB 48

Beethoven Op. 59,2 Streichquartett e-moll
Molto Adagio

oder im Hinblick auf besonderen Ausdruck:

NB 49

Brahms Op. 51,1 Streichquartett a-moll
Andante moderato

Noch etwas „vom richtigen Notenlesen überhaupts".

Wer dieses Notenbild sieht, ist durchaus berechtigt, an einen Auftakt mit folgendem Schwer zu denken. Die synkopierte Begleitung indessen belehrt, daß der Gesang vom Variationsthema in Beethoven's Op. 74 (s. NB 50) ebenfalls synkopiert aufzufassen und so zu spielen ist, als ob die Taktstriche um ein Viertel verschoben wären, solange in der Begleitung die Synkopen fortgesetzt sind.

Beethoven Op. 74, Streichquartett Es-dur
Allegretto con Variationi

NB 50

Eine Taktänderung, Verlegung der schweren Zählzeit, tritt zwei Takte vor dem Teilschluß ein und wird im Beginn des zweiten Teils beibehalten, bis alle Instrumente das synkopiert zu behandelnde Hauptmotiv aufnehmen (s. Takt 12). Auch hier ist trotz des durchgehenden crescendo an abnehmender Tonstärke jeder einzelnen Gruppe festzuhalten (vgl. S. 131, 134), wie die sforzati in dem im forte wiederkehrenden Anfang (s. Takt 16f) es vorschreiben.

Bis auf den Allegro-Ausgang der gesamten Variationen (s. NB 51) erscheint übrigens die Taktverschiebung nicht mehr:

NB 51

In Mozart's D-dur Quartett ist die synkopierte Behandlung des Unterteilungsmotivs (s. NB 53) zu Beginn des Satzes unzweifelhaft vornehmer, gewählter, als eine Betonung auf den schweren Zählzeiten. Im Verlauf des Stückes aber ist zu unterscheiden, ob der Motivschritt abwärts führt oder aufwärts, ob er unisono oder begleitet erscheint, denn danach hat sich die Betonung zu richten. Im Zusammentreffen z.B. mit dem Schlußmotiv des ersten Teils (s. NB 52),

NB 52

das weiterhin mit trippelnder Lebendigkeit begleitend die Durchführung durchzieht und nochmals in der Coda aufgegriffen wird, würde eine synkopierte Behandlung Unruhe bringen, auch dann, wenn man die einzelnen Achtel möglichst gleichmäßig, ohne ausgesprochene Betonung spielt, denn seine harmonische Bedeutung unterstreicht das im geraden Takt gegebene Schwerenverhältnis, und es ergäbe sich ein unberechtigtes Hin- und herzerren zwischen den verschiedenen Schwers. Eben dieser Erwägung wegen darf die mit synkopierter Auffassung verbundene Akzentverschiebung nicht zu sehr ins Ohr fallen.

Mozart, Streichquartett D-dur K.V. 499
NB 53
Allegretto

Schon die Richtungsänderung bei der dritten Wiederkehr des Motivs und die Verwandlung seines Abschlußachtels in einen auszuhaltenden Ton verlangt eine auftaktige Behandlung, d.h. ein Anwachsen der Tonstärke, aber nicht nur bis zum folgenden Schwer, sondern durch den ganzen Takt bis zum gemeinsamen Schwer aller Teilmotive, wie es durch die eckigen Klammern und die zugesetzte Dynamik angedeutet ist. Die ersten drei Einsätze müssen mit gleicher Tonstärke beginnen, beim dritten aber ist das anfängliche Abnehmen unmerklich in ein Zunehmen der Tonstärke zu verwandeln. Die beiden ersten Takte wiederum besitzen auftaktigen Charakter, zu dem wirklich schweren dritten Takt hinführend. Verglichen mit der synkopierten Behandlung im NB 50 muß diese hier unauffälliger erfolgen. Die hinzugefügte Dynamik will nur die gestaltende Auffassung anzeigen und soll als Tonstärkenänderung nicht bemerkt werden. Allenfalls dürfte der Schweller im vierten Takt als Spitzenbetonung wahrnehmbar sein. Nur zufällig trifft in unserem Beispiel das Abnehmen und Anwachsen der Tonstärke mit ab- und aufsteigenden Intervallschritten zusammen, jedoch sei nochmals ausdrücklich davor gewarnt, diese beiden Faktoren gewohnheitsmäßig zu verkoppeln, d.h. aufsteigende Tonfolgen mit crescendo zu verbinden und umgekehrt. Den Schweller im vierten Takt mit einer Dehnung zu verknüpfen (rubato ohne die Gültigkeit der Taktstriche anzutasten siehe Rhy. S. 96), entspricht sowohl dem auftaktigen Gewicht des letzten Viertels, als auch der gleichzeitigen Spitzenbetonung. Unsere schon des öfteren angeführten Kronzeugen (Philipp Emanuel Bach und Leopold Mozart) verlangten bereits vor zweihundert Jahren die Betonung für chromatische Veränderung und für solche Töne, die mit größerem Intervallschritt erreicht werden; ein Anzeichen, daß man es in dieser Beziehung auch damals vielfach fehlen ließ. Vor gewohnheitsmäßigem Verfahren ist hierbei nicht weniger auf der Hut zu sein. Gewohnheit und Gewöhnung sind gefährlich, wenn man sie nicht von höherer Warte überwacht. Hat indessen eine Tradition wohlbegründetes Bürgerrecht erhalten, dann ist es ein übles Beginnen, dagegen anzugehen und z.B. statt einer gewohnten, sinngemäßen und liebgewonnenen Auffassung buchstabengetreue, metronomische Behandlung um jeden Preis zu fordern. Der Ausspruch „Tradition ist Schlamperei" ist ein Makel für den, der ihn geprägt hat. Liebevoll und gütig ist er jedenfalls nicht – man muß zu unterscheiden wissen, besonders wenn man die Macht hat.

Zurück zu unserem Beispiel. Mozart zeigt uns, wie die Weisheit des Genies unscheinbar, gleichsam im Spiel seine Einfälle zu verwerten versteht. Da sind Motive nicht nur nebeneinander gestellt, sondern auch aufs natürlichste ineinander verschränkt. Man sehe, wie das erste lange a^1, das umgewandelte Ende des kurzen Hauptmotivs, zugleich überleitet und, wenn man will, auch einen neuen Gedanken beginnt, der so reich ist, wiederum mehrere Unterteilungsmotive zu umspannen im Hinblick auf Mozart's eigene Ausschöpfung. Ungeachtet aller mosaikartigen Teile muß die höhere Einheit der ersten vier Takte zur Geltung kommen, ein Einschnitt nach dem ersten langen a^1 auf alle Fälle vermieden werden. Beim Vortrag wird das empfohlene crescendo den Zusammenhang gewährleisten.

Die Ausführungen, insbesondere zum letzten Notenbeispiel, gelten versteckten Schwierigkeiten, gefahrdrohenden Untiefen, Klippen vergleichbar, die allüberall anzutreffen und dann mit den angedeuteten und ähnlichen Mitteln zu meistern, zu umsteuern sind. Nur dem Anschein, der oberflächlichen Beurteilung nach könnte man sie für überflüssig halten, dann aber steht man dem Wesen der Dinge noch ganz fremd gegenüber. Diesem näher zu führen, sind Worte und Begriffe unzulänglich. Wenn wir es dennoch versucht haben, auszusprechen, was sich eigentlich nicht sagen läßt, so geschah es, um wenigstens die Richtung anzugeben, in welcher jeder Einzelne sich selber bemühen muß. Betrachtungen und Beispiele wären endlos fortzusetzen und sind vielleicht auf Fragen aus dem Leserkreis – die dem Verfasser nur erwünscht wären – um weitere ergänzend zu vermehren.

Völlig unmöglich ist es, den Einfall zu erzwingen, ebenso unmöglich, die gute Interpretation auf Regeln festzulegen. Hier wie dort handelt es sich für hohe und höchste Leistungen um seltene und seltenste Begabung. Letztes, allerletztes zu erreichen, über die eigenen Fähigkeiten geradezu hinauszuwachsen, müssen wir Eines noch besitzen – und darin liegt ein Trost und Ansporn für weniger glückliche Minuten und Tage – nämlich unermüdlichen Fleiß, nimmer rastendes Streben.

Fußnoten

[1] Die Wertschätzung des Einfalls war nicht zu allen Zeiten die gleiche. So war der Begriff des Plagiats früher unbekannt. Der kontrapunktische Stil brachte es mit sich, geeignete Themen als Allgemeingut zu betrachten. Das von Bach in seiner Kunst der Fuge benutzte Thema findet sich bei vielen dutzend Komponisten. Man scheute sich nicht, ganze Stücke aus fremden Werken ohne Angabe der Herkunft zu übernehmen. Die meisten Klavierkonzerte Bach's sind für dieses Instrument eingerichtete Bearbeitungen nach Violinkonzerten von Antonio Vivaldi. Erst langsam entwickelte sich der Begriff des geistigen Eigentums bis zum Urheberrecht (um 1900).

[2] Als alterierte Töne erstmalig musikalisch benutzt wurden, muß die Wirkung revolutionär gewesen sein. Bei maßvoller Anwendung wirken sie auch heute noch kühn und überraschend, z. B.:

Beethoven, Violinkonzert Op. 61
Allegro ma non troppo
NB 54

Nicht selten dürfte die Orthographie nicht ganz stichhaltig sein. Hier z. B. könnte 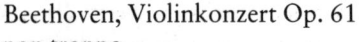 richtiger erscheinen, zumal das dis nicht nach e geführt wird und das e im Nonenakkord überhaupt fehlt. – Die häufige Anwendung von Alterationen (Chromatik) beraubt sie der Kraft, schlägt ins Gegenteil um und führt zu Weichlichkeit.

[3] Damit erübrigt sich, über atonale Bestrebungen auch nur ein Wort zu verlieren.

⁴ Adolf Hildebrand hat das Problem der Form in der Bedeutung für den Maler und Bildhauer behandelt. – Genau so wie wir beim Rhythmus ausführten, müssen aber auch die der Form zugrunde liegenden Gesetze auf allen Gebieten die gleichen sein (vgl. Rhy. S. 93). Die Aufgabe wäre verlockend, die Parallelen aufzuzeigen, mit Beispielen aus der Baukunst, der Ornamentik, der Malerei zu veranschaulichen, auch die Symbole, die Urbilder aller formenden Kraft, und nicht zuletzt die Sprache mit ihrem Satzbau heranzuziehen.

⁵ Vgl. Arnold Schering „Das Symbol in der Musik".

⁶ Die heute die Regel bildende Scheidung in schaffende und nachschaffende Künstler bestand früher nicht in dem Umfang. Die berühmten Komponisten ließen sich meist auch als hervorragende Instrumentalisten hören. Mozart hat seine Klavier- und Violinkonzerte selber öffentlich gespielt. Die bedeutenden Virtuosen trugen vorzugsweise eigene Werke vor und waren also mit der Setzkunst wohl vertraut. Heutzutage sind die nur klavierspielenden Komponisten in der Überzahl, wodurch für die Spielweise der Streicher und Bläser, der eigentlichen Gesangsinstrumente, aus Unkenntnis eine nicht unbedenkliche, fehlerhafte oder dürftige Phrasierung Platz gegriffen hat, wovon in einer besonderen Betrachtung noch die Rede sein soll. – Die gesteigerten und teilweise überfeinerten technischen Ansprüche einerseits, andererseits das Erbe eines unübersehbaren Besitzes herrlichster, wertvollster Werke, deren Pflege Bedürfnis und Pflicht ist, brachten die Scheidung mit sich und lassen begreifen, daß eine geringere Begabung zu eigenem Schaffen sich lieber ausschließlich in den Dienst des Nachschaffens unserer Meisterwerke stellt. Umso mehr ist gerade solchen Künstlern die Vertrautheit mit Harmonie- und Formenlehre usw. nahezulegen.

⁷ Unter Motiv wollen wir kurze und kürzeste musikalische Eingebungen verstehen, die der Komponist als Bausteine verwertet und vom Hörer leicht erkennbar sind.

⁸ Ludwig Bußler nennt eine solche musikalische Eingebung, die zwei schwere Zählzeiten erkennen läßt, einen „Zweitakter", gleichgültig, ob der zweite Takt voll ausgefüllt ist oder nicht. In seiner Formenlehre geht er zutreffend von dem Gedanken aus, daß der Aufbau der Werke unserer klassischen Meister sich in der Regel auf Zweitakter zurückführen lasse, die mit anderen zusammengeschlossen zu Gliederungen von vier, acht (zwölf), sechzehn Takten führen. Mit der schweren Zählzeit beginnende und zwei Takte ganz ausfüllende Zweitakter sind äußerst selten, so selten, daß Bußler selber kein einwandfreies Beispiel anführt. In den

Teilschlüssen des letzten Satzes der C-dur Solosonate von Bach steht ein echter, zwei Takte ausfüllender Einfall:

Bach, Solosonate C-dur, 4. Satz

NB 55a

erster Teilschluß:

zweiter Teilschluß:

der eine seiner Schlußstellung gemäße Unbildung des Satzanfangs erfahren hat, wo er freilich wegen des ausgesprochenen Harmoniewechsels (I V I) bis zum dritten Takt reicht:

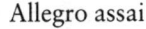

NB 55b

Rechnet man dagegen Auftakte hinzu und zieht ihre Dauer vom zweiten Takte ab, dann finden sich unzählige Beispiele.

Der auf ausschließlicher Geradzahligkeit beruhende Aufbau führt leicht zur Monotonie, Abweichungen von reiner Symmetrie sind von stärkster Wirkung, vorausgesetzt, daß sie ungekünstelt sind. Als Gegenüberstellung und Abwechslung bringen sie ein musikalisches Geschehen im Sinne unserer Auffassung von Rhythmus und bestätigen diese auf ihre Art. Z. B.:

Beethoven Op. 18,1 Streichquartett F-dur

NB 56   Scherzo. Allegro molto

[9] Daß eine solche Ansicht von einem namhaften Musiker und Kritiker in einer der größten Zeitungen geäußert werden konnte, möchte man für unwahrscheinlich halten, aber, ein jeder blamiert sich, so gut er kann.

[10] Pausen sind der Interpunktion im Satzbau zu vergleichen, die das Verständnis erleichtern, zunächst beim Lesen nach dem Vorbild des Sprechens. Bei der Rede und erst recht beim Vortrag tritt noch anderes dazu: Tonfall, Tonstärke, Notwendigkeit des Atmens, letzteres auch im übertragenen Sinn als Atemholen nach bereits Gebotenem und Sammlung zur Aufnahme von Neuem. Gerade im Hinblick auf das geistige Atemholen begegnet man bei der Aufführung von Musikstücken leider allzu häufig einer streng metronomischen Behandlung der Pausenzeichen ungeachtet ihrer so verschiedenen Bedeutung für die Gliederung. Besonders störend ist die Atemlosigkeit, mit welcher oftmals vom Teilschluß zum Anfang zurückgekehrt wird. Unverständlich und geradezu unerträglich ist es dem Verfasser, wenn das Cembalo dem Evangelisten den Einsatz gibt, ehe noch der Schlußakkord des herrlichen Eingangschores in der Matthäus-Passion wirklich verklang, die ruhelose Hast sich also auch auf Satzfolgen erstreckt, als ob ein erstrebenswertes Ziel darin bestünde, so schnell wie möglich zuende zu kommen. Übertrieben schnelle Zeitmaße – seltener übertrieben langsame – liegen im Zuge unseres technisierten Zeitalters und in der schlimmen Auswirkung der Routine, in Fehlern, die alle in die gleiche Richtung fallen.

[11] Diese Erwartung ist so natürlich, daß ein überraschendes Abbrechen nach einem crescendo oder aus kräftiger Tonstärke heraus einen kleinen Einschnitt (Zäsur) verlangt. Damit in Übereinstimmung findet sich in der Partitur von Reger's d-moll Quartett die Anmerkung:

Max Reger Op. 74 Streichquartett d-moll
Allegro agitato e vivace

NB 57

Mit „subito" (s. Takt 49) verband Reger den Begriff einer kurzen Pause.

Ein unmittelbar anschließendes piano subito ist technisch zumindest schwierig, genau betrachtet vielleicht sogar unmöglich; ebenso dürfte selbst ein gutes Ohr den Anfang einer schwachen Tongebung im unmittelbaren Anschluß an Tonfülle kaum wahrnehmen, aus welchen Gründen die Kunstpause ihre Berechtigung findet. Schließlich ist es nichts anderes, als wenn jemand mitten im Satz plötzlich, für einen Augenblick verstummend, den Finger auf den Mund legt und geheimnisvoll flüsternd fortfährt. – Bei Beethoven steht so häufig plötzliches piano, daß man, um nicht einer Manier zu verfallen, gut tut, sich der Regel zu erinnern: „im forte nicht rauh und im piano nicht flau", wie die Dynamik bis zu Beginn des 19. Jahrhunderts allgemein behandelt wurde, Übertreibungen abhold. Auch die Bemerkung in der Partitur von Mendelssohn's Oktett bestätigt diese Auffassung:

... „Dieses Oktett (Op. 20 Es-dur) muß von allen Instrumenten im Style eines symphonischen Orchesterwerkes gespielt werden. Pianos und Fortes müssen genau eingehalten und schärfer betont werden, als gewöhnlich in Werken dieses Charakters." ...

Mit Beethoven beginnt die in seiner heftigen, impulsiven Natur begründete differenziertere Dynamik mit Ausweitung nach beiden Seiten hinsichtlich der Kraft und der Zartheit, die für die Folgezeit vorbildlich wurde. – Die nie ruhende Entwicklung der Dinge, die nach Übersteigerung zu Übersättigung zu führen pflegt, könnte als Reaktion nunmehr ein saft- und kraftloses Tonideal zeitigen. Ältere Musik in dieser Weise zu spielen, wie man es heute nicht selten hört, ist so, als ob die alten Meister Wasser statt Blut in den Adern gehabt hätten. Man beruft sich auf wissenschaftliche Feststellungen, aber man lese nur Philipp Emanuel Bach und Leopold Mozart, was alles sie von einem guten Vortrag verlangen, Langeweile und Ausdruckslosigkeit jedenfalls nicht: mit leidenschaftlichem, affektvollem, feurigem Vortrag dagegen gibt es keinen „kleinen Papa Haydn" und auch keinen Mozart mit einem Zöpfchen. Beethoven ist zu sehr als Titan rubriziert, als daß man bei ihm ohne etwas Temperament auskommen könnte.

[12] Diese Kürzung für den Auftakt ist auch meist geboten, wenn einem Stück gleichsam ein Anruf von der Form ♪|♩ oder in ähnlicher Notierung mit oder ohne Fermate vorangestellt ist. Die Dauer des Auftaktes wird ungefähr gleich kurz sein wie die erste Silbe bei dem Ausruf „Halloh", unbeschadet der Länge, die man der zweiten geben mag. Ein gleiches gilt für die nicht melodisch aufzufassende Vorausnahme (Antizipation) einer Abschlußnote.

[13] Gebührt der schweren Zählzeit normalerweise stets der Abstrich, so kann man dieser Forderung z. B. bei gleicher Viertelbewegung nur im geraden Takt nachkommen. Im ungeraden dagegen, wenn aus musikali-

schen Gründen eine Zusammenfassung der beiden leichten Zählzeiten auf einen Aufstrich nicht ohne störende, daher zu vermeidende Einwirkung auf einen gleichmäßigen Fortgang der Bewegung wäre, bleibt nichts anderes übrig, als den zweiten Takt mit verkehrtem Strich (V) zu beginnen, z. B.:

NB 58

Schubert, Symphonie h-moll
Andante con moto ⅜

und in ähnlichen Fällen auch im geraden Takt  in unübersehbarer Mannigfaltigkeit der metrischen Zeichnung.

In Befolgung der Regel „gleiches auf gleiche Art" haben Herausgeber der Beethoven-Sonaten die hier im NB 59 eingeklammerten Bogen hinzugesetzt:

NB 59

Beethoven Op. 12,2, Violinsonate A-dur
Allegro vivace

Der Verfasser hält sich an Beethoven's Notierungen mit Einzelstrichen für jedes Achtel, hauptsächlich der Gleichmäßigkeit und größeren Lebendigkeit wegen. Die zwar durchaus in Betracht kommende empfohlene Strichbehandlung führt allzu leicht zu merkbarer Aufteilung in einzelne Takthälften (bumdada, bumdada) und entfernt damit von der für die ganze Stelle offenbar gemeinten prickelnden Gleichmäßigkeit.

Verzeichnis der Kompositionen, aus denen die *Notenbeispiele* (NB) genommen sind

Seite	NB		
100	14	J.S. Bach	Solosonate g-moll, Fuga (s. a. S. 137, NB 43)
119	8		Violinkonzert a-moll, Allegro
122	15		Partita G-dur (a. d. „Klavierübungen"), Allemande
131	30,31		Solosonate C-dur, Fuga (Zwischenspiel)
137	43		Solosonate g-moll, Fuga (s. a. S. 100, NB 14
137	44		Partita d-moll für Solovioline, Allemande
145	55ab		Solosonate C-dur, Allegro assai
94	1	Beethoven	op. 74 Streichquartett Es-dur, Allegretto con Variazioni (s. a. S. 139, NB 50, 51)
96	3		op. 61 Violinkonzert, Allegro ma non troppo
96	4		op. 18,1 Streichquartett F-dur, Allegro con brio
98	8		op. 135 Streichquartett F-dur, Allegretto
99	9		op. 61 Violinkonzert, Allegro ma non troppo
99	11		op. 59,1 Streichquartett F-dur, Scherzo
99	12		op. 59,3 Streichquartett C-dur, Fuge
100	15		op. 18,1 Streichquartett F-dur, Allegro con brio
101	16		Leonoren-Ouvertüre
107	22		op. 131 Streichquartett cis-moll, Adagio…
107	23		op. 95 Streichquartett f-moll, Allegro con brio
107	24		op. 97 Klaviertrio B-dur, Allegro moderato
108	25		op. 18,4 Streichquartett c-moll, Allegro ma non tanto
108	26		op. 1,3 Klaviertrio c-moll, Prestissimo

111–114	2a–g		op. 30,2 Violinsonate c-moll, Allegro con brio (7 Beispiele)
2 a–g			
115	5ab		op. 55 3. Symphonie Es-dur (Eroica)
118	6		op. 131 Streichquartett cis-moll, Andante moderato e lusinghiero
118	7		op. 24 Violinsonate F-dur, Rondo. Allegro ma non troppo
120	10,a		op. 95 Streichquartett f-moll, Allegretto ma non troppo
123	16		op. 59,2 Streichquartett e-moll, Molto Adagio
124	17		op. 132 Streichquartett a-moll, Allegro
125	22		op. 47 „Kreutzer-Sonate", Presto (1. Satz)
126	23		op. 18,1 Streichquartett F-dur, Adagio
127	24, 25		op. 18,2 Streichquartett G-dur, Allegro
128	26		op. 24 Violinsonate F-dur, Allegro
128	27		op. 59,1 F-dur, Allegro
129	28		op. 47 „Kreutzer-Sonate", Finale, Presto
133	32ab		op. 67 5. Symphonie c-moll, Allegro con brio
134	33		op. 3,1 Streichtrio Es-dur, Andante B-dur
134	34		op. 12,2 Violinsonate A-dur, Allegro vivace (s. a. S. 148, NB 59)
135	35		op. 23 Violinsonate a-moll, Allegro molto
135	37		Egmont-Ouvertüre, Sostenuto ma non troppo
138	47		op. 47 „Kreutzer-Sonate", Presto, Adagio (1. Satz)
138	48		op. 59,2 Streichquartett e-moll, Molto Adagio
139	50,51		op. 74 Streichquartett Es-dur, Allegretto con Var. (s. a. S. 94, NB 1)
143	54		op. 61 Violinkonzert, Allegro ma non troppo
145	56		op. 18,1 Streichquartett F-dur, Scherzo. Allegro molto
148	59		op. 12,2 Violinsonate A-dur, Allegro vivace (s. a. S. 134, NB 34)
102 f.	18	Brahms	op. 77 Violinkonzert, Allegro non troppo
102 f.	19,20		op. 51,1 Streichquartett c-moll, Allegretto molto moderato e comodo

104	21		op. 88 Streichquintett F-dur, Grave ed appassionato
111	1		op. 51,2 Streichquartett a-moll, Allegro non troppo
122	14		op. 108 Violinsonate d-moll, Allegro (2 Beispiele)
138	49		op. 51,1 Streichquartett c-moll, Andante moderato
99	10	Max Bruch	op. 26 Violinkonzert g-moll, Allegro moderato
120	9	Haydn	op. 76,2 Streichquartett d-moll (Quinten-Quartett), Allegro
121	12		op. 64,5 Streichquartett D-dur (Lerchen-Quartett) Allegro moderato
121	13		op. 17,5 Streichquartett G-dur, Adagio g-moll
130	29		op. 64,5 Streichquartett D-dur, Finale, Vivace
135	36		op. 3,5 Streichquartett F-dur, Scherzando
136	38		op. 64,5 Streichquartett D-dur, Menuett
136	40		op. 76,2 Streichquartett d-moll, Allegro
94	2	Mozart	K.V. 499 Streichquartett D-dur, Allegretto (s. a. S. 140, NB 52, 53)
100	13		K.V. 464 Streichquartett A-dur, Allegro
121	11		K.V. 428 Streichquartett Es-dur, Menuett, Allegretto
124	18		K.V. 296 Violinsonate C-dur, Allegro vivace
124	19		K.V. 301 Violinsonate G-dur, Allegro con spirito
124	20		K.V. 219 Violinkonzert A-dur, Allegro aperto
136	39		K.V. 516 Streichquartett g-moll, Allegro
137	42		K.V. 522 Dorfmusikanten-Sextett F-dur, Allegro
140	52, 53		K.V. 499 Streichquartett D-dur, Allegretto (s. a. S. 94, NB 2)

146	57	Max Reger	op. 74 Streichquartett d-moll, Allegro agitato e vivace
102	17	Schubert	8. Symphonie h-moll (Unvollendete), Andante con moto
125	21		op. 29 Streichquartett a-moll, Andante
136	41		op. 125,2 Streichquartett E-dur, Allegro con fuoco
138	45		7. Symphonie C-dur, Allegro vivace
148	58		8. Symphonie h-moll, Andante con moto
98	6	Spohr	op. 47 8. Violinkonzert a-moll („Gesangsszene")
97	5	Wagner	Rienzi-Ouvertüre
98	7	Weber	Freischütz-Ouvertüre
115	3,4		Vogelstimmen

„Dies und Das" –
Anmerkungen an Hand der 24 Capricen
für Violine allein
von Pierre Rode (1774–1830)
1. – 8. Caprice

Vorwort

Es wird kaum einen Geiger geben, der die *24 Capricen für Violine allein* von PIERRE RODE, Standardwerk für Violine, nicht kennt, und so habe auch ich es als Klingler's Schülerin gründlich bei ihm studiert. Unsere Klasse war klein. Wir verehrten unsern Meister ohne Grenze. Seine Persönlichkeit strahlte echte Autorität aus; er wurzelte in der klassischen Tradition, die er sinngemäß verstand, darstellte und weitergab, d. h.: als Bewahrer der bleibenden, unvergänglichen Werte, die der Mensch – nicht nur auf musikalischem Gebiet – von seinen Vorfahren ererbt. Daß eine solche Auffassung den Wandel der Erscheinungen nicht ausschließt, hat unser Meister uns überzeugend beigebracht. Die Unterscheidung des Wesentlichen vom Unwesentlichen ist unerläßlich und kann nur durch aufmerksame, unermüdliche Beobachtung gelernt werden. Klingler's Unterricht war sehr anschaulich: er verstand es, Kritik und Ratschläge durch sein Vorspielen lebendig zu machen, sein Vorrat an Beispielen für jedwede Schwierigkeit schien unerschöpflich; auch spielte er gern falsch und richtig nebeneinander und erzog damit seine Schüler zum genauen Hinhören und zur Selbstkritik, vor Einseitigkeit bewahrend. Uns wurde viel geboten, weit mehr, als wir damals verarbeiten konnten; manches ist mir erst später aufgegangen. Klingler's musikalische Bildung war umfassend, sein technisches Können enorm. Doch waren ihm eingeübte Paradestücke und der Glanz rein virtuoser Leistungen zu wenig; er suchte immer den seelischen Gehalt und die geistige Gestaltung in der Musik. Technik durfte für ihn kein Selbstzweck sein, sondern hatte dem Kunstwerk zu dienen. So verstand er es, den Ausdrucksgehalt eines jeden Stückes, ja, jeder Stelle bis in die feinsten Nuancen zur Darstellung zu bringen; Bogen und Finger gehorchten ihm.

Derartige künstlerische Vorgänge sind freilich nur andeutungsweise in Worte zu fassen, und aus diesem Grunde werden Klingler's Schriften meist nur unvollkommen verstanden werden. Doch enthalten sie neben solchen Geheimnissen so viele praktische Ratschläge, unterhaltende Schilderungen und Anregungen mancher Art, daß wohl jeder Geiger etwas darin finden wird, was ihn anspricht, und über den Kreis der Kollegen hinaus jeder interessierte Leser.

Eine vollständige Abhandlung über die 24 Capricen von RODE lag nicht in der Absicht des Verfassers: man lese den Titel genau. Vielmehr hat Klingler hier in zwangloser Form den reichen Schatz seiner Erfahrung als Künstler und Lehrer niederlegen wollen, und er selbst berichtet in der Einleitung über die Umstände und Beweggründe zu dieser Arbeit. Zwei kürzere Schriften waren vorausgegangen, auf die im Text mehrfach Bezug genommen wird: „Vom Rhythmus" und „Vom musikalischen Einfall und seiner Darstellung". Die betreffenden Stellen habe ich in den Anhang aufgenommen.

In seinem 70. Lebensjahr brach Klingler die Arbeit an den Capricen ab; nur die ersten acht waren fertig geworden und liegen hier unverändert vor. Das Manuskript überließ er mir als seiner Mitarbeiterin. Spätere Zusätze von meiner Hand möchten lediglich dazu dienen, dem Leser die Übersicht über die Vielfalt des Gebotenen zu erleichtern. So habe ich an den Anfang eine kurze Inhaltsangabe gestellt und an den Schluß ein Verzeichnis der angeführten Kompositionen. Im Text selbst sind meine wenigen Zusätze durch eckige Klammern kenntlich gemacht.

Wenn ich heute Klingler's Schriften aufschlage, kommt mir ihr Inhalt genau so lebendig entgegen wie früher. Dies ist es, was mich veranlaßt, an eine Veröffentlichung heranzutreten, um auch den Jüngeren, die Klingler's Spiel nicht mehr gehört haben, wenigstens seine Schriften zugänglich zu machen. In unserer Zeit der Umwälzungen, die an alten Idealen rüttelt, scheint mir dies besonders wichtig, um bei dem vorherrschenden Interesse an immer neuen technischen Fortschritten den Sinn für die große Schöpfungskraft nicht zu verlieren, die den ganzen Kosmos durchwaltet, die auch unser Leben trägt und erhält; denn ohne sie wird Kunst auf die Dauer nicht bestehen können.

Hannover
zum 100. Geburtstag von Karl Klingler *Agnes Ritter*
am 7. Dezember 1979

Aus dem Inhalt

Seite

Umstände und Beweggründe zu dieser Schrift, ihr Inhalt und ihre Form – vom musikalischen Vortrag in der klassischen Tradition – gültige Gesetze – Unzulänglichkeit der Notierung, Mehrdeutigkeit der Zeichen (Punkte, Bogen u. a.) – Rode's Capricen: ein Meisterwerk – vom Aufbau der einzelnen Stücke und von den technischen Mitteln für die Darstellung nach ihrem verschiedenen Charakter und Ausdrucksgehalt . 159

Nr. 1 Die C-dur Caprice 163
Reine oder temperierte Intervalle? – die Geige als Gesangsinstrument – Ton und Ausdruck – vom Üben
Cantabile – Vortragszeichen und Verzierungen – Zusätze der Herausgeber – vibrato – rubato – „Violinismen" u. a. – „wenn zwei Regeln in Widerstreit zu einander treten"
Moderato – martellato und Pralltriller

Nr. 2 Die a-moll Caprice 187
Halbton zwischen 3./4. Finger: ein Intonationsproblem – zum Oktavstudium – Ausführung der Punkte und Betonungszeichen je nach Charakter und Tempo des Stückes

Nr. 3 Die G-dur Caprice 196
zweite Lage – lange Bindungen – Saitenübergänge

Nr. 4 Die e-moll Caprice 201
das mehrstimmige Spiel im allgemeinen (34 Gesichtspunkte) – die Zweistimmigkeit im **Siciliano** – Punkte als portamento und als staccato
Allegro – Bogenbehandlung – Zäsuren, Akzente, Punkte, Triller u. a.

Nr. 5 Die D-dur Caprice 220
Bedeutung des Anfangs im Schaffensvorgang – Sprünge – vom Brauchtum der Geiger zu Rode's Zeit (um 1800)

Nr. 6 Die h-moll Caprice 228
Adagio: Gesang auf der G-Saite – Probleme der Betonungen durch die verschiedenen Akzente in der deutschen und französischen Sprache – Koloraturen und ihre Gestaltung
Moderato – alla breve – Hinweise für die Wiedergabe

Nr. 7 **Die A-dur Caprice** 236
Kettenstaccato: Begabung und Erlernbarkeit – staccato in verschiedener Schnelligkeit – Kombinationen von staccatierten und gebundenen Noten

Nr. 8 **Die fis-moll Caprice** 248
12/8 Takt: eine versteckte Klippe – die gleichförmige Bewegung birgt ein Musikstück von hohem Rang – Deutung der Zeichen – technische Hinweise für die linke Hand – gegen geistlose Fingerübungen: Notenbeispiele aus Kunstwerken als Übungsstoff

Fußnoten 264

Verzeichnis der im Text angeführten Kompositionen 272

Notentext der Capricen Nr. 1 – 8 280

„Dies und Das"

Anmerkungen an Hand der 24 Capricen von Pierre Rode

Wie sehr ich als Geiger und Musiker Rode's berühmte Capricen schätze, mag aus folgendem hervorgehen. Als der zweite Weltkrieg seinem Ende entgegen ging und am 13. April 1945 die amerikanischen Truppen die Altmark besetzten, wurden sie für viele, so auch für mich und meine Familie, zunächst Befreier aus mancherlei Drangsal. Ungefähr zehn Jahre war ich in meiner künstlerischen Tätigkeit behindert worden, und nach einem Befehl vom 11. April sollte ich mit meinen Angehörigen wegen Fluchtverdachts verhaftet werden. Nur das schnelle Vorrücken der Amerikaner verhinderte die Ausführung. Mit dem Stabe, der in unserm Hause einquartiert wurde, lebten wir auf verträglichem Fuße, so daß ich mich bei seinem Weggehen für sein rücksichtsvolles Auftreten dem feindlichen Besitzer gegenüber bedankte. Mit jedem Wechsel der einquartierten Truppen verschlimmerte sich das Betragen der Sieger den wehr- und machtlosen Besiegten gegenüber. Und als gar noch der Befehl „no fraternisation" zur bleibenden Schmach der Siegerstaaten herauskam und wir mit den von uns aufgenommenen Flüchtlingen aus allen Teilen Deutschlands, Bombengeschädigten und Evakuierten, alten Frauen und kleinen Kindern gezwungen wurden, binnen weniger Stunden unser Haus zu verlassen, ohne für mehr als dreißig Personen auch nur ein Bett und auch sonst nur wenig mitnehmen zu dürfen, beschränkte ich mich auf zwei Werke: die Solosonaten von Bach für Violine allein und die Capricen von Rode.

Vielleicht wirkte dabei im Unterbewußtsein der Gedanke mit, zu einem dieser beiden Werke in Anmerkungen das niederzulegen, wozu man mich von vielen Seiten seit Jahren immer wieder aufforderte, und worüber ich viel nachgedacht habe: zu geigerischen und musikalischen Dingen, besonders in bezug auf den künstlerischen Vortrag, Stellung zu nehmen, wie die Meister vergangener Zeiten darüber dachten, und wie ich es von meinem großen Lehrer Joseph Joachim zuerst im Unterricht und später im gemeinsamen Wirken kennen lernte.

Alle Versuche eines systematischen Vorgehens auf diesem, kaum mit Worten zu fassenden Gebiet stoßen auf so viele Schwierigkeiten, daß darin möglicherweise auch der Grund lag, warum Leopold Mozart die im letzten Kapitel seiner Violinschule[1] angekündigte Absicht, über den Vortrag zu schreiben, nicht verwirklichte. Wir müssen dies um so mehr bedauern, als seine Urteilsfähigkeit zusammen mit seiner köstlichen Ausdrucksweise, die einerseits die „Halbkomponisten" ebenso wenig schont wie andererseits die „Konzertisten" mit ihren mühsam eingelernten Paradestücken, uns ein Buch beschert hätte, das die Gesetze behandelte, die jeder echten Kunst zugrunde liegen, und die, unbeschadet des Wandels der Zeiten und der jeweiligen Erscheinungsformen, stets unveränderte Gültigkeit behalten.

Daß es damals auch schon nötig war, auf das Echte hinzuweisen, auf das, worauf es ankommt, und mancherlei Unverständnis, Unvermögen, Verirrungen entgegenzutreten, zeigt deutlich ein von dem Komponisten Joh. Abr. Peter Schulz geschriebener Artikel „Vortrag" in Sulzer's Theorie der schönen Künste (1772). Schulz bemängelt an dem Vortrag zu seiner Zeit das Fehlen sinngemäßer Phrasierung und sagt u. a.:
„Es ist unglaublich, wie sehr der Gesang verunstaltet und undeutlich wird, wenn die Einschnitte nicht richtig oder garnicht markiert werden … Hiewider wird am meisten gefehlet, wenn die Phrasen in der Mitte des Taktes und zwar auf einer schlechten Zeit desselben anfangen, weil jeder gleich anfangs gewohnt wird[2], nur die guten Zeiten des Taktes, auf welche die verschiedenen Akzente des Gesangs fallen, vorzüglich zu markieren und die schlechten überhaupt gleichsam wie nur durchpassieren zu lassen. Dadurch wird dann in solchen Fällen die Phrase zerrissen und ein Teil derselben an die vorhergehende oder die darauf folgende gehänget, welches doch ebenso widersinnig ist, als wenn man in einer Rede den Ruhepunkt vor oder nach dem Komma machen wollte. In dem folgenden Beispiel ist, wenn der Einschnitt markiert wird, die Melodie an sich gut, werden aber nur die Akzente des Taktes markiert, so wird der Gesang äußerst platt und tut die Wirkung, wie wenn einer, statt zu

sagen: „Er ist mein Herr; ich bin sein Knecht", sagen wollte: „Er ist mein Herr ich; bin sein Knecht":

In der Folgezeit waren die Fragen über Rhythmik, Agogik usw. immer wieder Gegenstand wissenschaftlicher Arbeiten. Könnte ein Komponist seine Absichten eindeutig in der Niederschrift zum Ausdruck bringen, dann läge die Sache ganz anders. Da dies aber unmöglich ist, und da außerdem dieselben Vortragszeichen (Bogen, Punkte usw.) bei verschiedenen Komponisten, sogar bei demselben Autor offenbar nicht immer im gleichen Sinne gebraucht werden, bedarf es gründlicher Kenntnisse und darüber hinaus einer hohen Einfühlungsgabe, um dem Wesen eines Werkes wirklich gerecht zu werden. Wünschenswert wäre, daß wenigstens für die Zukunft von maßgebender Stelle alle Vortragszeichen in ihrer Bedeutung festgelegt würden[3]. Buchstabengläubigkeit ist für eine lebendige Darstellung auf alle Fälle unzureichend. Eine Beethoven'sche Klaviersonate aufs genaueste nach dem Notenbild von einem Pianola wiedergegeben, ist starr und leblos. Selbst wenn es sich um die mechanische Wiedergabe eines echt künstlerischen Vortrags handelt, ist mir persönlich die Wiederholung peinlich, weil sie einer Versteinerung gleichkommt, der die Einmaligkeit alles wahrhaft Lebendigen fehlt.

Wie schon angedeutet, ist die Vielseitigkeit des Problems mit ihren aus dem Zusammenhang kaum herauszulösenden Teilen für eine systematische Behandlung ungeeignet. Jeder Einzelheit kommt eine so große Bedeutung zu, daß man keine vor der anderen zuerst nennen möchte. Um aber doch eine Ordnung nicht völlig fehlen zu lassen, erschien es mir als ein glücklicher Ausweg, an Hand der Rode'schen Capricen die verschiedensten Fragen in zwangloser Folge zu behandeln, wie es sich gerade ergibt.

Ein schnelles Fortschreiten im Stoff darf anfänglich nicht erwartet werden. Vieles mag als nicht zugehörig oder abschweifend erscheinen; der Zusammenhang wird sich dem Leser erst später zeigen. Manches wurde dem Anhang überwiesen, wenn es im Text einen zu breiten Raum einnähme. So die Sonderbetrachtung über Rhythmus, die mancherlei Gedanken bringt, mehr in Andeutungen als in letzter Durcharbeitung, in der Hoffnung, daß sie dem Leser Anregung bieten zu eigenem Nachdenken. Wer aber vor Bemühungen scheut, der lese nicht weiter.

Die Rode'schen Capricen sind ein Meisterwerk von 24 Musikstükken in Etüdenform. Geschrieben von einem der bedeutendsten Geiger und Musiker, der mit allen Möglichkeiten seines Instrumentes vertraut war, vereinigen sie eine Fülle technischer Erfordernisse gleichsam spielend, so daß jeder, der sich ihre Beherrschung zum Ziel setzt, durch sie zu einem fertigen Geiger werden kann, dem nichts mehr fehlt.

Der Originaltitel lautet:

Vingt-Quatre
CAPRICES
En forme d'Etudes
pour le Violon seul
dans les Vingt-Quatre Tons de la Gamme
composés et dédiés
à. Monseigneur le Prince de Chimay
par
P. RODE.
A Leipzig
au Bureau de Musique de C. I. Peters.
Paris
au Magasin de S. Frey, Successeur de M. M. Cherubini,
Rode, Méhul, Kreutzer u. C. Place des Victoires

Der doppelte Erscheinungsort Leipzig und Paris läßt vermuten, daß der Druck an beiden Orten von denselben Platten erfolgte. Die nächste Seite bringt neben der Aufzählung von Verlagswerken den Hinweis: „... il faut en general ne changer de position que lorsqu'un nouveau chiffre l'indique". („Die Lage ist im allgemeinen beizubehalten, bis ein neuer Fingersatz ihren Wechsel anzeigt")[4]

Dem wäre noch hinzuzufügen, daß, wer sich einem Meister anvertrauen will, ihm auch aufs getreueste folge, um aus seinen Erfahrungen und Ratschlägen wahrhaft Nutzen zu ziehen. In allen angeführten Beispielen wird deswegen an der Notierung des Autors festgehalten und an allen seinen Vorschriften. Eine mitunter mitteilenswerte eigene Ansicht in bezug auf Fingersatz, Bogenbehandlung usw. wird demgegenüber besonders kenntlich gemacht.

Die C-dur Caprice

Die erste Caprice steht in C-dur, wie es gegeben ist als Ausgangspunkt für die 24 Tonarten. Während Bach im Wohltemperierten Klavier bei chromatischer Fortschreitung dur und moll jeder Halbtonstufe (C,c, Cis,cis, ...) aufeinander folgen läßt, durchschreitet Rode den Quintenzirkel aufwärts unter Einschaltung der jeweils zugehörigen sogenannten parallelen Molltonart (C,a, G,e, ...). Eine dritte Möglichkeit bestünde in der Benutzung des Quintenzirkels abwärts, ebenfalls unter Einschaltung der jeweiligen Molltonart, wodurch der sog. Terzenzirkel zustande käme.[5]

Die Frage der Intonation in reinen oder temperierten Intervallen ist keineswegs für alle Zeiten verpflichtend gelöst. Nur in Hinblick auf die Tasteninstrumente ist die Gleichmachung aller zwölf Halbtöne die einzige Möglichkeit, solche Instrumente in allen Tonarten zu gebrauchen. Diese Errungenschaft ist allerdings sehr teuer erkauft: sie führte mehr oder weniger zur Entwöhnung des Ohres von vollkommener Reinheit und zur Gewöhnung an unreine Intervalle[6] – die Oktave selbstredend ausgenommen. Sie führte ferner durch die Gleichstellung erhöhter und erniedrigter Stufen zu einer mißbräuchlichen Verwendung der Enharmonik:

und zu einer Verweichlichung des verminderten Septimenakkordes, der an sich eine scharfe Dissonanz ist, nunmehr aber so wohlklingend wurde, daß seine Verwendung und sogar seine chromatische Aufeinanderfolge wahrhafte Orgien feierte:

Diese Folgen bieten im a-capella-Chor und im Streichquartett große Schwierigkeiten. Schopenhauer spricht mit Recht von der Unmöglichkeit eines reinen Tonsystems. Sollte man deswegen aber nicht doch überall da, wo es möglich ist, auf Reinheit halten, anstatt durch die Temperierung grundsätzlich hiervon Abstand zu nehmen? Es ist nicht in Abrede zu stellen, daß eine gewisse harmonische Beweglichkeit gewonnen wurde. Ist diese aber in Hinblick auf den gewaltigen harmonischen Reichtum jener Zeit, die sich den Gesetzen und Beschränkungen eines reinen Tonsystems unterwarf (Palästrina), nicht doch eine Verarmung?

Zeugt die orthographische Schreibweise von Meistern aus der Blütezeit der Chromatik nicht dafür, daß die Vorstellung absoluter Reinheit noch nicht gänzlich geschwunden ist?:

L. Spohr

Fassen wir unsere Durtonleiter als die in eine Oktave versetzten Töne der Hauptdreiklänge (I. IV. V. Stufe) auf, und nehmen wir die I. Stufe mit 48 Schwingungen an, dann ergeben sich für die Tonleiter folgende Verhältnisse:

```
großer Ganzton    8 : 9        8 : 9        8 : 9
                  I   II  III  IV   V   VI   VII   I
kleiner Ganzton       9 : 10       9 : 10
                  48  54  60   64  72  80   90    96
Halbton                   15 : 16           15 : 16
```

Wir finden also den großen Ganzton (Verhältnis 8:9) auf der I., IV. und VI. Stufe, den kleinen Ganzton (9:10) auf der II. und V., und die Halbtöne (15:16) auf der III. und VII. Stufe. Ein noch kleineres Verhältnis ergibt sich bei der Berechnung für c : cis, wenn wir den Durdreiklang über a zugrunde legen:
80 : 100 : 120, d. h. c : cis = 96 : 100 (24 : 25)

Errechnen wir aber die VI. Stufe als reine Quint über der zweiten, dann erhalten wir statt 80 die Zahl von 81 Schwingungen, das synthonische Komma. Die reine Quint über der zweiten Stufe ist also in unserer Durtonleiter nicht vorhanden, an ihrer Stelle steht die sogen. falsche Quint. Wir können von einer Haupt- und einer Nebenquintenreihe sprechen, zwischen denen, übereinander gestellt, sich die falsche Quint (d^1–a^1) befindet:

Für moll liegen die Verhältnisse anders, weil moll nicht in gleicher

Weise naturgegeben ist. Der Brauch, von einer parallelen Molltonart (C,a usw.) zu sprechen, kann fragwürdig erscheinen. Faßt man, wie Bach es tut, dur und moll derselben Stufe zusammen, dann bleibt die Hauptquintenreihe erhalten. Nimmt man aber die VI. Stufe von dur als Tonika von moll, so ist die Quint auf der II. Stufe von dur die sogen. falsche Quint und als Quint des Unterdominantdreiklangs von moll unbrauchbar. In der melodischen Molltonleiter ist im einen Fall (C,c) nur die Terz zu erniedrigen, im anderen Fall (C,a) aufwärts die VI. und VII. Stufe zu erhöhen, die in beiden Fällen abwärts gleicherweise zu erniedrigen sind. Demnach wäre das Vorgehen Bach's in seinem Wohltemperierten Klavier vorzuziehen.

Nach diesen Ausführungen ist die in reinen Quinten gestimmte Geige ein D-Instrument, d. h. alle vier leeren Saiten stimmen nur in D^7. Die falsche Quint ist e–h, und h^1 stimmt entweder als Quart zur E-Saite und dann nicht als Sext zur D-Saite oder umgekehrt.

Sollte es daher ein Zufall sein, daß unsere bedeutendsten Violin-Konzerte in D stehen? (Beethoven, Brahms). In A stimmen die oberen drei Saiten, die unteren drei in G. Erst wenn nur zwei Saiten der Haupt- oder Nebenquintenreihe angehören, treten Zweifel auf, welchem Paar der Vorzug zu geben sei. Sprechen Bratsche und Cello mit, dann ist in der Regel in den Tonarten G, C und F die C-Saite des Cello mit Rücksicht auf seine durch die weiteren Griffe bedingte geringere Eignung zur Anpassung entscheidend[8], doch soll damit nicht gesagt sein, daß unter Umständen auch die Nebenquintenreihen maßgebend sein müssen[9].

Da Rode sich mit seinen Capricen an weit vorgeschrittene Geiger richtet, durfte er unbedenklich in C-dur beginnen. Mit der Bezeichnung „en forme d'études" erwartet man in jeder Caprice die Behandlung einer besonderen Schwierigkeit. Die erste Caprice möchte dem oberflächlichen Betrachter als Übung für den Pralltriller und das Martellato erscheinen. Mit der vorangestellten Einleitung aber würdigt Rode die Geige zunächst als Gesangsinstrument. Jedenfalls muß für jeden Instrumentalisten der Gesang vorbildlich sein. In Anerkennung der hohen Bedeutung der Tonbildung beginnen damit auch andere berühmte Etüdenwerke (Kreutzer, Fiorillo). Die Verkennung des Wesentlichen freilich läßt häufig gerade die erste Etude von Kreutzer übergehen und überraschend oft unbekannt bleiben. Meist wird das Fingerspiel auf dem Griffbrett als das Wichtigere angesehen und die Bedeutung des rechten Armes unterschätzt, wenngleich das ganze Gebiet der Tonbildung an sich mit allen Schattierungen der Tonstärke, der Klangfarbe und des Ausdrucks[10] ihm zufällt.

So ist es also nur weise, wenn Rode als erfahrener Pädagoge in seinen Capricen immer wieder mit langsamen Einleitungen beginnt (Nr. 1, 4, 6, 9, 14, 19, 24), oder, auch bei anscheinend nur der Fingergeläufigkeit und anderen Schwierigkeiten der linken Hand dienenden Capricen, den getragenen Bogenstrich zu pflegen nötigt (Nr. 3, 12, 13, 14, 20, 23). Das alte Wort: „aller Anfang ist schwer" bewahrheitet sich kaum irgendwo so sehr wie bei der Tonbildung.

In bezug auf die Art unseres Übens verlangt das Sprichwort die Einschaltung von Unterbrechungen, nicht nur, um Überanstrengungen zu vermeiden, die durch pausenloses Spielen eintreten können, sondern um sich immer wieder von neuem gerade im Anfangen zu üben. In bezug auf unsere gesamte geistige und körperliche Einstellung verlangt die Beherzigung des Sprichworts Sammlung (Konzentration) – Ausschaltung von Ablenkung aller Art[11] –, Bereitschaft unter Vermeidung überflüssiger Anspannung im Sinne möglichster Entspannung zur Sicherung eines natürlichen Ablaufs unserer Leistung. Bereits der Wunsch oder Wille, eine Sache gut oder gar besser zu machen, beeinträchtigt die Unbefangenheit und widerspricht dem, was hier unter Entspannung verstanden sein soll. Einige Beispiele seien für den Geiger zum besseren Verständnis eingeschaltet:

Der Soloeinsatz im Brahms-Konzert [vgl. Notenbeispiel S. 211] verlangt einen beträchtlichen Energieaufwand. Nach dem ziemlich langen Orchestertutti hat der Solist gleich mit erheblichen Schwierigkeiten zu beginnen. Der Anfang wird durch diese und das vorangehende lange Warten, besonders im Zusammenhang mit begreiflicher Erregung, noch schwieriger. Hier habe ich im Unterricht wiederholt beobachtet, daß die Wucht des Anfangs und das längere Verweilen auf dem ersten Tone einen übermäßig festen Fingeraufsatz und damit eine gewisse Verkrampfung herbeiführte, wodurch der folgende Aufstieg mißlang. Der Notierung nach ist das erste d^1 durch die leere Saite verdoppelt; läßt man diese vor dem Fortgang kurz allein klingen, hebt dazu den zweiten Finger auf, um mit neu aufgesetztem dritten Finger fortzufahren, dann hat man diejenige Entspannung erzielt, die den stürmischen Lauf nunmehr gelingen läßt.

Ähnlich mißlingen auch oft die ersten Oktaven im Beethovenkonzert [vgl. S. 211]. Hier, weil es der Regel nach üblich ist, beide Spielfinger liegen und gleichzeitig von Oktave zu Oktave gleiten zu lassen. Die Vorschlagsbehandlung des tiefen Tones gestattet, entgegen dieser Regel den vierten Finger aufzuheben und zu jeder Oktave neu aufzusetzen. Hiermit wird wieder eine Entspannung erzielt, wovon sich jeder durch eigenen Versuch überzeugen kann. Auch zur Verbesserung der Intonation ist es mitunter vorteilhafter, so zu verfahren.

Für den eigentlichen Tonbeginn empfiehlt eine alte Regel: „Finger und Bogen zu gleicher Zeit". Dies gilt nicht nur für den allerersten Anfang, sondern auch für jeden Griff, der mit Strichwechsel zusammenfällt. Unzweifelhaft bewirkt ein deutlicher Fingeraufsatz ebenso wie ein präzises Fingerabheben bereits Saitenschwingungen und unterstützt somit die Aufgabe des Bogens. Undeutlichkeit, Verschwommenheit bei rascheren Tonfolgen ist häufig auf ungenügendes Fingerspiel zurückzuführen, in welchem Falle Robert Hausmann[12] seinen Schülern zurief: „Fingeraussprache".

Die schlechte Ansprache mancher Töne auf der Geige ist bekannt. Selbst auf vorzüglichen Instrumenten allererster Meister gibt es widerspenstige Töne, sogen. „Wölfe" – bei Stradivarius ist es in der Regel h^1 auf der G-Saite, auf dem Cello f –. Beim Einsatz auf einem solchen Ton kann man sich oftmals mit einer Art pizzicato helfen (abheben oder berühren durch höhere Finger (4 über 3, 3 über 2, usw.)). Eine andere Hilfe bietet für den Geiger mitunter der Fingeraufsatz auf demselben Ton der Nachbarsaite, z. B.:

Die Ursache der kritischen Töne (Wölfe) hat die wissenschaftliche Untersuchung im Eigenton des Instrumentes festgestellt, wodurch die vom Steg auf den Klangkörper übertragenen Schwingungen gleichsam wie von einem Schwamm so schnell aufgesogen werden, daß die durch den Bogen fortgesetzte Saitenerregung nicht mitkommt und Unterbrechungen des kontinuierlichen Tones eintreten. Solche Töne vorsichtig zu behandeln ist das Gegenteil von dem, was erforderlich ist: nämlich möglichst intensive Strichführung.

Das einleitende Cantabile [der C-dur Caprice] beginnt mit einem Zweitakter. Der erste Takt stellt die Tonart fest, der zweite bekräftigt sie mit der verzierten weiblichen Endung. Die Pause trennt den an sich selbständigen musikalischen Gedanken von dem ihm entsprechenden nachfolgenden Zweitakter.

NB 1 Cantabile.
  ♩ = 84 du Metronome de Mälzel.

Die Bogenbehandlung läßt im ersten Zweitakter den schweren Taktteilen den Abstrich zukommen, wie es naturgemäß ist, und wie es allezeit tunlichst zu geschehen hat. Der Gesang verlangt einen unauffälligen Strichwechsel, den wir den verbundenen nennen im Gegensatz zu dem hörbar betonten, markierten Strichwechsel, der hier bei einem kontinuierlichen Gesang nicht in Frage kommt.

Immer wieder zeigt es sich, daß einer vorzüglichen Regel eine andere, von einem anderen Gesichtspunkt aus gewonnene, entgegensteht: der klanglichen Einheit hier die Empfehlung, möglichst in einer Lage zu bleiben, der umgekehrt wiederum dann nicht zu folgen ist, wenn ein Gebilde größeren Tonumfanges aus klanglichem Grund seine Ausführung auf einer Saite bedingt. Die Griffsicherheit wird durch das Verweilen in einer Lage erhöht, die Zusammengehörigkeit einer Phrase dagegen durch den Vortrag auf einer Saite deutlicher. Überflüssiger und allzu häufiger Lagenwechsel ist auf alle Fälle zu vermeiden, daher ist der Rücksicht auf klangliche Einheit nur mit Maßen und aus triftigen Gründen zu folgen.

Die Entscheidung ist nicht immer leicht. Oftmals ist der Blick aufs Ganze erst maßgebend, hier z. B., daß der nachfolgende Zweitakter ganz auf der E-Saite zu spielen ist. Beide Phrasen werden also besser verbunden, wenn der ihnen gemeinsame Anfangston mit derselben Klangfarbe gespielt wird. Möglich wäre es allerdings, die Zweitakter in einen klanglichen Gegensatz zu bringen, indem man den einen der A-, den anderen der E-Saite zuweist. Solche Erwägungen sind immer am Platze, wenn sie nicht ein Meister wie Rode bereits entschieden hat. Tatsächlich ist hier die Einheit durch den Saitenwechsel nicht wesentlich beeinträchtigt, weil der Übergang mit Terzfortschreitung verknüpft ist. Beim Saitenübergang mit kleineren Intervallen dagegen ist zu berücksichtigen, daß allenfalls die große Sekunde ästhetischen Bedenken noch wenig entgesteht, die kleine Sekunde aber im gebundenen Gesang durchaus vermieden werden muß, weil der Klangfarbenunterschied als zu auffällig geradezu auseinanderreißend wirkt.

Beim Saitenübergang empfiehlt es sich mitunter, daß der Bogen einen bereits bewerkstelligten Griff vorfindet. Die Gleichzeitigkeit von Bogen und Finger kann ein vollkommenes Legatospiel gefährden, wenn der neue Griff ähnlich wie hier eine beträchtlich höhere Saitenlage nur durch einen kräftigeren Fingeraufsatz (Schlag) überwinden kann. Dieser Gefahr zu begegnen, war bei einem hervorragenden Geiger zu beobachten, daß er den neuen Finger vorzeitig tiefer, zunächst berührend und mit zunehmendem Druck gleitend zu seiner Stelle führte und damit einen lückenlosen Gesang erzielte. In unserem Beispiel wäre der technische Vorgang etwa folgendermaßen anschaulich zu machen:

Die Benutzung der leeren Saite scheidet hier aus, nicht nur weil 1.) das zweite und dritte Viertel unter einem Bogen stehen und die Zusammengehörigkeit auf einer Saite besser gewahrt bleibt, 2.) ein Nachklingen der leeren Saite vermieden wird, sondern auch weil der wesentlich hellere Klang ihre Benutzung stets mit Vorsicht gebietet. Die Berücksichtigung des Nachklingens ist übrigens der Hauptgrund für die Regel, bei Tonleitern aufwärts zwar die leere Saite, abwärts aber den vierten Finger zu benutzen.

Die Verzierung zeigt eine metrische Gliederung, deren genaueste Ausführung kaum zu erreichen und wohl auch nicht gemeint ist. Vielmehr scheint Rode darauf hinweisen zu wollen, daß Verzierungen, ausschmückende Tonfolgen bei gleichlanger Behandlung aller Noten leicht etwas langweilig, abgezirkelt geraten können. Die rascheren Notenwerte wie beiläufig, zufällig, beweglicher gespielt, geben der Ausschmückung ein Lebendiges, das uns gleicherweise entzückt, wenn ein Bildhauer sein die Form schmückendes und betonendes Beiwerk aus freier Hand schlägt ohne Benutzung von Winkeleisen und Zirkel. Aus diesem Vergleich geht noch anschaulicher hervor, wie unkünstlerisch schablonenhafte Behandlung der Verzierungen wirkt, selbst wenn sie nach besten Modellen ausgeführt ist.

Den Schweller < > auf dem Vorhalt verbindet man vorteilhaft mit einem anhebenden und wieder verschwindenden Vibrato. Darauf sei nunmehr ein für allemal hingewiesen.

Eine dynamische Angabe erübrigt sich durch das vorangestellte, viel mehr sagende Cantabile.

Stets wenn eine besondere dynamische Vorschrift fehlt, befleißige man sich eines gesunden Tons, weder übermäßig stark, noch viel weniger übertrieben leise.
Und sonst: „im forte nicht rauh, im piano nicht flau", wie Joachim unzählige Male zu sagen pflegte. Überhaupt tut man gut daran, dynamische Zeichen als Hinweis auf den jeweils gewünschten Ausdruck und Charakter aufzufassen. Bei Schubert trifft man jedenfalls pp oder gar ppp häufig, wenn ihm etwas ganz besonders schönes eingefallen ist, was zwar äußerst zart, aber nicht tonlos zu spielen ist. Zur Verdeutlichung kann man sich des Hervorhebens beim Sprechen – im Notenbild durch sf, fz, sfz ... angezeigt – erinnern, was auf ganz verschiedene Weise durch Erheben der Stimme nach Tonhöhe oder Kraft, durch Dehnung oder umgekehrt gar durch Flüstern geschehen kann. Wer als Redner von letzterem Gebrauch macht, erregt damit erhöhte Aufmerksamkeit; er muß freilich sehr deutlich zu flüstern verstehen. Ebenso muß das pp geradezu mit gesteigerter Intensität (sparsamer Bogengebrauch in der Nähe des Steges) gespielt werden und mühelos vernehmbar bleiben. Kaum etwas kann so lächerlich wirken, als wenn man den Bogen noch auf der Saite gehalten sieht, nachdem die Tonbildung schon längst aufgehört hat.

Auf eine Schreibeigentümlichkeit Rode's sei noch hingewiesen, die im zweiten Takt die unzweifelhafte Bindung bei gleichbleibendem Ton (vom ersten zum zweiten Achtel) durch einen Bogen anzudeuten unterläßt. Eine Trennung der beiden h wäre geradezu unmusikalisch und keineswegs Treue gegen den Autor.

Die nahe Beziehung der beiden ersten Zweitakter ist dem Gefühl sofort klar. Aber erst die nähere Betrachtung zeigt uns, daß es sich um eine bereicherte Wiederholung handelt, bei der mit Ausnahme des ersten Tones alle übrigen in die höhere Oktave versetzt sind. Der Aufschwung wird von dem hinzutretenden Doppelschlag glücklich eingeleitet, die Verzierung hat infolgedessen anspruchsloseste Notierung gefunden und ist ebenso anspruchslos, anmutig auszuführen. Rode läßt es offen, mit welchem Finger das Flageolet zu greifen sei, ob mit dem letzten Spielfinger (dem zweiten) oder mit einem anderen Finger. Beides wäre möglich, bestünde nicht die alte Regel, mit dem Spielfinger in die neue Lage zu gleiten, den neuen Ton aber mit einem neuen Finger zu ergreifen. Wir sprechen zutreffenderweise von „Töne greifen" (Griffbrett), nicht aber von „Töne errutschen" (Rutschbrett).

Ausgenommen sind die immerhin zahlreichen Fälle, wo aus technischen Gründen Lagen- und Tonwechsel unter Beibehaltung desselben Fingers zu geschehen hat:

Solche aus dem Instrument geborene Gegebenheiten wollen wir als Violinismen bezeichnen, gleichgültig, ob sie durch die Geige oder den Bogen, oder in Verbindung beider gegeben sind, und wie sie von keinem anderen Instrument nachgeahmt werden können.

Das Gleiten in ein Flageolet mit demselben Finger wird entweder aus dem eben genannten Grunde statthaft sein oder wenn es gilt, eine besondere künstlerische und geigerische Wirkung (Brillianz) zu erreichen, die in unserem Falle aber nicht vorliegt, zumal der Gesang mit dem vierten Finger fortzusetzen ist.

Das zweite und dritte Viertel werden durch die Durchgangsnoten in Achtel verwandelt. Nur der Vorhalt wird anstatt zur Tonika zur Dominante geführt und erfordert eine Änderung des ausschmückenden Beiwerkes, dessen vielgestaltige Behandlung echte Künstlerschaft verrät.

Der Aufschwung wird von einem crescendo begleitet. Den Achteln ist ein piano hinzugesetzt, das für diese eher eine leichte als ausgesprochen leise Ausführung verlangt. Was hier unter „eher leicht als ausgesprochen leise" zu verstehen ist, brauchte zur Zeit Rodes bis zur Wende des zwanzigsten Jahrhunderts dem Durchschnittsmusiker nicht erklärt zu werden. Heute aber ist offenbar in Vergessenheit geraten, daß bei solchen an sich gleichen Notenwerten eine gefällige, unaufdringliche Beschleunigung, die wieder einbrachte, was man vorher zugesetzt hatte, selbstverständlich war („rubato", vgl. *Vom Rhythmus*, S. 96).

Schubert Sonatine D-dur op. 137,1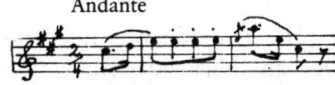

Beethoven op. 47 (Kreutzer-Sonate)

Beethoven op. 30,2
Sonate c-moll

Finale Allegro

Übertreibungen sind allemal vom Übel. Eine Übertreibung ist in solchen Fällen aber auch eine metronomische Behandlung, die, wenn sie dem Verfasser begegnet, ihn immer an jenen unerfreulichen Zustand erinnert, wo alle Stunde ein Eßlöffel voll verabreicht wird.

Der große Bogen, unter den die Achtel mit Punkten versehen gestellt sind, führt zu verkehrtem Strich. Daß es tatsächlich so gemeint ist, zeigt der im fünften Takt vorgeschriebene Abstrich, der sonst überflüssig wäre. Die Punkte vertragen des Charakters wegen eher eine weiche (portamento) als fest angesetzte (staccato) Behandlung. Sollte durch einen schwungvollen Strich allzu viel Bogen verschwendet worden sein, so daß auf demselben Abstrich für die Achtel nicht mehr genügend übrig bliebe, so kann durch geschicktes Abheben und Zurückführen des Bogens der geforderte Abstrich dennoch innegehalten werden. Dieser Ausweg ist in solchen Fällen durchaus zu empfehlen.

Den beiden Zweitaktern entspricht weiterhin eine Gruppe von vier Takten, die mit einer dem dritten Takt nachgebildeten und bereicherten Sequenz beginnt, um mit noch schnellerer Bewegung unter Ausnutzung bereits bekannter Elemente zur Dominante zu führen.

NB 2
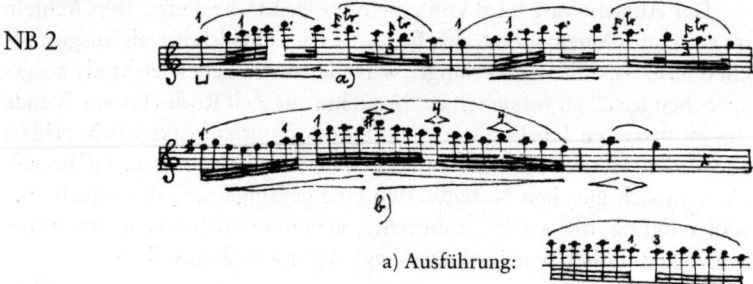

Die ganzen acht Takte sind aufs trefflichste organisch entwickelt. Dem anschließenden Ruhepunkt verleiht Rode einen besonderen Nachdruck, indem hier die weibliche Endung ohne Verzierung auftritt. In einer Zeit (Corelli), als es noch üblich war, die Auszierungen dem Interpreten zu überlassen, hätte der Autor vielleicht nur die nackten Noten hingeschrieben:

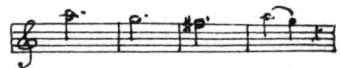

für welche Rode's Notierung eine vorbildliche Behandlungsweise darstellt.

Die Zweiunddreißigstel des siebenten Taktes sind wegen der auf die letzten drei Achtel fallenden Spitzenbetonungen (Dehnung: vgl. „rubato", *Vom Rhythmus,* S. 96) ungleich zu behandeln. Der Anstieg wird vorteilhaft mit einer geringen Beschleunigung verbunden und damit die Zeit gewonnen für die Dehnungen sowie eine geringe Beruhigung am Taktende. Beschleunigung und Beruhigung fallen mit dem vorgeschriebenen crescendo und decrescendo zusammen. Womit aber nicht gesagt sein soll, daß ein crescendo im Anstieg immer mit Beschleunigung, ein decrescendo im Abstieg mit Beruhigung zu verbinden sei.

Diesem Fehler begegnet man häufig sogar in „für den praktischen Gebrauch bestimmten Ausgaben" klassischer Werke, als unberechtigte, eigenmächtige Zusätze der Herausgeber.

Bach Solosonate C-dur:

(falsch)

Ich erinnere mich aus meiner frühen Jugend, daß mich die Darstellung dieses Satzes nicht befriedigte, solange ich in Unkenntnis des Originaltextes bestrebt war, den Vorschriften des Notenbildes gerecht zu werden. Erst als ich das crescendo als Zusatz von fremder Hand erkannte, entfielen die Schwierigkeiten, eine unbefangene Einstellung zu dem Stück zu finden. Man mag daraus die Lehre ziehen, sich stets zum Original- oder Urtextausgaben zu bemühen, um vor Irreführungen bewahrt zu bleiben. Herausgeber aber sollten selbst berechtigte Zusätze allezeit als solche kenntlich machen.

Zum Notenbeispiel NB 2 ist noch auf zwei Violinismen aufmerksam zu machen. Bei a) handelt es sich um das Auswechseln von Fingern auf einem Ton und demselben Bogenstrich (ohne erneuten Ansatz), bei b) um gleichen Fingersatz für gleiche Tonfolgen unter Lagenveränderung, was in beiden Fällen nur dem Streicher mögliche, technisch bedingte Tonverbindungen verlangt (geschmackvoll gleiten aber nicht rutschen). Bei allen Violinismen ist selbstverständlich an vollendete Ausführung gedacht; dann nämlich ist keine Veranlassung gegeben, daß der Künstler sich seines Handwerkzeugs schäme. Im Gegenteil ist dessen Verbergenwollen durchaus als schwächlich, als Fehler zu bezeichnen.

Zu erwähnen ist ferner noch, daß bei nur vorübergehender Berührung der fünften Lage die Daumenhaltung der dritten Lage ohne seine sonst übliche Umlagerung innegehalten werden kann.

Dem Vordersatz antwortet ein Nachsatz gleicher Länge, der die Einleitung abrundend beschließt und zugleich in das neue Tempo (Moderato) überführt:

NB 3

Der Abgesang wird als solcher durch Richtungsumkehr des ersten Gedankens noch stärker empfunden. Geschickte Gestaltung des schmückenden Beiwerks führt die melodische Linie trotzdem abwärts und gestattet, zum Abschluß das Hauptmotiv nochmals in sonorer Lage auf der G-Saite zu bringen.

Neben dem musikalischen Aufbau macht die Ausnutzung der klanglichen Möglichkeiten des Instruments diese Einleitung zu einem Kabinettstück eines einstimmigen Satzes. Man betrachte nur die Mannigfaltigkeit der sinnvoll zweckmäßig angebrachten Verzierungen. Ihre offenbar mit Sorgfalt erfolgte Notierung gebe Veranlassung, sie richtig zu deuten und wiederzugeben.

Wenn Rode schreibt: , dann stimmt der doppelte Punkt nicht zu dem Gebälk, eine Schreibeigentümlichkeit Rode's, die sich hier fünf Takte später: und an allen Stellen wiederfindet, wo der Charakter gesanglich ist und Vierundsechzigstel zu eilig, zu oberflächlich flüchtig wären (vgl. h-moll Capr. Adagio 1. Takt). Beim Vergleich mit dem zweiten Takt könnte man freilich meinen, es fehle nur ein Vierundsechzigstel-Balken, und der Triller hätte in die übersteigende Verzierung zu münden, denn sonst schreibt Rode beinahe immer einen Nachschlag vor. Mich persönlich befriedigt ein Triller mit raschem Nachschlag und ruhigerer übersteigender Verzierung ungleich mehr:

Für unstatthaft aber würde ich halten, wenn die Ausführung dieser Notierung folgte:

Das Wesentliche scheint mir nämlich im gesanglichen Abschluß zu liegen. Um dies auch ohne Nachschlag zu erreichen, muß man den Triller mit einem kleinen Stillstand, spätestens auf dem zweiten Punkt beenden, womit man sich zweifellos der Notierung Rode's im zweiten Takt angleicht. Es ist keineswegs belanglos, ob Triller mit oder ohne Nachschlag zu spielen sind. Zweifel sind vielfach am Platze, und die Treue gegen den Autor findet bei Trillern über punktierten Noten ohne Nachschlag oftmals nur die Lösung, den Triller auf dem Punkt zu beenden, wobei der letzte Trillerschlag, der Präzision wegen, fast wie ein pizzicato auszuführen ist. Phil. Em. Bach nennt dies den Abzug. Bei aller Verschiedenheit der Instrumente (Klavier und Violine) ist doch die Fingertätigkeit hierbei eine so ähnliche, daß wir Geiger diesen Ausdruck einfach übernehmen können.

Wie schon gesagt, verbindet man den letzten Trillerschlag mit diesem Abzug, um den Triller zeitlich bestimmt zu beenden, wenn kein Nachschlag vorgesehen ist. Auch einen einzelnen Trillerschlag, den Leop. Mozart den Überwurf nennt:

verbindet man vorteilhaft mit diesem Abzug. Der Abzug ist nur dann unmöglich, wenn demselben Finger in unmittelbarem Anschluß ein neuer Griff zufällt. Denn der Abzug entfernt den Finger zu weit von seiner normalen Stellung über dem Griffbrett, braucht also etwas Zeit, um zu neuem Griff herangeholt zu werden.

Nach diesem Ausführungen dürfte bereits klar geworden sein, daß ein grundlegender Unterschied zwischen Fingeraufsatz und Fingerschlag besteht. Beim gegriffenen Ton bleibt der Finger auf dem Griffbrett allemal – länger oder kürzer – liegen, beim Fingerschlag schnellt er sofort zurück, wie ein auf die Erde geworfener Gummiball wieder in die Höhe springt. In der Verkennung dieses Unterschiedes und der Tatsache, daß der Fingerschlag das Entscheidende für einen guten Triller ist, liegt ein Fehler vieler Etüden und Triller-Spezialstudien, die den Triller, langsam beginnend, aus dem Wechsel gleichlanger Töne bilden wollen, wie es den Vorgang beim Klavierspiel durchaus richtig bezeichnet. Auf

der Geige bleibt der Hauptton liegen, der Triller kommt allein durch die
für die Nebennote erforderliche Fingertätigkeit zustande. Schon Tartini
empfiehlt, Trillerübungen mit dem ersten Finger über der leeren Saite zu
beginnen, den Triller aus immer rascher aufeinander folgenden, wirklich ganz kurzen Schlägen zu entwickeln:

Wenn auch der aus dem Wechsel gleichlanger Töne entstandene
Triller letztlich zum gleichen Notenbild gelangt:

so darf man doch nicht übersehen, daß es sich um etwas grundsätzlich
Verschiedenes handelt. Der Tartini'sche Triller erinnert an den Nachtigallenschlag, das Lebendige mithin, dem gegenüber das errechnet Mechanische stets tot erscheint und selbst eine ursprünglich vorhandene
Trillerbegabung durch Bemühungen nach falschem Prinzip zugrunde
richten kann.

In bezug auf den Nachschlag haben wir bisher noch nicht erwähnt,
daß er stets am besten mit den jeweilig durch die Harmonie gegebenen
Schritten ausgeführt wird, mit Ausnahme des Nachschlags beim Triller
auf der fünften Stufe, wo der erhöhte Nachschlag meist vorzuziehen ist.
Nur wenn dieser Triller zur Terz schreitet:

ist auch die Unterdominante als Durchgang durchaus möglich.

Im Zusammenspiel muß bei einheitlicher Notierung die Entscheidung selbstverständlich auch einheitlich getroffen werden:

All. moderato

Beethoven op. 96
Sonate für Klavier und Violine

Der Versuch einer Verständigung darüber verdient nicht die barsche
Antwort von Brahms, ob man sich überhaupt einen Triller ohne Nachschlag denken könne. Entschließt man sich in der erwähnten Sonate für
den Nachschlag, so muß dieser am Ende der Durchführung unterbleiben, weil es sich hier um ein Abreißen handelt, gleichsam als ob mehrmaliger Anlauf die Wiederaufnahme des Hauptmotivs in seiner ursprünglichen Gestalt noch nicht gelingen läßt:

Der Nachschlag unterbleibt vorteilhaft bei Trillern, die sich über verschiedene Oktaven fortsetzen, und bleibt am besten dem letzten Triller vorbehalten:

Rode, h-moll Konzert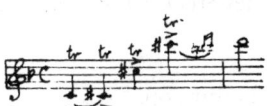

Kreutzer, d-moll Konzert

Diese Stellungnahme folgt musikalischer Logik.
Wenn aber trotzdem Nachschläge zu lesen sind, z. B.:

Schubert, Quartett E-dur

so darf der Interpret sich die Freiheit nehmen, dieselben zugunsten sinngemäßer Gestaltung mit Ausnahme des letzten wegzulassen.
 Bei Kettentrillern ist ebenso zu verfahren, wenn die Nachschläge nicht ausdrücklich vorgeschrieben sind:

Beethoven op. 47
Kreutzer-Sonate
aber

Bemerkenswert ist, daß die Berücksichtigung des Instrumentes Beethoven bei:

d. h. bei ein und derselben Wendung für das Klavier und die Violine die

Frage des Nachschlags verschieden behandelt. An und für sich kann der Geiger den Triller schneller ausführen als der Klavierspieler, also auch leichter Zeit finden für einen Nachschlag. Der Grund für den fehlenden Nachschlag im Klavier liegt aber nicht darin, sondern in dem Umstand, daß die Nachschlagsnote h sofort als Harmonie zum folgenden f gebraucht wird.

Anderes über den Triller später. Hier sei nur noch einer Bemerkung Phil. Em. Bach's Raum gegeben, daß der beste Triller verliere, wenn der Nachschlag nicht ebenso schnell ausgeführt werde. Hinwiederum ist er ganz breit in faßbarer Achtel- oder Viertelbewegung des Zeitmaßes zu spielen, wenn er nach einer Fermate über dem Triller in den Fortgang des Stückes mündet, damit die Begleitung folgen kann:

Brahms op. 77
Violin-Konzert

(am besten in Achteln oder mit der Hauptnote zusammen als Triole)
Man darf als Regel aufstellen, daß der Nachschlag auf demselben Strich anzubinden (nach Leop. Mozart „anzuschleifen") ist.

In der nachfolgenden Sechzehntel-Sextole [NB 3] finden sich unregelmäßig verteilte Spitzenbetonungen. Wenn es auch möglich wäre, das Flageolet ganz bequem mit dem dritten Finger zu erreichen, so paßt dies doch schlecht zu dem vornehmen Charakter des Cantabile, der vierte Finger gibt außerdem eine noch größere Präzision. – Für manchen, nicht für alle, ist zu bedenken: Vornehmheit wird meist Zurückhaltung üben, gern auf äußerliche Wirkung verzichten und daher leicht als kühl erscheinen.

In der Zweiunddreißigstel-Sextole möchte die Benutzung der leeren E-Saite bei abwärts gerichteter Bewegung (eingedenk der oben S. 169 ausgesprochenen Regel) überraschen, doch wird aufmerksame Beobachtung im Vergleich mit dem gegriffenen e der leeren Saite den klanglichen Vorzug geben, weil dann, durchaus in Übereinstimmung mit der anmutigen Wendung, gewissermaßen eine Pedalwirkung (wie auf dem Klavier), die Harmonie unterstützend, hinzukommt.

In der anschließenden Sechzehntel-Sextole sei vor der Dehnung des ersten gewarnt und wiederum vor dem Hineinrutschen in das Flageolet.

Vor der Dehnung, weil die ganze Figur einschließlich des Zweiunddreißigstel-Auftakts überleitenden Charakter trägt und deshalb ein vorzeitiger Aufenthalt zu vermeiden ist. Vor dem Glissando aus ebendemselben Grunde, weil es die geforderte Spitzenbetonung zu aufdringlich machte. Die Rücksicht auf das Ziel, nämlich die Wiedergewinnung des tonischen Dreiklangs mit der weiblichen Endung, verlangt eine bestimmtere Behandlung der Punkte (staccato), wobei man im ganzen Takt möglichst in der unteren Bogenhälfte bleiben muß, um für die beiden abschließenden Viertel genügend Bogen zur Verfügung zu haben.

Diese Bemerkung wäre überflüssig, wenn die Mehrzahl der Geiger sich eines ökonomischen Bogenverbrauchs bediente, ja es ist sogar anzunehmen, daß viele nicht einmal mehr wissen, was darunter zu verstehen ist. Beinahe ausnahmslos pflegen die heutigen Geiger möglichst den ganzen Bogen zu gebrauchen, gleichgültig, ob es sich um Achtel, Viertel, halbe oder ganze Notenwerte handelt, den Strichwechsel also vorzugsweise an Frosch oder Spitze vorzunehmen. Die alte Schule verlangte den ganzen Bogen für ganze Noten, für kürzere entsprechend weniger. Sinn und Bedeutung liegt in der Beibehaltung gleicher Bogengeschwindigkeit, die Voraussetzung für gleichbleibenden Klangcharakter. Auch die Tonstärke erfährt bei ganzem Bogengebrauch für ungleiche Notenwerte unfreiwillige Veränderungen und daher falsche Betonungen. So hörte ich von einem berühmten Orchester unter einem gefeierten Dirigenten in dem Bestreben kasernenhofmäßiger Uniformität der Ab- und Aufstriche mit stets ganzer Bogenlänge dementsprechende sforzati auf leichten Taktteilen:

Wie man diesem Fehler begegnet, lehrt schon Leop. Mozart und war früher dem gut geschulten Geiger wohlbekannt. Heute scheint der Musikbetrieb bei andern Idealen (?!) das Empfinden und Unterscheidungsvermögen durch vergröberte Mittel und Manieren so abgestumpft zu haben, daß selbst der Hinweis auf solche Dinge kaum Verständnis findet.

In diesem Sinne dem dritten Takt des Abgesangs eine meisterliche Wiedergabe angedeihen zu lassen, erfordert nicht nur geschärfte Aufmerksamkeit, unnachsichtiges Arbeiten an sich selbst in bezug auf erkannte Mängel und Gefahren, sondern vor allem Strichwechselübungen an jeder Bogenstelle. Ist erst das Ohr gegen falsche Betonung empfindlich geworden, dann wird sich die richtige Bogenbehandlung beinahe automatisch einstellen.

Bis auf die drei letzten Takte berührte das Cantabile nur die leere A- und E-Saite, bzw. deren Oktavflageolets. Sollten diese für die Intonation als maßgebend genommen worden sein, dann muß das Oktavflageolet g^1 zu tief erscheinen. Ein wenig läßt sich die Tonhöhe des Flageolets nach oben und unten verändern, indem man die Berührungsstelle höher oder tiefer wählt, auch der steilere oder flachere Fingeraufsatz wirkt ebenso. Die Leuchtkraft freilich erfährt dabei eine Minderung. Es könnte Rückschlüsse auf den Spieler zulassen, ob er sich mit dem Klang, wie er auch sei – rein oder unrein, gedämpft oder strahlend – zufrieden gibt oder ihn zu beeinflussen sucht. Da ein Kompromiß unumgänglich ist, wird man besser schon vorher die weibliche Endung benutzen, was durch das alterierte dis erleichtert wird, um sich mit dem e^2 bereits der G-Saite anzupassen.

Für den folgenden Oktavsprung empfiehlt sich, den ersten Finger von c^1 bis etwa es^1 zu führen, um ihn als Stützfinger zu gebrauchen, wenn der vierte Finger mit kühner Entschlossenheit zum a^1 zu gleiten hat:

Der das Cantabile abschließende und zum Moderato überleitende Triller soll – wie das als Vorschlag notierte undurchstrichene (!) Achtel c^1 anzeigt – mit dem oberen Ton begonnen werden. Ein Nachschlag steht nicht vorgeschrieben, doch entspricht er dem natürlichen Bedürfnis. Wollte man sich an das Notenbild halten [s. NB 3], dann verlangt das musikalische Empfinden eine etwas betonte Vorausnahme (Anticipation) des folgenden Grundtons c^1, dem auch noch ein kurzer Aufenthalt auf dem Leitetone vorangehen kann:

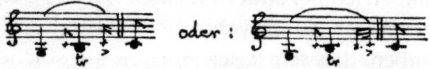

Die Frage, ob ein Triller mit der Haupt- oder Nebennote zu beginnen hat, wird verschieden behandelt, die Wiener Schule beginnt mit der Hauptnote, die norddeutsche dagegen mit der Nebennote. Gleichwohl wird der gute Musiker sich dadurch nicht beirren lassen und einen Triller sinngemäß mit der Hauptnote beginnen, wenn die Nebennote nicht besonders angezeigt ist: z.B. kann im zweiten Takt des Abgesanges der Triller unmöglich mit der Nebennote begonnen werden, weil die melodische Linie von f^3 unzweifelhaft zum h^2 fortschreitet.

Das Moderato bezweckt die Aneignung des Martellato und des Pralltrillers, wie wir schon oben erwähnten. Es könnte verwundern, daß Rode so außerordentliche Schwierigkeiten an den Anfang seines Werkes stellt und noch durch die schnelle metronomische Angabe ♩ = 120 erhöht. Jede Note in diesem Zeitmaße kraftvoll anzustoßen (Marquez chaque note avec force), und dies für die nicht unbeträchtliche Dauer des Stückes durchzuführen, stellt allein schon hohe Anforderungen an die Ausdauer. Vom Standpunkt des Pädagogen ist ein so langes Verweilen bei einer Schwierigkeit geradezu als Fehler zu bezeichnen, ein Fehler, der vielen anderen berühmten Etüden anhaftet – dem Rode übrigens sonst nicht verfällt – und dem man im Unterricht am besten dadurch begegnet, indem man abschnittsweise studieren läßt und die Länge der Abschnitte nach aufmerksamer Beobachtung der Leistungsfähigkeit und etwa auftretender Ermüdungserscheinungen bestimmt.

Aus dem Vergleich mit seinen Violinkonzerten scheint hervorzugehen, daß es sich bei diesen Schwierigkeiten geradezu um eine Spezialität seiner geigerischen Veranlagung handelt. Das Erzwingenwollen solcher Eigenarten ist für viele selbst bei größtem Fleiß vergebliches Bemühen.

Trotz der Marcato-Vorschrift sind Punkte nur über diejenigen Achtel gestellt, die keinen Triller tragen. Rode berücksichtigt also schon in der Notierung, daß die Triller einen etwas längeren Bogenstrich erfordern.

Zum Pralltriller den Bogen auffallen, aufschlagen zu lassen, verleiht dem Triller erhöhten, prickelnden Reiz, den nur engherzige Schulmeisterei nicht dulden möchte. Bei der Elastizität der Stange fällt es schwer, den aufschlagenden Bogen zu dauerndem Verweilen auf die Saite zu zwingen. Ohne besondere Einwirkung wird er infolge seiner Beschaffenheit mehrfach wieder hochspringen und zurückfallen, ein Violinismus, den man als ricochez bezeichnet und mit seiner trommelnden Eigenschaft z.B. bei rascher Tonwiederholung mit vorzüglicher Wirkung anwenden kann:

Ungewollt wird mit dem aufschlagenden Bogen etwas von dieser Eigenart sich auswirken und dem Triller zugute kommen. Man muß sein Instrument spielend beherrschen.

Mit dem Pralltriller beginnt ein anfänglich dreimalig wiederholtes Bewegungsmotiv, der Hauptgedanke, aus dem sich das Moderato aufbaut. Die Verzierung macht die Gliederung ohne weiteres deutlich, wie die fortgesetzte Bewegung ohne sie sofort überleitenden Charakter annimmt, das Ganze zum Zweitakter abrundend, dessen Wiederaufnahme nun als Sequenz erfolgt mit der Wendung zur Dominante, worauf der Zweitakter in hoher Lage zum dritten Mal erscheint, abwärts zur Haupttonart zurückführt, um mit dem anfänglichen Bewegungsmotiv unter freier Benutzung seiner Bestandteile kadenzierend den ersten Teil mit einem Ganzschluß in vollen Vierteln zu beenden:

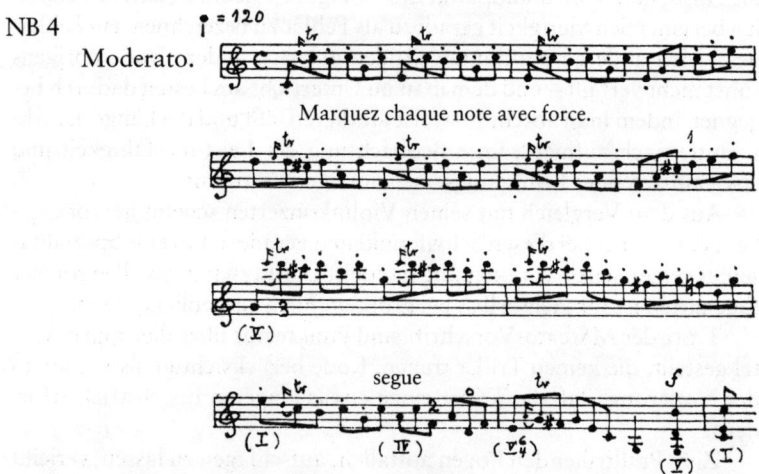

In den ersten beiden Takten den Zeigefinger als Quintengriff[13] e^1 h^1 aufzusetzen und beizubehalten, entspricht der alten Regel: „Finger möglichst liegen lassen". Ein ruhender Finger wird dadurch zum Stützfinger für die jeweils folgenden Spielfinger[14] und kann ohne erneuten Aufsatz wieder zum Spielfinger werden. Die Einschränkung ist so zu verstehen, daß ein Finger nur liegen bleiben soll, wenn dies mühelos und ohne Beeinträchtigung der Spielfinger geschehen kann.

In unseren Tagen hat man sich schon beinahe daran gewöhnt, den regelmäßigen Gebrauch des vierten Fingers zu vermeiden, besonders wenn es sich um gewichtige Töne handelt (Höhepunkte in bezug auf Gesang, Ausdruck, Betonung u. a.). Die ältere Schule verlangte geradezu die Ertüchtigung des von Natur schwächeren Fingers, zu dessen Übung Rode offenbar den dritten Takt ohne Lagenwechsel vorsieht und auch im fünften für d^3 den dritten Finger vorschreibt, so daß dem vierten Finger hier wie auch an anderen Stellen der Triller zufällt. Neuere Ausgaben verschieben den Fingersatz von d^3 auf die Vorschlagsnote e^3, wodurch der Triller mit dem vierten Finger umgangen und die Spielbarkeit erleichtert wird. Möglicherweise ist der spätere Herausgeber vielleicht zu seiner Deutung durch die alsdann hellere Klangfarbe veranlaßt worden, die dem spritzig lebhaften Charaker zweifellos besser zu Gesicht steht. Das Ohr für solche Klangunterschiede empfindlich zu machen, ist diese Stelle trefflich geeignet, und es kann daher nur dienlich sein, sich mit beiden Fingersätzen zu befassen.

Das im siebenten Takt hinzugesetzte Segue verlangt die Beibehaltung des Martellato auch ohne die weitere Notierung der Punkte. Nur einmal noch finden wir drei Punkte:

wo Rode zugleich das einzige piano des Stückes vorschreibt, und hier wohl nur deswegen, um die Schärfe des staccato trotz des piano zu erhalten („im piano nicht flau").

Für die Strichbehandlung des achten Taktes dürfte das Ende dieser Caprice Vorbild sein:

Der Vergleich der beiden verwandten Schlüsse zeigt einen meisterlichen Zug: zum Abschluß des ersten Teils ist nach dem abwärts geführten Hauptgedanken der reine Dominantdreiklang zu lesen, zum endgültigen Schluß, der, den ersten umkehrend, glanzvoll in die Höhe steigt, ist die Dominantseptime aufgespart.

Die Meisterhand zeigt sich weiterhin in der Fortsetzung, die einer Durchführung gleichkommt. Wie schon gegen Ende des ersten Teiles erscheint ein freies Spiel des Hauptgedankens mit seinen Teilstücken. Umkehrungen, Versetzungen, Einführung neuer Motive, Modulationen, Triller- und damit Akzentverschiebungen in immer neuen Umgestaltungen bis zur Reprise geben dem Mittelteil eine köstliche Lebendigkeit. Meisterhaft auch hier wieder, wie die Harmonie in einstimmiger Behandlung trotz des bunten Treibens stets voll und klar zum Bewußtsein kommt und nirgendwo eine Begleitung vermissen läßt.

Zwei neue Motive, die vereint und auch einzeln, hauptsächlich verbindend gebraucht werden, erfahren ebenfalls Umgestaltungen:

Das erste (a) unterbricht als Duole die Vorherrschaft der Triole, schafft mit dem ersten Achtel wichtige, harmonisch entscheidende Einschnitte oder bereitet in mehrfacher Aufeinanderfolge noch gewichtigere Ruhepunkte vor.

Das zweite (b) steht dem Hauptgedanken nahe, geht gelegentlich dem ersten voran und erhält mitunter noch durch einen Vorschlag eine graziöse Bereicherung.

Die Lebhaftigkeit des ersten Elements (a) wird abgeschwächt, wenn manche Herausgeber den Zweiunddreißigstel-Balken weglassen und damit die Triolenbewegung fortsetzen, auch die Bedeutung als Einschnitt oder Haltepunkt erfährt eine Minderung. Dagegen erfüllt die Duole ihre Aufgabe noch besser und wirkt, der Lebhaftigkeit des Gesamtcharakters angepaßt, übermütiger, wenn man die vier Zweiunddreißigstel noch beschleunigt und zu diesem Zweck dem ersten Achtel mehr Zeit gibt. Der Punkt über dem letzten Zweiunddreißigstel ist als Aufforderung zu betrachten, die Note mit einem Einzelstrich zu spielen – wieder eine andere Deutung des Punktes –. Der hierbei nötige rasche Strichwechsel kann nicht anders als betont ausfallen. Auf keinen Fall darf der Einzelstrich mit derselben Bogenlänge gespielt werden, die der vorangehende erforderte, vielmehr könnte man im Zusammenhang mit dem darauf folgenden Strich von der Unterbrechung einer einzigen Strichrichtung, der eben deswegen kürzester Bogenverbrauch zukommt, sprechen, bildlich etwa:

In dem Vorschlag beim zweiten Motiv:

ist ein notierter Violinismus zu erblicken, das, was Leop. Mozart einen Schleifer nennt.

Eine Ausführung in dieser Form , wie sie das Klavier in aller Nacktheit darstellen kann, ist nicht anzustreben, wenn auch Quantz in seiner Flötenschule diese Behandlung der Vorschläge empfiehlt. Die bereits erwähnte Anmut ergibt sich in Verbindung der alten Regel, mit dem letzten Spielfinger zu gleiten, freilich erst mit einer zuversichtlich freudigen Kühnheit, in der allein beinahe schon das Gelingen liegt. Eine geschickte Behandlung wird das h^2 ohne eigentlichen Lagenwechsel durch Zurücklegen des Zeigefingers ergreifen, worauf der

Schleifer durch kaum merkliches Zurückgleiten auf c^3 auch für kleine Hände das Abgreifen von g^3 ermöglicht und mit dem geschmackvollen Aufzeigen technischer Gegebenheit eine liebliche Wirkung erzielt: ein für andere Instrumente unnachahmlicher Violinismus, besonders, wenn er auf der Zählzeit ausgeführt wird[15].

Die Zweiunddreißigstel-Gruppe:

kräftig und klangvoll auf der D-Saite zu spielen, kann nur gelingen, wenn der Steg rund genug und nicht zu hoch ist, wodurch ein kraftvolles Anpacken der D-Saite überhaupt erst möglich wird, ohne die Nachbarsaiten mit zu erfassen. Auf alle Fälle empfiehlt es sich, den Zeigefinger als Quintengriff aufzusetzen, wie es im vorstehenden Notenbeispiel dazugesetzt ist. Eine andere Möglichkeit bietet sich demjenigen, dessen Daumen lang genug ist, um die G-Saite durch Berührung am Mitschwingen zu verhindern.

Gerade da, wo wir gern Rode's Stellungnahme zum Beginn des Trillers mit Haupt- oder Nebennote und zu seiner Beendigung mit oder ohne Nachschlag kennen lernten, nämlich dann, wenn dem Triller eine aufsteigende Sekunde folgt, beginnt Rode, sich für den Rest der Caprice auf das bloße Trillerzeichen zu beschränken:

Bei dem Triller über f^2 bleibt durch die ins Ohr fallende Erniedrigung der Trillernebennote die fortgesetzte Achtelbewegung noch erhalten. Nimmt man an, daß der Triller dauernd mit der Nebennote zu beginnen habe, so ergibt sich ein Stillstand, wenn der Triller auf die tiefere Wechselnote a^2 fällt:

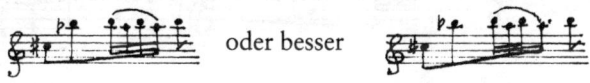

der selbst in der zweiten Ausführungsweise noch zu bemerken ist. So bliebe neben der zweiten Ausführungsart nur noch:

bei raschester Ausführung als Vorschlag und mit kurzem Verweilen auf der Wechselnote zu erwägen. Die Entscheidung muß dem Ermessen und dem technischen Können des Spielers überlassen bleiben.

Solche Erwägungen nicht als überflüssig zu betrachten, sei auf das Es-dur Quintett von Mozart hingewiesen, das uns vor dieselben Schwierigkeiten stellt, vermehrt durch die hinzutretende Harmonie, die gegenüber einstimmiger Behandlung weitaus stärkere Berücksichtigung verlangt und durch unliebsame Dissonanzen Nachschläge ausschließt; die einstimmig noch möglich wären:

Das Allegro molto ist noch etwas rascher als das Moderato bei Rode, für die Verzierungen bleibt noch weniger Zeit. Der absteigende Triller gestattet immerhin noch zwei Schläge, selbst wenn man mit der Hauptnote beginnt. Beim aufsteigenden muß mit der Hauptnote begonnen werden, um die Bewegung des Motivs hörbar zu erhalten (andernfalls tritt der oben erwähnte Stillstand ein), was nur einen Pralltriller gestattet, möglichst mit kurzem Verweilen auf der Hauptnote.

Dem Verfasser gefällt es am besten, wenn der aufsteigende Triller, zumal bei Häufung, wie folgt behandelt wird:

NB 5

Hier fällt der Triller mit dem Abstrich zusammen, wozu der Bogen auch leicht abgehoben werden kann, wie oben für den Aufstrich ausgeführt wurde. Die letzten drei Achtel sind vorteilhaft staccato auf einem Bogen zu nehmen, um für den nachfolgenden Akkord an den Frosch zu gelangen.

Auch die Harmonie beteiligt sich an der Lebhaftigkeit. Von dem erreichten E-dur geht es rasch über a-moll zurück nach C-dur, wandelt dieses in c-moll um, geht über As-dur, f-moll, c-moll zum Neapolitaner der Dominante, um nach längerem Verweilen chromatisch und mit crescendo den Anfang wieder aufzunehmen. Wo Rode diesen verändert, können die hinzutretenden Akzente auf an sich unbetonten Achteln:

dem auswendig Spielenden als Gedächtnisstütze dienen. Bis zuletzt versteht es Rode, der übermütigen Laune immer neuen Ausdruck zu verleihen.

Die a-moll Caprice

verbindet gleich im Hauptmotiv mehrere Probleme.

NB 1   Allegretto

Der Halbton zwischen dem dritten und vierten Finger erfordert der Intonation wegen stets volle Aufmerksamkeit.

Unsere Betrachtungen zur Tonleiter (s. S. 164) ergaben für die kleine Sekunde das Verhältnis 15 : 16. Unser Ohr hört aber die siebente Stufe als Leiteton lieber höher, d.h. schon mit Annäherung an den Grundton[16]. Doch hüte man sich davor, dieser Neigung allzu sehr nachzugeben[17], sonst wird die Schwierigkeit in höheren Lagen unüberwindlich, und das uns zum Bewußtsein kommende Zurückbleiben hinter unserer Intervall-Vorstellung kann zur Beeinträchtigung manueller Unbefangenheit und Sicherheit führen. In höchsten Lagen liegen die Halbtöne so eng beieinander, daß wir den Halbtonschritt beim Tonleiterabschluß am besten mit dem vierten Finger gleitend ausführen:

Haydn op. 76 ?? 5   Allegretto
Streichquartett D-dur

Erst recht, wenn es sich um den Halbton als Wechselnote oder gar um deren mehrfache Wiederholung handelt:

Mozart Kr 590
Streichquartett F-dur

Allegretto

und in ähnlich gelagerten Fällen.

Manchmal kann man sich so helfen, daß ein Finger im Aufsetzen den anderen verdrängt, was aber ein gemächliches Zeitmaß voraussetzt:

NB 2

Ist indessen eine wiederholte Aufeinanderfolge so geschwind wie im Violinkonzert von Beethoven, daß weder die eine noch die andere Art befriedigend zur Anwendung gelangt, sei noch ein Ausweg gezeigt, der freilich aus manuellen Gründen nicht allen Geigern zu Gebote stehen wird; dabei ist das gis^3 mit voll aufgesetztem 3. Finger zu greifen und liegen zu lassen, zum a^3 der 4. Finger nicht direkt auf die Saite, sondern so auf das Griffbrett zu setzen, daß er die E-Saite nur noch eben seitlich mit der äußersten Kuppe berührt:

Beethoven, Violin-Konzert
Allegro, ma non troppo

Nur in wenigen Fällen werden Schwierigkeiten für alle Geiger die gleichen sein. Dagegen wird es oft vorkommen, daß der eine etwas als schwer empfindet, was dem anderen keinerlei Mühe macht. Für solche persönliche Schwierigkeiten ist es empfehlenswert, sich ein Heft anzulegen, in das man aus der Literatur gegebene Beispiele aufschreibt, um sie zum täglichen Studium bereit zu halten.

Die dem Punkt zukommende Bedeutung als Kürzungszeichen ist für den Geiger je nach Charakter und Zeitmaß des Stückes auf verschiedene Art wiederzugeben möglich. Die Kraft und Entschlossenheit der ersten Caprice verlangt für ihn den festen Bogenansatz. Der zum Ansatz erforderliche Stillstand des Bogens bewirkt die Kürzung. Die Leichtigkeit der schnelleren Sechzehntel der zweiten Caprice gibt man am besten mit geworfenem Strich (spiccato) wieder, doch stellt man diese virtuose Spielweise zweckmäßig so lange zurück, bis eine legato-Behandlung in der Bogenmitte für den rechten Arm ebensowenig Schwierigkeiten mehr bietet wie die Beherrschung der Aufgaben für die linke Hand. Bei legato-Behandlung erinnere man sich daran, daß piano nicht flau bedeute und daher der verbundene, betonte Strichwechsel am Platze ist, was durch die mit geschmeidigem Handgelenk ausgeführten Saitenübergänge sogar noch erleichtert wird.

Für die Oktaven empfiehlt sich die Aneignung eines geschlossenen Griffes, wobei zweiter und dritter Finger auf die höhere Saite leicht mit aufzusetzen sind. Führend ist der Zeigefinger. Die mitaufgesetzten Finger sichern das Gefühl für einen Vierling, den man, wenn möglich, so wählt, daß der Halbton zwischen ersten und zweiten Finger fällt. Ein gleichbleibender Griff (Griffart) kommt der Sicherheit des Oktavenspiels zugute, wenn auch die Stützfinger dabei nicht immer leitereigene Töne berühren: die Hauptsache ist ein gleichbleibender, mit der Gewöhnung zuverlässiger Griff (vgl. S. 166, 211). Zum Oktavstudium genügen, abgesehen von den gleitend versetzten Oktaven, einige wenige Übungen:

Das Hauptmotiv reicht vom ersten Fortepiano bis zum nächsten. Die Abschlußnote ist in den ersten Takten zugleich Anfangsnote des versetzten Motivs: ein Musterbeispiel für das Zusammenfallen von End- und Anfangston eines musikalischen Gedankens, bei dem also weder nach noch vor dem Fortepiano ein Einschnitt (Zäsur) gemacht werden darf.

NB 1 f

(s. a. NB 1)

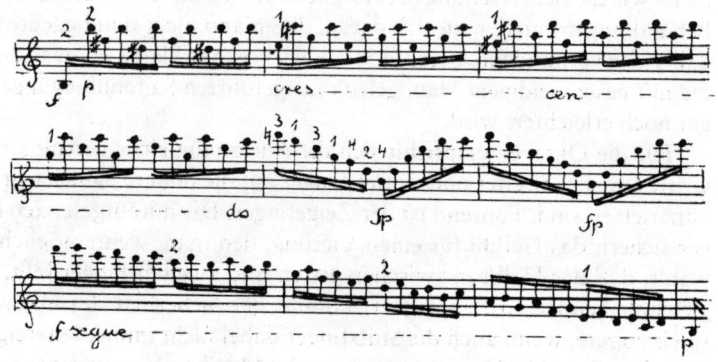

Die Akzente unterstreichen die kraftvolle Baßfortschreitung: von der I. Stufe über die IV. V. I. zur II., wo der Baß zum Orgelpunkt wird, der zwar erst einige Takte später zum Quintsextakkord wieder erklingt, aber trotz der durchgehenden Sextakkorde dem Ohr in Erinnerung bleibt.

Bei der Geschwindigkeit der Bewegung fällt das forte auf ein Sechzehntel, das piano schon auf das folgende. Die mit dem forte ausgezeichnete Note bekommt also eine Betonung, einen Akzent, wofür man vielfach auch nur das Zeichen > setzt.

Im Hauptmotiv bedarf die Betonung keiner besonderen Bemühung, sie wird und muß sich von selbst einstellen, weil hier die damit versehene Einzelnote die gleiche Bogenlänge erhält wie die nachfolgenden gebundenen drei, somit die dreifache Bogengeschwindigkeit, d. h. gesteigerte Tonstärke.

Steht dagegen die Betonung bei fortlaufenden Einzelstrichen auf einer einzelnen Note, so ist diese im allgemeinen mit etwas längerem Strich zu behandeln, bei Springbogen das spiccato hinterher auf geschickte Art wiederzugewinnen.

Fällt die Betonung im Abstrich auf eine tiefere Saite – im fünften Takt ist sogar ein Sprung von der E- auf die G-Saite und zurück auszuführen –, so ist die Wiedergewinnung des spiccato durch das ohnehin erforderliche Aufheben des Bogens ungleich leichter, als wenn das fortepiano auf derselben Saite (ohne Saitenübergang) liegt oder gar die leere Saite trifft (wie in den Takten 2, 4, 16): der hierbei wegfallende Saitenübergang und die zum Verbleiben auf derselben Saite anzupassende Bogentätigkeit wird durch die empfindliche Ansprache der leeren Saite noch erschwert.

Die Schwierigkeit der Ansprache hat mehrfache Gründe. Die leere Saite schwingt immer dann von selbst mit, wenn einer ihrer Obertöne (besonders die Oktave) zu spielen ist. Sie ist mitunter nur durch eine Art pizzicato-Berührung zu ihrer eigenen Tonhöhe zu veranlassen:

Violinkonzert von Beethoven:

Im Allegro ma non tanto aus op. 132 von Beethoven soll die tiefere leere Saite dauernd klingen:

 usw.

Hier schlägt sie aus demselben Grunde gern in die Oktave über. Das zu verhüten, kann man die Strichstelle auf der E-Saite mehr dem Steg, auf der A-Saite mehr dem Griffbrett annähern, also entgegen der Regel schief streichen. In bezug auf die Strichstelle darf man sich daran erinnern, daß bei gleichbleibender Bogengeschwindigkeit und gleichbleibendem Bogendruck zum Fortgang z. B. von der leeren Saite zur festgegriffenen Oktave auf derselben Saite der Abstand der Strichstelle vom Steg um die Hälfte zu verringern ist. Bei umgekehrter Fortschreitung zur leeren Saite erscheint bei gleichbleibender Strichstelle das Oktavflageolet.

Wer Vergnügen daran hat, kann es ausprobieren, Flageolets zu erzeugen, ohne die Saite mit einem Finger zu berühren, lediglich durch falsche Bogengeschwindigkeit zum Abstand der Strichstelle vom Steg. Hierin ist die Erklärung für das unerwünschte gelegentliche Pfeifen der Saite zu suchen.

Auch das Emporschnellen der vom Griff befreiten Saite erschwert die Ansprache bei Einzelstrichen und erst recht beim spiccato:

Schubert op. posth.
Streichquartett d-moll

Mendelssohn op. 18
Streichquintett A-dur

So betrachtet könnte man geradezu glauben, daß der große Geiger und Pädagoge den werdenden Violinisten ganz unauffällig eine Aufgabe stellte, wohl wissend, wo uns der Schuh drückt.

Das fortepiano im Aufstrich trifft meist Spitzenbetonungen auf an sich leichten Teilen,

NB 3  usw.

die zweckmäßig mit Aufschlagen des Bogens zu verbinden sind. Die reizvolle Wirkung von Sprüngen, die Spitzen auf leichte Taktteile legen, haben u. a. Phil. Em. Bach die Regel aufstellen lassen, daß diese immer zu betonen seien.

Im neunten und zehnten Takt vor Schluß der Caprice finden sich drei Akzente, die mit dem Beginn von Bindungen zusammenfallen:

NB 4

Rode setzt also offenbar fortepiano für Einzelnoten und im ähnlichen Sinn das Akzentzeichen > bei Bindungen. Ein schärferer Ansatz erscheint insofern begründet, als der erste Akzent erstrebter Zielpunkt und die beiden folgenden entscheidende Baßschritte sind. Eine Dehnung der betonten Note ist hier dem zum Ende drängenden Charakter zufolge nur in bescheidenstem Maß am Platze.

Das erste crescendo vom sechsten Takt ab ist wohl trotz der Betonungen (fp) bis zum forte segue fortgesetzt zu denken; bei spiccato-Behandlung ist der springende Strich nach und nach in liegenden überzuführen, ein Violinismus, der bei geschickter Handhabung der Absicht des Komponisten nicht nur trefflich nachkommt, sondern sie künstlerisch noch zu steigern vermag. Ein gleiches gilt für das crescendo vor der Fermate.

Die vom elften Takt an absteigende Tonleiter soll mit gleicher Stärke bis zum piano fortgesetzt werden, woselbst ein freies Spiel mit Bestandteilen des Hauptmotivs unter Einfügung zahlreicher neuer Wendungen und reicher Modulation beginnt. Nur die Treue gegen den Autor wird das forte segue gewissenhaft befolgen, ein allmähliches Zurückgehen zum piano und damit zum spiccato wäre künstlerisch zu rechtfertigen und auch technisch angenehmer.

Für Takt zwölf und dreizehn sieht der angegebene Fingersatz das Verweilen in der zweiten Lage vor, wodurch ein Halbtonschritt auf zwei verschiedene Saiten fällt. Besser ist es allemal, Halbtöne als zusammengehörig mit derselben Klangfarbe zu spielen, hier also das h^1 mit dem Zeigefinger abzugreifen:

Auch im viertletzten Takt käme der eingeklammerte Fingersatz:

NB 5

in Frage, wenn man auf den von Rode angegebenen verzichten wollte. Dieser ist ein virtuoser Violinismus, den Vieuxtemps in seinem d-moll-Konzert aus noch größerer Höhe gebraucht:

Finale
Allegro

Rode bietet mit seinem Text gewissermaßen eine Vorstudie dazu. Wie wir bereits ausführten (s. S. 174), braucht hier [NB 5] die fünfte Lage mit der sonst üblichen Arm- und Handhaltung nicht aufgesucht zu werden. Es genügt das Ablangen, wodurch auch das Zurücknehmen der Hand keine Schwierigkeiten bereiten wird. Bei Vieuxtemps dagegen ist ein toter Punkt zu überwinden, der für verschiedene Hände an verschiedener Stelle liegen wird. Wenn man sich diese virtuose Figur zu eigen machen will, geht man vorteilhaft von dem Rode'schen Beispiel aus und beginnt jeweils eine kleine Terz höher. Dabei wird man feststellen können, wo der kritische Punkt liegt, der dann gesondert für sich studiert werden muß.

Schwierigkeiten sind stets vorweg zu üben, bevor man sie im Zusammenhang zu bringen versucht. Ein anderes Vorgehen bedeutet Zeitverlust, ohne dem Problem wirklich und auf schnellstem Wege auf die Spur zu kommen.

Im zwanzigsten und zweiundzwanzigsten Takt wird ein weiteres Problem für den Bogen berührt, das im Vergleich mit dem vierten Takt nach der Fermate als dessen Vorübung erscheint:

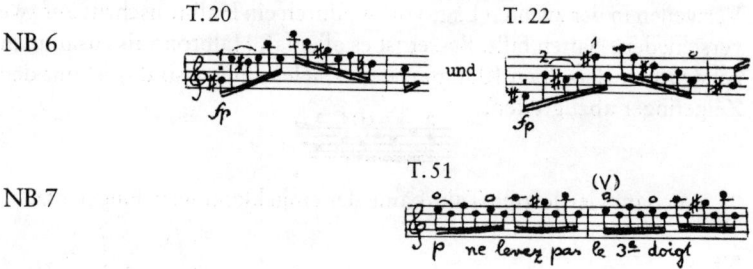

Das Aufwerfen mit Abstrich für die höhere Saite in Verbindung mit Handgelenkdrehung im umgekehrten Uhrzeigersinn ist von kaum zu überschätzender Schwierigkeit. Man muß besonders auf ein vorangehendes Abheben des Bogens bedacht sein, was Geminiani in seiner Violinschule offenbar unter dem folgenden Zeichen versteht ⌣ . Die dazu durch die Kleinfingerseite zu betätigende Hebelwirkung ist sofort wieder auszuschalten. Wenn die gemeinhin als verkehrt empfundene und bezeichnete Bewegung noch nicht gelingen sollte, versuche man, beide Saiten gleichmäßig zu erfassen und nach und nach die Drehbewegung einzuschalten. Dann bleibt aber immer noch für den Text selbst als kritischer Moment das Abheben des Bogens nach der Bindung (Bogen ruht zwischen Mittelfinger und Daumen mit Unterstützung durch den Zeigefinger), „ne levez pas le 3^e doigt": der dritte Finger soll dabei liegen bleiben und ist so auf die A-Saite zu setzen, daß er durch ein unter den Hals und wieder zurückgeführtes Handgelenk die E-Saite erfaßt und wieder frei läßt (links- und rechts-Drehung ⌇).

Bei Bindungen wie im dreiundzwanzigsten Takt [NB 8] und spiccato-Behandlung ist ein gleiches Abheben des Bogens am Ende jeder Bindung kapriziöse Virtuosität von entzückender Wirkung, doch kann man die spiccato-Behandlung auch auf die beiden Einzelstriche beschränken.

NB 8

Lehrreich ist der Vergleich der fünften Takte von Anfang und nach der Reprise. Beide Male geht die Harmonie zur zweiten Stufe mit erhöhter Terz. Dort mit dem Orgelpunkt stellt sich das Gefühl für die Entwicklung ebenso gewiß ein wie hier mit der Dominantseptime das für die Umkehr.

Nach der Fermate fehlt offenbar ein piano, um die Coda sofort mit dem ihr eigenen spielerischen Charakter zu beginnen. Der im dritten Takt vor der Fermate [NB 9] mit der vorangehenden Phrasierung kraftvoll zur Tiefe führende verminderte Septimenakkord:

NB 9

wird gegen Schluß nach dem Neapolitaner, nunmehr aber in leichter spiccato-Bewegung, nochmals aufgegriffen und das Stück schemenhaft hinhuschend zu Ende geführt:

NB 10

Die G-dur Caprice

ist in der zweiten Lage zu spielen („Cette Etude doit se jouer á la 2de position"). Ein Geiger sollte sich in allen Lagen gleicherweise auf dem Griffbrett zuhause fühlen. Wenn es trotzdem meist nicht der Fall ist und der vielfach unvermeidliche, geradezu gebotene Gebrauch einer geradzahligen Lage erstaunliche Schwierigkeiten bereitet, wie die Erfahrung im Unterricht zeigt, so liegt die Ursache einerseits in der überragende Bedeutung der ersten Lage (vgl. S. 164, F. 4), andrerseits in der natürlichen Benutzung und Bevorzugung der ersten beiden Finger beim Tonleiterspiel auf einer Saite, woraus sich das Überspringen der geradzahligen Lagen ergibt, zu deren Übung Rode je eine Caprice für die zweite und vierte Lage schreibt.

In der ersteren ist Rode offenbar darauf bedacht, durch häufige Benutzung der leeren Saiten eine Intonationskontrolle zu geben. Dies führt gelegentlich zu einem besonders reizvollen, anmutigen Violinismus, zu einem Spiel mit Saitenwechsel, der mit geschmeidigem Handgelenk auszuführen ist, und den man Bariolage nennt. Eine andere, von Beginn der Etüde mit nur wenigen Unterbrechungen festgehaltene Aufgabe für den Bogen besteht darin, auf einem Strich viele Noten (bis zu vierundzwanzig) klangvoll zu vereinen. Das noch besonders hinzugesetzte legato (gebunden) unterstreicht die Phrasierungsbögen und erscheint nicht überflüssig im Hinblick auf einen ebenmäßigen Vortrag der Sechzehntel bei der nicht geringen Schwierigkeit der Saitenübergänge. Auf Seite 169 unserer Ausführungen sei nachdrücklich hingewiesen.

Die die zunächst viertaktige Gliederung beendenden, mit Akzent (>) versehenen Viertel sind gutmütig schalkhaft.

NB 1

Cette Etude doit se jouer à la 2de position legato

Comodo

NB 2 T. 11

Die Schweller über den zweiten Vierteln (Takt 11, 12) betreffen Alterationen, die als solche ohnehin schon zu betonen wären (nach Ph. E. Bach, Quantz), was hier in der Bewegung vorteilhaft noch mit geringer Dehnung zu geschehen hat (s. auch S. 169).

In bezug auf die Dehnung in gleichmäßiger, gebundener Bewegung sei noch an die Bläser, vor allem Flötisten erinnert, die dadurch melodietragende Töne kenntlich machen, ein Brauch, der sich aus der Zeit der solistisch-virtuosen Benutzung dieser Instrumente erhalten hat und, ohne Übertreibung angewandt, auch heute noch wohlgefällig ist.

Stehen dagegen Akzente (3. Takt vor dem Teilstrich):

NB 3

so würde der Verfasser die Betonung heftiger und ohne Dehnung vorziehen.

Recht kapriziös behandelt Rode den ersten der drei eingeschobenen Dreitakter:

NB 4

Vom zweiten Viertel ab könnte dessen Sechzehntelbewegung für den ganzen stufenweise absteigenden Gang fortgesetzt sein. Die Beweglichkeit der Erfindung bietet aber eine unregelmäßige Abwechslung, so recht geeignet, einem in der ungewohnten Lage unsicheren Spieler beschwerlich zu fallen und ihn aus dem Sattel zu heben, besonders durch die hinzukommende Strichabänderung, die mit rasch und heftig anwachsender Tonstärke im oberen Bogendrittel auszuführen ist und einen unerwarteten Kontrast darstellt.

NB 5

Der Triller mit reicherem Vor- und Nachschlag und dazu noch mit dem vierten Finger ist in dem gewünschten Zeitmaß ♩ = 126 keine geringe Anforderung, besonders wenn man ihn auf dem zweiten Viertel eintreten lassen will, wozu die für den Vorschlag erforderliche Zeit noch im ersten Viertel unterzubringen ist. Das bedeutet hier – eine bei Trillern stets empfehlenswerte – vorzeitige Befehlserteilung, um die Finger rechtzeitig folgen zu lassen. Die Rechtzeitigkeit scheint um so mehr geboten, als der auf das zweite Viertel gestellte Triller aus Bewegung hervorgeht und nicht wie der Triller kurz vor dem Ende der Caprice den ganzen Takt ausfüllt:

NB 6

Das dreifache Gebälk beim ersten Vorschlag könnte in dem Sinne wohlbedacht sein. Man kann gar nicht aufmerksam genug lesen.

So ist auch z.B. bei der Reprise dem Anfangstriller noch ein Vorschlag zugesellt. Bei sonst völliger Übereinstimmung der Rückkehr zum Anfang mit der Überleitung zur Reprise ist nicht einzusehen, warum ausgerechnet der Triller, der eine Bereicherung darstellt, zur Unterscheidung nochmals bereichert werden sollte. Vielmehr dürfte man daraus und auch in Hinblick auf die Ausführungen S. 205 f zu der Ansicht kommen, daß man beim Anfang des Stückes nicht ängstlich darauf bedacht sein sollte, den Triller mit der Hauptnote zu beginnen, eine Absicht, die eine treffliche Ausführung nur behindern kann. Besser ist es, den ersten Finger gleich auf cis^2 zu setzen, den Befehl zum Triller mit zwei Schlägen zu geben und, unbeschadet des Resultates, ob Haupt- oder Nebennote zuerst vom auffallenden Bogen erfaßt werden, unmittelbar anschließend fortzufahren.

Das ganze Stück hat die Form eines Sonatensatzes mit wiederholtem ersten Teil. In der Durchführung versteht es Rode, den Elementen neue und gesteigerte Gestalt zu geben. Zunächst fährt er mit Dreitakten fort und hebt mit den vier Fortezeichen sogar den dreiteiligen Takt auf:

NB 7

Im ersten Takt ist der fortgesetzte Saitenwechsel zunächst noch am Frosch zu bewerkstelligen, d. h. durch eine Drehung des Unterarms, die mit der Entfernung vom Frosch immer geringer wird und allmählich in Heben und Senken der Hand übergeht. Die am Frosch erforderliche Unterarmdrehung bei Saitenübergängen ist die gleiche, vermittels welcher man eine Türklinke () mit festem Griff öffnet und schließt. Vielfach wird von Geschmeidigkeit des Handgelenks gesprochen, auch da, wo es sich um seine Fixierung handelt.

Die zum Ende der Bögen gesetzten Punkte lassen mehrere Deutungen zu. Zunächst kann man sie lediglich als Kürzungszeichen auffassen:

Da jedoch Rode den Punkt ebenfalls als Zeichen für den Bogenansatz (staccato) gebraucht, da die Punkte hier noch mit Betonung (f) versehen sind und die dadurch ausgezeichneten Töne mit Saitenwechsel auf die E-Saite fallen, ist ein Violinismus möglich, sie mit scharfem Ansatz beinahe peitschend anzufassen (fouetté). Dieser Deutung ist die Berechtigung nicht abzusprechen, nur würde man in der heute üblichen Notierung einen zweiten Bogen verlangen (vgl. dazu S. 171):

Jedenfalls tut man gut, sich beide Spielarten anzueignen, zumal die zweite Art häufig ein glücklicher Ausweg ist, eine einzelne kurze und betonte Note auf geschickte Weise zwischen Strichen von längerer Dauer einzuschalten, indem man sie an den vorhergehenden oder nachfolgenden Strich anschließt, z. B.

Beethoven, Violinsonate D-dur opus 12:

Rode ist in seiner Schreibweise keineswegs immer konsequent. Im dritten Takt vor dem Teilstrich:

s. NB 3

und im zwölften Takt vor der Reprise:

NB 8

kann man unzweifelhaft von Verwandtschaft sprechen, und doch ist die Bezeichnung verschieden. Der Violinismus ist übrigens durchaus an den Saitenwechsel gebunden und von diesem Standpunkt im dreizehnten Takt vor dem Schluß nicht gegeben:

NB 9

Die eingeklammerten crescendi dürften der Parallelstelle im ersten Teil entsprechend zu ergänzen nicht unangebracht sein. Ebenso erscheint dem Verfasser auf dem Triller vor dem Schluß ein diminuendo und weiterhin ein piano zu fehlen:

NB 10

denn die überaus anmutige und liebenswürdige Schlußwendung, mit der Rode dann auf den mit „Comodo" bezeichneten Charakter des Stückes zurückgreift, verlangt eine zarte Tongebung, der sich alsdann der vorgeschriebene Aufschwung mit den kräftigen Schlußakkorden gut anschließt.

Die e-moll Caprice

Das Siciliano, mit dem die e-moll Caprice beginnt, ist zweistimmig behandelt. Damit kommen wir zu einer besonderen Aufgabe für den Geiger, zum mehrstimmigen Spiel, dessen große Bedeutung uns versuchen läßt, auf dieses Problem zunächst allgemein einzugehen.

1. Beim mehrstimmigen Spiel wird die Hauptschwierigkeit in den Verrichtungen auf dem Griffbrett gesucht, wie das auch sonst meist geschieht. Bei der verschiedenartigen Tätigkeit beider Arme empfiehlt es sich an und für sich, über Schwierigkeiten der linken Hand die Bogenführung nicht zu vernachlässigen. Darin erinnere man sich erst recht beim mehrstimmigen Spiel, wo es sich um beiderseits gesteigerte Anforderungen handelt. Nicht zuletzt deswegen, weil bei richtiger Einsicht der Erfordernisse nicht nur die linke Hand gelegentlich die Bogenführung erleichtern, sondern auch umgekehrt der Bogen seinerseits die linke Hand in der Bewältigung ihrer verschiedenartigen Aufgaben unterstützen kann, wie noch gezeigt wird.

Gewiß erfordert die gleichzeitige Beschäftigung mehrerer Finger – namentlich in Verbindung mit Streckungen – ein im höheren Grade ausgebildetes selbständiges Fingerspiel. Aber durch zweckmäßige Übung kann man dieser Schwierigkeit mit der Zeit doch Herr werden.

Anders liegen die Dinge bei der Aufgabe für die Bogenführung. Tieferer Einblick muß die Schwierigkeiten teils schlechtweg als unüberwindlich, teils in ihrer besten Bewältigung als eine nur in seltenen Ausnahmefällen vollkommen zu lösende Aufgabe bezeichnen. Allein schon benachbarte leere Saiten zu absolut reinem Erklingen anzustreichen, wie es beim Stimmen der Geige z.B. zu geschehen hat, ist des Problems der Strichstelle wegen, streng kritisch betrachtet, nur unvollkommen möglich. Denn unter gleichen Voraussetzungen bezüglich des Bogendrucks und der Bogengeschwindigkeit liegt die Strichstelle für jede leere Saite in verschiedenem Abstand vom Steg. Und zwar für die E-Saite dem Steg am nächsten, für die A- und D-Saite mit zunehmender Entfernung vom Steg und für die G-Saite, der D-Saite gegenüber, wiederum etwas näher zum Steg. Wenden wir uns zunächst der Aufgabe zu, mehrere Saiten gleichzeitig anzustreichen.

2. Beim Spiel auf einer Saite ist der Strichebene ein Spielraum gegeben, soweit die Nachbarsaiten dies zulassen. Sind zwei Saiten gleichzeitig anzustreichen, so gibt es dagegen in jedem Fall nur eine einzige Strichebene: die beiden Saiten gemeinsame Tangentialebene, sofern die Tonstärke auf beiden Saiten die gleiche sein soll. Darin liegt eine nicht zu unterschätzende Schwierigkeit, denn die geringste Neigung der Strichebene nach einer Saite hin braucht, durch die Elastizität der Saiten, noch nicht die Berührung mit einer derselben verlieren zu lassen, belastet aber eine stärker und hebt somit die Gleichheit der Tonstärke beider Saiten auf.

3. Was man aber unter der Voraussetzung gleicher Tonstärke als fehlerhafte Bogenführung zu vermeiden hat, gestattet uns, mit Absicht angewandt, eine unterschiedliche dynamische Behandlung zweier Saiten und somit das Hervorheben einer Stimme einer untergeordneten begleitenden gegenüber.

4. Wir haben bereits der schwierigen Frage bezüglich der Strichstelle gedacht (1., Abs. 3), die sich schon beim Anstreichen zweier leerer Saiten bemerkbar macht. Im allgemeinen dürfen die Bedingungen für die Bogenführung auf einer Saite hinsichtlich der Strichebene, der Bogengeschwindigkeit und des Bogendrucks als ungefähr die gleichen gelten auch für das Spiel auf zwei Saiten, und ist daher nur die Beobachtung eines aufmerksamen Ohres erforderlich, soweit es sich um ein offenes Saitenpaar oder um Doppelgriffe etwa innerhalb eines Lagenumfangs, also um Intervalle bis zur Oktave handelt.

5. Bei größeren Intervallen indessen, und erst recht, wenn die Zweistimmigkeit durch eine leere Saite mit Griffen in höheren Lagen zustande kommt, wobei die vorteilhafteste Strichstelle für jede Saite an sich in einem merklich anderen Abstand vom Steg liegt, wählt man die Strichstelle am besten in der Mitte zwischen den beiden vorteilhaftesten Abständen. Bogengeschwindigkeit und Bogendruck sind dementsprechend anzupassen.

Z. B. Mozart, Violinkonzert D-dur, 3. Satz:

Andante grazioso

6. Der Strichwechsel ist ebenfalls wie auf einer Saite zu bewerkstelligen. Doch erfordert er, besonders der verbundene Strichwechsel, eine größere Geschicklichkeit, weil, wie oben schon berührt, jede Abweichung aus der beiden Saiten gemeinsamen Tangentialebene zunächst das Verhältnis der Tonstärke beider Saiten zu einander verändert (2.) und schließlich die Zweistimmigkeit überhaupt aufhebt.

7. Dieser letzteren, unbeabsichtigt fehlerhaften Bogenbehandlung – die bei durchweg zu haltender Zweistimmigkeit sorgfältig zu verhüten ist – bedient man sich aber, wenn gegen eine gehaltene Stimme eine zweite wie auf mehreren Strichen ausgeführte Stimme erklingen soll.

Z. B. Bach, Solosonate a-moll, 3. Satz:

Andante

8. Dieselbe Bogenbehandlung in geringer, kaum wahrzunehmender Ausführung empfiehlt sich mitunter zur Unterstützung der linken Hand, wenn auf demselben Bogenstrich, also gebunden aufeinander folgende Griffe das Übersetzen eines oder gar beider Spielfinger erfordern, größere Spannungen oder dergleichen andere Schwierigkeiten zu bewältigen sind.

9. Fallen solche Schwierigkeiten mit Strichwechsel zusammen, so verzichtet man vorteilhaft auf den verbundenen Strichwechsel und wendet den getrennten an. Die der linken Hand gestellte Aufgabe kann dann geschickt und unmerklich in der Zeit ausgeführt werden, in der man den Bogen zwischen zwei Strichen leicht abhebt oder auf den Saiten anhält, um ihn zum nächsten Strich erneut an- bzw. aufzusetzen. Das bedeutet zwar eine ganz kurze Pause, die aber nicht als solche wirken darf. Schal-

tet man vor der Pause den Bogendruck aufs schnellste aus und hinterher ebenso rasch wieder ein, dann ist wohl der Vorgang beschrieben, den L. Mozart meint, wenn er sagt, daß jedem Striche eine Schwäche vorausgehe. Im gegebenen Fall angewendet und aufs beste ausgeführt, darf man diese Empfehlung gelten lassen. Wohlgemerkt sprechen wir hier vom Doppelgriffspiel. Folgt man ihr aber immer, gewohnheitsmäßig und auf hörbare Weise, insbesondere beim Spiel auf nur einer Saite, so kann man einen solchen Brauch nur tadeln.[18]

10. Auch der mit Strichwechsel zusammentreffende Übergang von einem Saitenpaar zu einem anderen läßt sich am bequemsten mit dem getrennten Strichwechsel bewerkstelligen.

11. Verlangt indessen der musikalische Gehalt möglichste Bindung, und handelt es sich um einen Übergang zwischen benachbarten Saitenpaaren, so ist es mitunter ratsam, die gemeinsame Saite als Brücke zu benutzen, indem man die äußere Saite mit dem Bogen um einen Augenblick früher verläßt, um das neue Saitenpaar im geforderten Zeitpunkt zu erfassen. Wichtig dabei ist, daß der Bogen, wie bei jedem Saitenübergang, auf der neuen Saite einen vollendeten Griff antreffe. Bei geschickter Ausführung ist dies vorzeitige Verlassen der jeweils äußeren Saite nicht wahrzunehmen, besonders wenn man die gemeinsame Saite beim Übergang nicht etwa durch verstärkte Belastung hervortreten läßt, sondern im Gegenteil die Tonstärke vorübergehend herabmindert.

Ein damit zusammenfallender Lagenwechsel ist demnach nur auf der als Brücke benutzten Saite auszuführen, wenn man nicht das völlige Abheben des Bogens vorzieht.

Bei allen Saitenübergängen vergesse man nicht, den Oberarm in die der Strichebene entsprechende Stellung zu führen. Bei getrenntem Strichwechsel muß die Angleichung stets in die Pause fallen, ein allmählicher Übergang wird sich mit der „Brücke" einstellen. Mit Rücksicht auf die Ausführung unter Seite 199 ist geradezu von einem fixierten Handgelenk zu sprechen.

12. Auf ähnliche Art verfährt man auch beim Übergang zwischen den beiden äußeren Saitenpaaren, wobei eine dem Bogen entgegenkommende geringe Drehung des Geigenkörpers – die auch sonst gelegentlich geboten ist – unterstützend mitwirken kann.

13. Schon die Dreistimmigkeit und noch mehr die Vierstimmigkeit können auf der Geige nur eingeschränkte Anwendung finden, teils der beschränkten Fingerzahl wegen, die auf dem Griffbrett zu Gebote steht,

vor allem aber wegen der schwierigen Aufgabe, die dabei dem Bogen erwächst. Die Rundung des Steges gestattet nur noch kürzere Notenwerte wirklich dreistimmig durchzuhalten, vierstimmig überhaupt nicht mehr. Allenfalls vermag eine größere Bogenfertigkeit noch gerade den Eindruck zu wahren, als würden vier Saiten gleichzeitig angeschlagen. Wie es im allgemeinen einer natürlichen Bogenhandlung zukommt, betonte Taktteile mit dem Herunterstrich wiederzugeben, so benutzt man diesen bei drei- und vierstimmigen Akkorden. Doch kann Geschicklichkeit unter günstigen Voraussetzungen sich auch des Hinaufstrichs bedienen.

14. Um drei Saiten gleichzeitig anzustreichen, wählt man die Strichebene der mittleren Saite und die Strichstelle etwas entfernter vom Steg. Ausreichende Bogenbelastung läßt dann die Nachbarsaiten mit erfassen, so daß eine elastische und vor allem schnellere Bogenführung alle drei Saiten auf kürzere Zeit zum Erklingen bringt. Es kommt also dabei, was nicht genug zu beachten ist, weniger auf Bogendruck als auf Bogengeschwindigkeit an und in Verbindung damit auf den richtigen Abstand vom Steg. So kann man dreistimmige Akkorde, wie z.B. in der A-dur Violinsonate op. 30 Nr. 1 von Beethoven, sehr wohl zusammen als auch piano spielen:

und vierstimmige wenigstens mit der Wirkung der Gleichzeitigkeit:

In diesem Beispiel aber der Schwierigkeit durch pizzicato auszuweichen, ist Beethoven gegenüber eine unerlaubte Freiheit, die man sich allenfalls bei virtuosen, auf Publikums-Effekt abgestellten Stücken erlauben kann.

15. Die Vereinigung mehrerer Akkorde auf einem Bogenstrich ist nur wie in Vieuxtemps' d-moll Konzert unter der Voraussetzung günstiger Griffverhältnisse bei rascher Akkordfolge möglich:

con brio

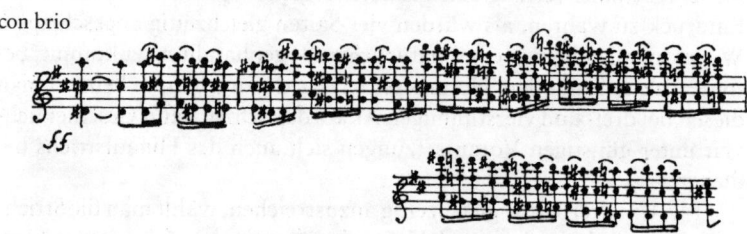

Die der linken Hand gestellte Aufgabe ist denkbar einfach, indem dieselben Finger lediglich im gleichen Verhältnis zueinander zu verschieben sind. Bereitet die Bewältigung trotzdem Schwierigkeiten, so ist die Ursache davon nur in der Rückwirkung zu suchen, die der rechte Arm auf die linke Hand ausübt. Die Bogenführung soll im Abstrich wie im Aufstrich dauernd drei Saiten festhalten. Versucht man dies durch starken Druck zu erreichen – anstatt vor allem durch Bogengeschwindigkeit und mäßigen Druck bei größerem Abstand vom Steg – so bewirkt die Anstrengung im rechten Arm auch einen übermäßig starken Fingeraufsatz und dadurch Behinderung des Gleitvermögens. Im allgemeinen aber pflegt man, wie schon bemerkt wurde (13.), drei- und vierstimmige Akkorde mit dem Herunterstrich zu spielen. Meist liegt dies auch in der Vorstellung des Komponisten.

Z. B. Joachim, Variationen:

16. Vierstimmiges Akkordspiel ist eigentlich nur ein möglichst rascher Saitenübergang in der Regel von der Tiefe zur Höhe, gelegentlich auch – aber sehr selten – von oben nach unten. Dabei sind mindestens zwei, womöglich gleich drei Saiten zusammen anzuschlagen und in unmittelbarem Anschluß die übrigen zu gewinnen, so daß die Wirkung den Eindruck der Gleichzeitigkeit macht. Auch hier darf man sich der Möglichkeit erinnern, durch eine Drehung des Geigenkörpers dem Bogen entgegen zu kommen.

17. So wünschenswert es oft der Vollständigkeit der Harmonie wegen ist, schließlich noch drei Töne des vierstimmigen Akkordes auszuhalten, so gestattet dies der starke Schwung jedoch nicht, der erforderlich ist, um den Eindruck des gleichzeitigen Anschlagens aller vier Saiten zu erwecken. Dieser Eindruck der Gleichzeitigkeit ist mit allen Kräften anzustreben, denn ein auffällig gebrochener Akkord ist ein Verstoß gegen gesundes musikalisches Empfinden.

18. Die wirkliche Dauer der Notierung läßt sich somit nur auf dem letzten Saitenpaar darstellen. Der gute Geschmack wird sich damit um so leichter abfinden, wenn die beiden Töne zueinander im Verhältnis der Oktave, Terz oder Sext erklingen. Bei Quinten und Quarten behandelt man am besten den Grundton der Harmonie mit größter Intensität und hebt ebenso auch die Dissonanz mit ihrer Auflösung hervor, sofern der Sinn der Komposition keine andere Behandlung erfordert.

19. Mitunter ist der mehrstimmige Satz so gehalten, daß auch Mittel- und Unterstimmen die Führung übernehmen. So z. B. in der C-dur Solosonate von Bach:

In solchen Fällen kann man den der Gleichzeitigkeit dienenden Schwung umkehren und so den Bogen wieder auf die tieferen Saiten zurückführen, um die Hauptsache zur Geltung zu bringen. Nur ist dabei darauf zu achten, daß die gerade verlassene und bereits abklingende Saite mit verminderter, rasch anwachsender Kraft aufs neue wieder zu gewinnen ist, damit man nicht etwa einen neuen Anschlag hört[19]. (20.)

21. Die vorstehenden Betrachtungen boten bereits Gelegenheit, die Aufgabe der linken Hand zu streifen, und zu bemerken, wie diese durch die Bogenführung gelegentlich Unterstützung finden kann (8.).

Wo die Zweistimmigkeit unter Ausnutzung einer leeren Saite erzielt wird, wie z. B. in der oben angeführten Stelle aus dem D-dur Konzert von Mozart, liegt nur eingriffiges Fingerspiel vor. Dabei ist besonders darauf zu achten, daß der Fingeraufsatz die Schwingung der leeren Saite nicht störe.

22. Zur leeren tieferen Saite empfiehlt es sich, die Finger mehr mit der äußeren linken Fingerkuppe aufzusetzen (links versteht sich im Hinblick auf den aufgesetzten Finger).
Vieuxtemps, Reverie, op. 22 Nr. 3:

Vorteilhaft ist dieser Fingeraufsatz auch deswegen, weil nun der Spielfinger durch eine gleichzeitige, leichte Berührung der nächsthöheren Saite deren Klangbildung verhindern kann. Besonders in höheren Lagen liegt nämlich die niedergedrückte Saite gegen die leeren um so viel tiefer, daß der Bogen gar zu leicht auch die nächsthöhere Saite mit anstreicht, welche Gefahr sich bei hoher Saitenlage und flacherem Steg noch vergrößert. Dieser die höhere Saite berührende Fingeraufsatz ist eine Art „Quintengriff", von dem gleich zu sprechen sein wird (27.–30.), und der gelegentlich auch anwendbar ist, die höhere Saite am Mitschwingen zu verhindern. Denselben Dienst können unbeschäftigte Finger ebenfalls leisten, sei es, daß sie die Saite nur leicht berühren und dadurch die Schwingungsmöglichkeit unterbinden, oder daß sie die Saite durch feste Griffe dem Bereich des Bogens entziehen.

23. Der Fingeraufsatz bei Griffen in Verbindung mit einer höheren Saite kann ebenfalls mehr mit der äußeren linken Fingerkuppe bewerkstelligt werden, um, umgekehrt wie bei der vorangehenden Betrachtung, nun die Schwingungsstörung der höheren leeren Saite zu verhüten. Nur muß dazu die Hand stärker gehoben werden, als es der normalen Handstellung zukommt, was durch den weiter nach rechts geführten Ellenbogen bewirkt wird. In der Scherzo-Tarantelle von Wieniawski findet sich das folgende Beispiel:

Eine weitere Möglichkeit, die Berührung der höheren Saite zu vermeiden, bietet der Quintengriff mit der tieferen Nachbarsaite, der auch gleichzeitig diese dem Bereich des Bogens entzieht. Da der Quintengriff aus technischen Gründen nicht überall angewendet werden kann, genügt auch der Fingeraufsatz mit der vollen Kuppe, der zudem auch noch

eine leichte Berührung der tieferen Nachbarsaite gestattet, um diese dadurch am Mitklingen zu hindern.
    Z. B. Pablo de Sarasate, op. 21, Spanische Tänze, „Habanera":

24. Die Notwendigkeit des einerseits auf die Freiheit, andererseits auf die Ausschaltung von Nachbarsaiten bedachten Fingeraufsatzes und die Unterstützung hierbei durch unbeschäftigte Finger ergibt sich klar aus den angeführten Beispielen. Diese Berücksichtigung der Nachbarsaiten beschränkt sich aber keineswegs auf das mehrstimmige Spiel, sondern empfiehlt sich auch oft bei rein einstimmigen Linien, besonders wenn diese über mehrere Saiten führen. Hierbei deckt sich nämlich die Aufgabe der einstimmigen Linie durchaus mit der Aufgabe beim Doppelgriffspiel, wo die Rücksicht auf die Freiheit der Nachbarsaiten immer erhöhte Aufmerksamkeit verlangt. Und zwar ist es stets der höhere Griff, der den tieferen Griff oder auch die leere Saite in der vollkommenen Klangbildung stören kann.
    Z. B. Bach, Partita III, Preludio:

Je nach der den Fingern gestellten Aufgabe wird man sich bald des einen, bald des anderen Fingeraufsatzes bedienen, um die reine Klangbildung von Nachbarsaiten nicht durch versehentliche Berührung derselben zu behindern. Wie der Fingeraufsatz gleichzeitig die Bogenführung unterstützen und dem unbeabsichtigten Mitanstreichen von Nachbarsaiten durch lose Berührung oder festes Niederdrücken derselben vorbeugen kann, ist in den vorangehenden Betrachtungen (22.–24.) eingehend dargestellt worden. Nur sei nochmals an die Möglichkeit erinnert, hierzu auch unbeschäftigte Finger heranzuziehen. Ja, selbst der Daumen kann in den unteren Lagen die Ausschaltung der G-Saite übernehmen.

25. Das zweistimmige Spiel auf der Geige gestattet die Anwendung aller Intervalle von der Prime bis zur großen Dezime. Noch größere Intervalle scheitern an der Streckfähigkeit der Finger und sind nur unter Ausnutzung der leeren Saiten oder in höheren Lagen unter günstigen Voraussetzungen möglich, z. B. in der 26. Etüde von Fiorillo:

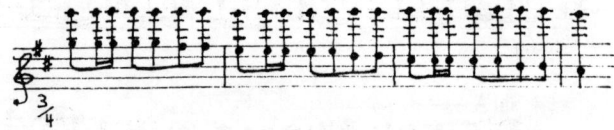

Hier kann die auf den 4. Finger gestützte Hand den ersten Finger allmählich bis zum Sattel ausstrecken. Während der Daumen dabei seine Lagenstellung und der 4. Finger dabei seinen Platz behält, wird der erste Finger immer mehr zurückgelegt und wird, schließlich völlig gestreckt, die Saite mit dem äußeren seitlichen Nagelglied niederdrücken.

26. Von entscheidender Bedeutung für die Streckfähigkeit der Finger ist die Stellung des Daumens. Aus der normalen Handstellung heraus, d. h. bei Gegenüberstellung von Daumen und Zeigefinger, gestützt also auf den 1. Finger ist die Reichweite des ausgestreckten kleinen Fingers eine so eingeschränkte, daß nur außergewöhnlich große Hände eine Dezime in den unteren Lagen zu greifen vermögen. Gibt man indessen dem Daumen eine Mittelstellung wie im letzten Beispiel und kann man die Hand auf den 4. Finger gestützt spreizen, so ist die Reichweite der Spannung eine erheblich größere. Es wird somit bei größeren Streckungen für die meisten Hände immer geraten sein, dem Daumen eine Mittelstellung anzuweisen, die sowohl das Zurücklegen des Zeigefingers als auch die Streckung des 4. Fingers erlaubt.

27. Infolge der Quintenstimmung unserer Violine ist die reine Quint in der Regel mit ein und demselben Finger zu greifen. Grifftechnisch nimmt die reine Quint den andern Intervallen gegenüber eine Ausnahmestellung ein, weil nur ein Finger gleichzeitig auf zwei Saiten aufzusetzen ist, während für alle anderen Intervalle je zwei Finger, also wirkliche Doppelgriffe erforderlich sind. Da wir die Geige schräg nach links halten, Sattel und Steg somit nicht parallel zu der Breitenachse unseres Körpers stehen, müssen wir die Finger zum Quintengriff mit der vollen Kuppe so auf die höhere Saite setzen, daß die linke Fingerspitze gerade noch die tiefere Saite fassen kann (s. a. S. 265, Fußnote 13).

28. Dieser Quintengriff muß zuverlässig ausgeführt werden können. Mit seiner Hilfe prüfen wir die Saiten auf die sogenannte „Quintenrein-

heit", das Verhältnis, von dem wir zur sicheren Intonation verlangen, daß benachbarte Saitenpaare bei gleicher Verkürzung, möglichst bis in höchste Lagen hinein stets reine Quinten ergeben. Andernfalls passen entweder die Saitenstärken nicht zueinander, oder die Saiten sind an sich falsch und daher völlig unbrauchbar.

Man sollte niemals aus irgendwelchen Gründen auf quintenunreinen Saiten spielen, am wenigsten aus Sparsamkeit. Denn die Einbuße an Sicherheit, der Mehraufwand an Aufmerksamkeit, Mühe und Arbeit an falscher Stelle, daraus entspringende Unlust, Ärger und Zweifel an der Möglichkeit des Gelingens sind Verschwendung an unserer Zeit und Kraft im allerschlimmsten Sinne.

29. Der Saitenabstand sollte den selbständigen Quintengriff der ersten drei Finger bis in höhere Lagen, den des vierten Fingers zum mindesten aber in der großen Sekundlage gestatten (s. a. Fußn. 20).

30. Am leichtesten wird der Quintengriff vom ersten Finger bewältigt, der dabei ganz auf sich selbst angewiesen ist. Zur Sicherung des Quintengriffes des zweiten Fingers kann der unbeschäftigte erste Finger wesentlich dazu beitragen, indem man ihn auf die tiefere Saite, am besten als Halbton zum Quintengriff aufsetzt, wodurch man die tiefere Saite am Entweichen hindert. In gleicher Weise kann man den Quintengriff des dritten und vierten Fingers durch unbeschäftigte Finger unterstützen. Immer aber ist die beste Stütze der als Halbton auf der tieferen Saite aufgesetzte Nachbarfinger.

31. Wie hier beim Quintengriff des zweiten, dritten und vierten Fingers kann die Aufgabe der linken Hand häufig durch Stützfinger erleichtert werden. So gewinnt der Oktavengriff an Zuverlässigkeit und Sicherheit, wenn man den zweiten und dritten Finger lose auf die höhere Saite setzt, und zwar den zweiten Finger am besten als kleine Sext, also als Halbtongriff zum ersten Finger (s. S. 189). Als Beispiel und zum besseren Verständnis mögen zwei gefürchtete Stellen folgen, wobei die Stützfinger durch kleine Quadrate gekennzeichnet sind.

Beethoven Violinkonzert: Allegro ma non troppo

Brahms Violinkonzert: Allegro non troppo

(s. a. S. 166)

32. Die Regel vom Liegenlassen der Finger, der Gebrauch von Stützfingern und der vorzeitige Fingeraufsatz beim Saitenübergang sind Hilfsmittel, die man sich auf dem Wege der Erfahrung und Einsicht bis zu selbsttätiger, unbewußter Anwendung aneignen muß, um zu einer vollendeten Grifftechnik zu gelangen.

33. Nicht immer ist der gleichzeitige Aufsatz mehrerer Finger möglich, dann ist es im allgemeinen am besten, den ersten Finger vor den übrigen, den zweiten Finger vor dem dritten und vierten, den dritten vor dem vierten Finger aufzusetzen (s. a. S. 182, Fußn. 14). Dies gilt wohlverstanden nur im allgemeinen und nur da, wo es den musikalischen Anforderungen nicht widerspricht. Der musikalische Sinn aber muß unter allen Umständen zur Geltung kommen und die Ausführung sich dementsprechend anpassen. Die Menge der Kombinationsmöglichkeiten läßt in solchen Dingen nur von Fall zu Fall Entscheidungen treffen, doch sind die bereits genannten grundsätzlichen Gesichtspunkte möglichst innezuhalten.

34. Was die Lagenverbindung, das Portamento bei Doppelgriffen anlangt, muß man sich ebenfalls möglichst an die Hauptregel halten, wonach der oder die letzten Spielfinger vor dem Lagenwechsel in die neue Lage gleiten und die neuen Griffe daran anschließend fest zu bewerkstelligen sind (vgl. S. 203 f, S. 170 f). Den dadurch entstehenden Violinismus verbergen zu wollen, wäre die Schwäche des Malers, die Eigenart der Pinselstriche zu verwischen. Griffe, bzw. ihre Verbindung, gehören so zu dem Rüstzeug des Geigers, wie der Pinsel zu dem des Malers. Der Künstler habe den Mut und die Ehrlichkeit, sein Handwerkzeug nicht zu verleugnen (S. 173 f).

Wir schließen hiermit die Ausführungen über die allgemeinen Gesichtspunkte beim Doppelgriffspiel, auf die wir bei den Betrachtungen unseres Textes nunmehr nur zu verweisen brauchen.

Die von Rode im Siciliano gesetzten Bogen beziehen sich mit wenigen Ausnahmen auf die Strichbehandlung. Nur in einigen Fällen, wo sie über schwere Zählzeiten hinweg reichen, decken sie sich mit der gegebenen Phrasierung. Die ersten beiden Takte sind ein einheitlicher Gedanke (Zweitakter), bei dem man sich nicht durch die Bogen verleiten lassen darf, halbtaktig zu gliedern (wenn man auch von einem Unterteilungsmotiv sprechen kann):

NB 1

Siciliano.

Ebenso wie im A-dur Violinkonzert von Mozart:

Adagio

Hier wie dort ist der Gesang durchgehend, und die zusammenfassenden Bogen dürfen den weitgespannten Linienzug nicht zerreißen. Gleichwohl bedient man sich am vorteilhaftesten getrennter Bogenstriche, wie sie S. 203–204 beschrieben sind. Wollte man den verbundenen Strichwechsel anwenden, so wird die dabei gleichzeitig eintretende Lagenänderung hörbar werden. Hierdurch kann, selbst bei großer technischer Fertigkeit, leicht die Grenze überschritten werden im Sinne des für den Hörer erträglichen Maßes im Gewahrwerden des rein handwerklich Bedingten.

Der verbundene Strichwechsel wäre mit anderen Fingersätzen wohl möglich, wobei die Lagenverbindungen nahezu unhörbar zu machen sind:

Hierauf sei nur aufmerksam gemacht, denn wer von einem Meister wahrhaften Vorteil ziehen will, folge seinen Angaben ganz – die Capricen sind nicht nur musikalische Meisterwerke, sondern wir ergreifen und studieren sie mit dem Wunsch nach Belehrung und Förderung – Rode's Fingersatz könnte man handwerksmäßig ehrlicher nennen, den unter a) angegebenen virtuoser, eleganter, doch auch entschieden weichlicher. Der unter b) ist nur in e-moll möglich und hat den Nachteil, daß dieselbe Stimme nicht auf derselben Saite fortgesetzt wird, also Linien- und Klangfarbenkreuzung eintritt.

Nun ist noch zu erwähnen, daß eine hörbare Lagenverbindung (– es ist immer an einwandfreie Ausführung gedacht! –) zu den Ausdrucksmitteln des Geigers gehört. Die Frage des Ausdrucks, sowohl seitens ihrer Berechtigung und Notwendigkeit als auch des Maßes, ja schon die Gabe etwas zu empfinden und dies formend zu gestalten, unterliegen so stark unserer persönlichen Einstellung, daß man es dem einzelnen überlassen muß, wie er sich dazu verhalten will und kann. Übertreibung ist immer von Übel. Bedenklich aber auch ist eine dem Ausdruck gegenüber ablehnende Haltung als Zeitströmung und -erscheinung, die wie eine verheerende Krankheit um sich greifen und selbst stärkere Künstlernaturen erfassen und bestimmen kann, die Geige nach Gesichtspunkten zu beurteilen, die vom Standpunkt des maschinenhaftesten Instrumentes, des Klaviers, gewonnen werden. Dadurch ist u. a. der hörbare Lagenwechsel als Ausdrucksmittel in Verruf geraten. Betont sei nochmals, daß man sich vor Übertreibungen zu hüten hat; andrerseits aber hat man die Verpflichtung, echtes von unechtem zu unterscheiden und die Anerkennung gegebener und wohlbegründeter Anwendung von Ausdrucksmitteln nicht zu versagen, etwa weil man selber als Sklave der Maschine sich ihrer nicht bedienen kann oder will. Dies ist um so befremdlicher, als der Ausgangspunkt, wie schon erwähnt, vom Klavier herkommt, das nicht einmal über einen kontinuierlichen Ton verfügt. Der Gesang ist und bleibt unstreitig unser Vorbild; auch ihm ist eine Tonverbindung möglich wie dem Streicher beim Lagenwechsel. Eine andere, durchaus berechtigte Frage für den einen wie für den andern ist die geschmackvolle Anwendung.

Wenn wir auch dem getrennten Strichwechsel den Vorzug geben, wollen wir doch den Vorgang beim hörbaren Lagenwechsel beschreiben. Dabei sind die letzten Spielfinger gleitend von $\genfrac{}{}{0pt}{}{a^2}{fis^2}$ in dem Augenblick durch den zweiten und vierten Finger zu ersetzen, wenn die Höhe von $\genfrac{}{}{0pt}{}{g^2}{e^2}$ erreicht ist, in welchem Zeitpunkt auch der Strichwechsel vollzogen sein muß. Das Auswechseln der Fingerpaare genau auf der Höhe von $\genfrac{}{}{0pt}{}{g^2}{e^2}$ ist keine geringe Schwierigkeit und eine unerläßliche Bedingung.

Ungeschickt, um nicht zu sagen schlecht wäre die Zurücknahme des Spielfingerpaares bis in die erste Lage:

also Überschreitung des Zieles mit dessen nachträglichem Ergreifen durch das andere Fingerpaar.

Der Fortgang zum zweiten Takt erfordert noch vermehrte Aufmerksamkeit, weil Saitenübergang hinzukommt, vom oberen zum mittleren Saitenpaar. Hier dient die gemeinsame A-Saite als Brücke (s. 11, S. 204), das bedeutet, daß auch der Lagenwechsel auf ihr vorgenommen werden muß. Die Unterstimme erhält somit eine Verbindung zur Oberstimme. Erfolgt aber das Gleiten, während der Bogen auch noch die E-Saite mitanstreicht, dann wird, ähnlich wie oben, ein Ziel gewissermaßen angestrebt, vorgetäuscht:

Insofern ist es besser, sich der Brücke zu bedienen (Fußn.[20]). All diesen Schwierigkeiten entgeht man durch den getrennten Strichwechsel (s. 9, S. 203–204).

Noch einer Möglichkeit ist zu gedenken, von der Rode im zweiten Takt Gebrauch macht, wo einer Stimme vor der anderen die Hauptbedeutung zufällt und die zweite vorübergehend schweigt. Wären die beiden Stimmen im ersten Takt nicht gleichberechtigt, dann könnte unter diesem Gesichtspunkt der technische Vorgang folgendermaßen sichtbar gemacht werden:

Gewissenhafter Selbstkritik haben diese Ausführungen vielleicht nichts Neues zu sagen, ernster Künstlerschaft werden sie Bestätigung oder Anregung sein.

Die soeben erwähnte kürzere Behandlung einer unterzuordnenden zweiten Stimme hat Rode für das dritte Achtel des zweiten Taktes nicht vorgesehen (s. NB 1 S. 212), wenngleich sie hier in Frage käme, denn zum vierten Achtel ist es technisch unmöglich, mit verbundenem Strichwechsel beide Spielfinger auf zwei verschiedenen Saiten gleichzeitig auszuwechseln. Zwar ist es möglich, mit der letzten Note des Doppelschlags den zweiten Finger als Quint $\genfrac{}{}{0pt}{}{e^2_1}{a}$ aufzusetzen (und man verfährt am besten so), dann ist nur der dritte Finger fis^2 aufzuheben, um mit der Hauptnote im richtigen Moment fortzufahren. Die begleitende Stimme aber wird durch den neuen Fingeraufsatz etwas zu spät kommen. Bei ruhender Quint läßt sich auch der dritte Finger, ohne aufgehoben zu werden, auf die D-Saite schieben – in Verbindung mit einer geringen Rechtsführung des linken Armes – doch steht die damit verbundene große Mühe und Umständlichkeit des technischen Vorgangs (bei aller Gewissenhaftigkeit auch in kleinen Dingen) in keinem Verhältnis zu der geringen Bedeutung der hier begleitenden zweiten Stimme. Aus all diesen Erwägungen geht klar hervor, daß der verbundene Strichwechsel nur eingeschränkt, der getrennte aber immer anzuwenden ist. Je kleiner bei letzterem die eintretende Unterbrechung des anzustrebenden fortgesetzten Klanges, je rascher und unmerklicher das Abnehmen des vorhergehenden Tones und das Anwachsen in den folgenden Ton hinein erfolgt, um so vollendeter ist die Ausführung.

Ein zweiter Zweitakter antwortet dem ersten und beginnt mit dem verdoppelten e^2:

NB 2   (Takt 3–4)

Die saubere Intonation ist durch freien Aufsatz des vierten Fingers mehr oder weniger Zufall, da ein Lagenwechsel vorausgeht (s. NB 1). Daher ist es am besten, die letzten Spielfinger als große Terz, also als kleinen Griff auf $\genfrac{}{}{0pt}{}{h^1}{g^1}$ zu führen, und den vierten Finger als große Sext zu g^1 aufzusetzen. Hier haben wir einen Vorgang, der die Aufgabe und Bedeutung von Stützfingern besonders klar erkennen läßt.

Takt vier wendet sich im alten Druck nach G-dur. Die späteren Drucke lassen im Abschlußviertel g^2 weg und erhöhen vorher das c^3 zu cis^3, womit ein Dominantschluß auf h empfunden wird:

(4. Takt)

Einen dergestalt notierten Doppelschlag hört man meist so ausgeführt:

als ob man ihn nicht anmutig nach einem punktierten Achtel vor einem Sechzehntel einschieben könnte. Auch Bach liebt es, nach Bewegung auf der letzten Note halt zu machen:

Solo-Sonate C-dur

Die folgenden vier Takte (5–9) lassen sich mit einheitlicher Klangfarbe auf dem tiefen Saitenpaar bequem spielen:

NB 3   (Takt 5 u 6)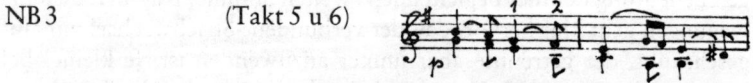

Rode verlangt es zwar nicht ausdrücklich, gibt aber auch keinen Fingersatz für den Beginn der Phrase. Im siebenten Takt läßt sich eine hübsche Beobachtung machen:

NB 4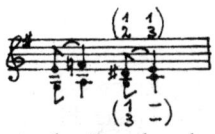

Die Intonation wird mit dem oberen Fingersatz in der Regel mehr befriedigen als mit dem unteren, was wohl damit in Zusammenhang steht, daß im ersten Fall der Leiteton erhöht gegriffen wird und im zweiten durch den gleicherweise gleitend versetzten Griff eine Art temperierter Terz erscheint.

Der Vorschlag des achten Taktes:

NB 5

genau nach der Notierung gespielt „ließe gewöhnlich", um sich der Sprache der Väter zu bedienen. Wer möchte auf die Dissonanz, die Würze der Musik verzichten? Musikalischer ist diese Ausführung:

Die über den Achteln befindlichen Punkte können sich nur auf das Tonende beziehen, die einzelnen Achtel voneinander trennend – was man unter portamento versteht –, des Charakters wegen aber nicht auf Staccatobehandlung des Tonbeginns.

Der kurze eingeschobene Mittelsatz in G endet zunächst mit einem Trugschluß. Durch Wiederholung des letzten Taktes, der nun richtig in G-dur schließt, ergibt sich im ganzen eine fünftaktige Periode, ein anderer meisterlicher Zug: Durchbrechen der geradzahligen Gliederung.

In der Wendung zum Schluß:

NB 6

scheint Rode das dis mit dem zweiten Finger gegriffen zu wünschen. Nachdem vorher schon der vierte Finger unter Erhöhung überzusetzen war, hätte nun der zweite Finger dasselbe zutun. Man eigne sich diese Spielweise an, wenn auch der eingeklammerte Fingersatz eine ruhigere Handhaltung, größere Griffsicherheit und leichteres Legatospiel gewährleistet. Der Schweller zur verminderten Septime g^1 ais unterstreicht noch deren symbolische Bedeutung als Ausdruck von Klage, Schmerz (vgl. *Vom musikalischen Einfall,* S. 114) und ist die gegebene Stelle für ein Vibrato, das aus der Empfindung erwächst. Im Gegensatz zum achten Takt verlangen die Punkte über den Sechzehnteln hier den Staccato-Ansatz, dies gilt infolgedessen auch für den ersten Punkt, der noch unter dem langen Bogen steht.

NB 7

Die drei Aufstriche:
folgen der Regel „Gleiches auf gleiche Art". Das abwartend Hinhorchende gelingt im Aufstrich besser und überläßt dem Herunterstrich den Abschluß mit der entscheidenden Wendung von der Unter- zur Oberdominante.

Noch ein Wort zum Schweller < > (S. 169). Vergleicht man bei Rode die Stellen, die damit ausgezeichnet sind, und erinnert sich des früher üblichen sparsamen Gebrauchs des Vibrato (Fußnote 10), so könnte man in diesem Zeichen eine Schreibeigentümlichkeit Rode's erblicken, die mit dem An- und Abschwellen nicht nur die Tonstärke, sondern ein ebenso behandeltes Vibrato fordert, das anhebt und wieder verschwindet, worauf schon auf Seite 169 ein für allemal hingewiesen wurde.

Das Allegro ist mit breiten Bogenstrichen in der oberen Bogenhälfte, oder, mit noch größerer Intensität, in der Bogenmitte auszuführen, der Bogen für die Akzente auf an sich unbetonten Sechzehnteln aufzuschlagen. Zu der melodietragenden Hauptstimme tritt eine orgelpunktartig behandelte Oberstimme, die der Ausbildung und Kräftigung des vierten Fingers dient. Im fünften Takt beginnt mit dem zweiten Sechzehntel ein neuer musikalischer Gedanke, der im sechsten Takt auf anderer Tonstufe wiederholt wird, der jeweilige Beginn ist nicht (wie hinterher) mit Akzenten bedacht: macht man also eine kleine Zäsur, so muß man hier eine besondere Betonung vermeiden und sie für die Stellen aufsparen, wo Akzente vorgeschrieben sind. Ganz unangebracht dagegen wäre eine Zäsur nach dem ersten Sechzehntel im zwölften Takt:

NB 8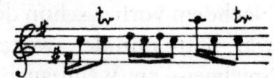

Hier erlaubt der Fluß der Sechzehntel keinerlei Unterbrechung, die durch den Halt auf dem zweiten Achtel ohnehin überraschend und mit starker Wirkung eintritt. Dieser Halt wird noch fühlbarer, wenn man den Triller mit zwei Schlägen als Praller mit Abzug (s. S. 175 f.) ausführt.

Mit Nachschlag bedacht, erhielte die Stelle eine freundliche Abrundung und verlöre ihren kantigen Charakter. Das piano im sechzehnten Takt ist wie ein Hinterhergrollen. Die Dominante ist zwar schon erreicht, bedarf aber noch mehrerer Anläufe, um zur Haupttonart zurückzufinden. Demzufolge treten auch mehrfach neue Gedanken auf.

Takt 18

NB 9

Punkt und Akzent zur selben Note gestellt, könnte befremden, der melodische Zug soll aber mit Heftigkeit betont werden (zwei Takte später folgt ein piano). Zugleich geben die Punkte gegen die Bindung eine Zusammenfassung je vom vierten zum ersten Sechzehntel und vertragen eine virtuos spielerische Kürzung (rubato). Zum ais des Notenbeispiels ist der erste Finger dem zweiten vorzuziehen aus denselben Erwägungen, die für den siebenten Takt des Siciliano in bezug auf die Intonation maßgebend waren. Dieselbe Strichart erscheint später noch zweimal ohne die Akzente. An diesen Stellen entwickelt sich die melodische Bewegung erst nach einem Takt und fällt jeweils auf das zweite Sechzehntel; eine auffällige Betonung desselben ist nicht beabsichtigt, die Sechzehntel sind mithin zügiger zu behandeln.

Die Vorschrift, den kleinen Finger nicht aufzuheben (ne levez pas le petit doigt), scheint das Gleiche für den Zeigefinger vorauszusetzen; jedenfalls folgt sie der Regel „Finger möglichst liegen lassen" und ist ein Musterbeispiel, wie man ein technisches Problem, nämlich die selbständige Betätigung der mittleren Finger bei Fesselung des ersten und vierten Fingers, unauffällig musikalisch einkleiden kann.

Die Rückkehr nach e-moll greift den Hauptgedanken auf und leitet damit eine im Verhältnis zum ganzen Allegro längere Coda ein, die noch einem besonderen Höhepunkt zustrebt unter mannigfacher Veränderung des Themenmaterials und ein in seiner Geschlossenheit bewundernswertes Musikstück zuende führt, das man seinem Aufbau nach als dreiteilige Liedform bezeichnen könnte. Die im piano verklingenden letzten Sechzehntel sind mit geworfenem Bogen (spiccato) zu spielen. Die für die Benutzung der leeren E-Saite immer wieder vorgeschriebenen Nullen:

NB 10

lassen vermuten, daß Rode den festen Fingeraufsatz geübt wissen wollte, womit sich eine gewisse Kühnheit miteinstellen muß, die den stürmischen Abstieg des nächsten Taktes trefflich vorbereitet. Man kann sich zwar an der angegebenen Stelle eines Stützfingers auf der A-Saite bedienen, womit man die Zuverlässigkeit der Griffe sichern, aber durch die Vorsicht das frische Zugreifen (Bravour) herabmindern wird. Ein ehrliches Vorbeihauen ist oftmals erfreulicher als eine Rückversicherung, und im mutigen Zupacken liegt schon halbes Gelingen.

Die D-dur Caprice

Der erste Gedanke:

NB 1

Moderato

ist gewissermaßen ein erweiterter Anruf (vgl. *Vom musikalischen Einfall*), der nicht nur die Tonart und den wesentlichen Charakter aufstellt, sondern damit auch die Voraussetzung, die Plattform für den Fortgang schafft:

NB 2

Bei einem solchen Anfang hat man oftmals den Eindruck, als ob der Autor sich selber zu seinem Werk inspirieren wollte. Dann fällt einem mitunter die Wahl schwer, dem einen oder anderen Motiv größere Bedeutung zuzuerkennen. Zur Verdeutlichung ein Beispiel:

Beethoven, op. 59, e-Moll:

Oft berauscht sich der Komponist an der Aufstellung oder Entwicklung eines Dreiklangs, bevor der eigentliche Einfall, mehr oder weniger selbständig, Gestalt annimmt:
Brahms, Streichquintett G-dur op. 111:

Bei der für den Schaffensvorgang so ausschlaggebenden Bedeutung des Beginns ist es daher um so auffälliger, wenn im alten Druck die Phrasierung des ersten Taktes für die Wiederholungen desselben nicht vorbildlich bleibt und außerdem im Zweifel läßt, ob der über das zweite und dritte Viertel gestellte Bogen über dem ersten absichtlich oder versehentlich fehlt:

NB 3

NB 4

Unstreitig ist bei dieser Bewegungsart eine zwei Noten zusammenfassende Strichbehandlung das Gegebene:

Das Zusammentreffen von punktiertem Achtel (statt Achtel mit 16tel Pause) und sforzato mit nachfolgenden fortgesetzten Sechzehnteln ist einleuchtend, gleichgültig, ob man das erste der Letzteren anbinden oder mit einem neuen Bogenansatz versehen will; beides ist vorstellbar, der Verfasser zieht eine geringe Trennung vor, als Bezugnahme auf das Vorangehende.

Die Sextolen wie auch die Sechzehntel sind mit breitliegenden Strichen in der Mitte oder in der oberen Hälfte des Bogens zu spielen. Nach der angegebenen zusammenfassenden Strichbehandlung beginnt der zweite Takt mit Aufstrich, so daß man für die spritzige Triole mit neuem Aufstrich aufs schönste zur Bogenmitte gelangt. Die punktierten Achtel sind staccato auszuführen: die Punkte bedeuten hier zugleich Bogenansatz und Kürzung. – Der Wechselbalgcharakter des Punktes als Zeichen bald für die Behandlung des Tonbeginns bald für sein Ende liegt hier vor und ist wohl zu unterscheiden. Wenn der Punkt über einer bewegungbeendenden Abschlußnote steht, ist diese ohne Trennung anzuschließen und könnte bei dem gegebenen raschen Zeitmaß gar nicht mit Ansatz versehen werden. Das Gleiche gilt für:

NB 5

Hier zeigt die Pause außerdem noch an, wo das Unterteilungsmotiv anfängt und aufhört.

Im Gegensatz dazu fallen Anfangs- und Abschlußnoten in nicht zu unterbrechender Bewegung zusammen:

NB 6

und sind den Schwellern entsprechend etwas gedehnt und mit bescheidenem Vibrato zu behandeln (rubato).

Rode hat als erfahrener Pädagoge offenbar mit Nachdruck auf sinngemäße Deutung und dementsprechende Unterscheidung aufmerksam machen wollen und die Arten aufgezeigt, wie dies möglich sei, und hat demzufolge auch einen Gang angeschlossen, wo weder die eine noch die andre Behandlung, trotz scheinbarer Untergliederung, gewählt werden darf, indem es sich lediglich um einen rauschenden Abstieg handelt:

NB 7

Selbst der Vorschlag (Fingerabzug s. S. 174) darf wie die Spitzen im Verlaufe der Bewegung weder durch Betonung noch durch Verzug irgendwelchen Aufenthalt erfahren: der Linienzug muß für sich selber wirken.

Die großen Sprünge der Viertel verlangen stets ein marcato (staccato-Ansatz), noch verstärkt, wo ein sforzato dazutritt.

In der aufsteigenden Tonleiter vor Abschluß des Vordersatzes:

NB 8

bezweckt der kleine Bindebogen lediglich die Umkehr der Strichrichtung, d. h. für die höchste Note mit Aufstrich auszukommen. Man hüte sich, die Bindung hörbar zu betonen.

Der in fis-moll beginnende Mittelsatz verwendet, ähnlich wie es in der C-dur Caprice geschieht, das zuvor gegebene Material in mannigfaltiger Verbindung und Veränderung. Bemerkenswert, daß die Verschiebung des Auftaktes vom vierten aufs erste Viertel:

s. NB 3

zu einem crescendo (═══════) Veranlassung gibt, um ja die ursprüngliche Betonung trotzdem beizubehalten. Das übermütige Spiel mit Unregelmäßigkeit entbehrt nicht des Reizes.

Die sechsmalige Wiederholung:

NB 9

einer vertrauten Wendung, hier sogar mit gleichbleibender Tonstärke (f segue) und in völliger Gleichförmigkeit könnte lediglich als besonderer Übungszweck erscheinen, wenn sich nicht in dem Verweilen ein feines Gefühl für den richtigen Zeitpunkt des erwarteten Fortschreitens, des wahrhaften Reifseins nach einer durch die Wiederholung sich steigernden Spannung offenbarte. – Meist genügt zur Erhärtung, Bekräftigung eine einmalige Wiederholung, seltener wird derselbe Gedanke hintereinander dreimal gebracht (u. a. Schlußwendungen bei Mozart). Unser Empfinden verlangt bereits während der dritten Wiederkehr einen Fortgang (Brahms, Klarinetten-Quintett, Adagio). Eine noch häufigere Wiederholung, zumal einer lebendigen und an sich nicht ermüdenden Bewegung erzeugt also Spannung, die Erwartung erhöhend.

Bei der motivischen Auswertung der Sprünge (auch Umkehrung) darf die Schwierigkeit nicht zur Tempoänderung führen. Man verwechsle niemals Auffassungsfragen mit aus technischen Gründen irgendwelcher Art beeinflußter Spielweise (vgl. *Rhythmus*). Die Sprünge sind geradezu spielerisch, virtuos kühn zu bewältigen. Anders dagegen ist es mit den Sprüngen im Violinkonzert von Brahms bestellt:

Allegro non troppo

Hier verlangt die cyklopenhafte Wucht, die auch aus der schweren Baßbewegung spricht, eine ebenso gewichtige, auch durch die Bindungen belastete, von Eleganz und Oberflächlichkeit weit entfernte Behandlung. Joachim sagt von dieser Stelle: „Unwillkürlich zaubert mir dabei die Phantasie das Bild scharfkantiger Felsenmassen vor die Seele".

Mit der Wendung nach e-moll ist der letzte Abschnitt des Mittelsatzes erreicht, der unter Modulationen zur Dominante A führt, zunächst aber noch zu d-moll gehört. Erst nach Aufgabe der kleinen Terz f und noch weiterem Verweilen (mehrfache Wiederholung) ist das Reifsein für die Umdeutung der kleinen zur großen Terz fis gekommen und führt zum Anfang zurück. Auch in diesem Abschnitt findet das Sprungmotiv in noch etwas veränderter Gestalt Verwendung:

NB 10

Vielleicht tragen die Sechzehntel im Zusammenhang damit hier die Punkte, die auf Einzelstrichen mit Staccato ausgeführt eine Spezialbegabung voraussetzen, die auch dem eifrigsten Bemühen nicht unbedingt erreichbar ist. Wollte man die Staccato-Wirkung dennoch erzielen, so bietet die Zusammenfassung mehrerer Sechzehntel auf einen Bogen hier wie an ähnlichen Stellen verschiedene Möglichkeiten:

Auf solche Weise erzielt Rode selber im Anfang des zweiten Taktes (s. NB 10) eine bequemere Spielweise (Violinismus), wobei die tiefere Saite mit Ansatz und die höhere mit aufgeschlagenem Bogen erfaßt wird. Die Schwierigkeit wird umgangen durch Spiccato-Behandlung, durch flockig aufgeworfenen Bogen in der unteren Hälfte, wobei dann freilich vor der letzten höchsten Note nochmals zwei Sechzehntel zusammengefaßt werden müssen, um das Abschlußviertel mit ausreichendem Klang zu bringen, was in dieser Bogengegend nur im Abstrich möglich ist.

Bemerkenswert ist die unterschiedliche Notierung der mehrstimmigen Schläge:

Unzweifelhaft handelt es sich um an sich gleiche Schläge, bei denen das Arpeggio lediglich andeutet, daß der oberste Ton als Melodieträger allein übrig bleiben soll.

Der eingangs empfohlene breitliegende Strich für die Sextolen wird mit der Höhe immer schwieriger, der Strichwechsel immer hörbarer, und es bedarf schon einer großen Bogengeschwindigkeit, um ihn in der Höhe ebenso glatt auszuführen wie in der Tiefe, selbst bei einwandfreier Gleichzeitigkeit von Finger und Bogen. Der hörbare Strichwechsel erfreut sich heute nicht der Beliebtheit, wie es früher der Fall war, als man die Bogengeräusche geradezu als zum Geigenton und zu herzhaftem, männlichen Spiel gehörig erachtete und ein ehrliches, sinnvolles Benutzen des Handwerkzeugs richtig bewertete (s. a. S. 173f). Tempora mutandis. Was damals allgemein als schwächlich und weichlich galt, wird heute als Ideal angestrebt und verlangt. Ein nicht zu unterschätzender Faktor in dieser Entwicklung ist das Aufkommen mechanischer Musik, namentlich durch Platte und Rundfunk, wo allerdings Nebengeräusche unerträglich sind. Man strebe danach, sich an Hand dieser Takte:

NB 11

einen technisch beherrschten, betonten Strichwechsel (intensiverer Bogendruck, geringere Bogengeschwindigkeit) zu charaktervoller Verwendung ebenso anzueignen wie den flüchtigeren Bogenstrich mit geringerem Druck. Wie oben (S. 224) ist aus denselben Erwägungen auch hier springender Bogen anwendbar.

In den folgenden Takten:

NB 12

phrasiert Rode in verschiedenartiger Paarung. Bei der ersten Art der Zusammenfassung sind in diesem Zeitmaß (vgl. dagegen S. 213 Mozart, A-dur Konzert) die jeweils ersten Sechzehntel merklich zu verkürzen und die einzelnen Striche voneinander zu trennen. Gibt man beiden Sechzehnteln genau gleiche Dauer, so wird vermeintliche Notentreue eine langweilige Wirkung auslösen und die Vertrautheit mit dem Brauchtum früherer Zeit vermissen lassen. –

Die Stelle im Mendelssohn-Konzert:

wird geradezu mit Taktverschiebung gespielt; selbst die bekannte Tonleiterfigur der Violinen in der Tannhäuser-Ouvertüre:

erklingt trotz der Pausen immer so, als ob das erste Sechzehntel ein Vorschlag zum zweiten wäre, gleicherweise also mit Taktverschiebung. –

Im zweiten Takt unseres Beispiels (NB 12) wird das mit Akzent und Punkt versehene zweite Sechzehntel nahezu zum Zweiunddreißigstel, als ob die Notierung so aussähe:

Im Allegro giocoso ma non troppo vivace vom Brahms-Violin-Konzert finden wir ein ähnliches Motiv:

Das auftaktige Sechzehntel trägt keinen Punkt, ist also nicht zu kürzen, wie man es leider vielfach hört.
Umgekehrt wird im letzten Satz vom Bruch-Konzert g-moll:

Allegro energico

das Charakteristische des punktierten Auftaktachtels meist nicht beachtet und als Sechzehntel mit dem folgenden Vorschlag pausenlos verbunden, anstatt zwei in Achtelbewegung aufeinander folgende gehämmerte Pulsschläge zu geben. –
Der Akzent (NB 12) erhält entweder noch schärferen Bogenansatz oder wird durch peitschend (fouettez) aufgeworfenen Bogen erzielt. Wiederum ein Violinismus! Das mit Akzent ausgezeichnete und zu kürzende zweite Sechzehntel gehört auftaktig (ohne Trennung) zum dritten Sechzehntel, so daß es sich hier um ein Unterteilungsmotiv von vier Sechzehnteln handelt, während im ersten Takt ein solches von nur zwei Sechzehnteln vorliegt. Im dritten Takt aber geht die Bindung von unbetont zu betont, eine Trennung in Gruppen ist schon der bereichernden Abwechslung wegen nicht angezeigt, das Ziel ist erreicht, die lebhafte Bewegung des ersten Viertels wird bekräftigend viermal wiederholt, muß breit hinfließen und darf nicht mehr durch Aufspaltung in kleinere Gruppen unterbrochen werden.
Entschlossene Akkorde lassen nur noch Raum für eine schnelle Wendung über dur- und moll-Unterdominante zu einem kühn hingeworfenen Abschluß.

Die h-moll Caprice

Das dem Moderato vorangestellte Adagio ist bis auf die letzten Takte ein Gesang auf der G-Saite. Die Behandlung des Fingersatzes folgt dabei der alten Regel, die auf Linien und Hilfslinien stehenden Noten mit dem ersten Finger zu greifen.

NB 1   Adagio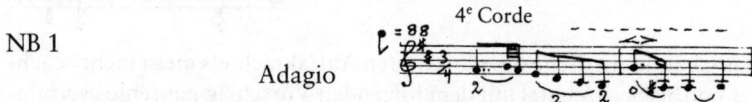

Mit dem angegebenen Fingersatz ergibt sich gleich im ersten Takt eine nicht unerhebliche Schwierigkeit für die musikalische Wiedergabe, da der Lagenwechsel zu den unbetonten Achteln hin diesen leicht ein unerwünschtes Gewicht verleiht, zumal das letzte Achtel ganz allein der ersten Lage zugewiesen und zum zweiten Takt ein erneuter Lagenwechsel erforderlich ist. Offenbar zielt die Vorschrift auf Aneignung einer geschickten, unauffälligen Lagenverbindung. Zugunsten eines zuverlässigeren gesanglichen Vortrags kämen etwa die nachstehenden Fingersätze in Betracht:

Für die Tonwiederholung im zweiten Takt empfiehlt sich der verbundene **betonte** Strichwechsel, der seiner Hörbarkeit wegen sonst in der Cantilene im allgemeinen zu vermeiden ist. Der Klavierspieler hätte die Taste einfach nochmals anzuschlagen, der Geiger dagegen muß es dem Sänger gleichtun, der auf demselben Ton eine zweite, mit einem Konsonanten beginnende Silbe ausspricht. Die technische Ausführung scheidet dazu die von Mozart für den neuen Strichbeginn geforderte Schwäche (vgl. S. 203 ff) aus, und faßt die für den Strichwechsel erforderliche Bewegung ruckartig unter geschmeidiger Handgelenk- und Fingerbetätigung zusammen. Um Unklarheiten nicht aufkommen zu lassen, sei nochmals ausgesprochen, daß zum Zweck eines verbundenen **unbetonten** Strichwechsels die Mozartsche „Schwäche" in Verbindung mit größerer Bogengeschwindigkeit sehr wohl zum Ziele führt, aber niemals, besonders nicht auffällig oder gar übertrieben wahrnehmbar werden darf (nicht nachdrücken!). Besser als alle Beschreibung technischer Vorgänge, die sogar gefährlich sein kann, ist das gute Vorbild, das einer echten Begabung unter Kontrolle des eigenen Ohres den rechten Weg finden läßt.

In bezug auf den Fingersatz ist, besonders im sechsten Takt (NB 2),

NB 2

wo der Vorhalt des ersten Achtels zu seiner Auflösung hin einen Lagenwechsel verlangt, die musikalisch erforderliche Vorhaltsbetonung bedenklich gefährdet. Es ist nicht anzunehmen, daß einer so großen Künstlerschaft, die wir Rode nach seinem uns hinterlassenen Werk zusprechen müssen, die Wichtigkeit der Frage entgangen sein sollte, an welcher Stelle der Lagenwechsel sowohl technisch als auch musikalisch vorzunehmen sei. Wenn wir uns hier aber seinem Standpunkt nicht uneingeschränkt anschließen können, so ist nicht ausgeschlossen, sondern höchst wahrscheinlich, daß der Grund in dem Unterschied zwischen deutschem und französischem Sprachakzent liegt. Faßt man nämlich Musik nicht lediglich als ein Spiel mit Tönen auf, sondern erblickt in ihr Ausdruck und Gestaltung nur noch erahnter, erfühlter letzter Dinge (vgl. *Vom Rhythmus* und *Vom musikalischen Einfall*), dann ist die Verwandtschaft mit der Sprache schon gegeben, nach deren Eigenart sich Zusammenhänge im Musikschaffen und Nachschaffen der verschiedenen Völker aufzeigen lassen. Im Französischen liegt z. B. der Sprachakzent im Gegensatz zum Deutschen auf der letzten von zwei Silben, und in der gehobenen Sprache, in der Dichtung, werden gar sonst stumme Silben klingend. So mag Rode mit Lagenverbindungen zu unbetonten Taktteilen vielleicht nur seinem nationalen Sprachempfinden unbewußt folgen, wie es dem unsrigen (deutschen) geradezu widerspricht.

Takt 6 und 11 zeigen eine ausschmückend verbindende Bewegung

NB 3

die bereits im Notenbild gegen Ende beschleunigt ist. Im Vergleich mit dem in gleichen 32teln notierten Gang des siebten Taktes der C-dur Caprice (s. S. 171 f NB 2 und Ausführung dazu) liegt hier ein Linienzug vor, der mit sich steigernder Bewegung zu einem mit fz ausgezeichnetem Ziel drängt, das keinen Abschluß darstellt und daher eine vorangehende Beruhigung nicht duldet. Dagegen wird man nicht fehl gehen, wenn man dem Lauf ein Rubato zuteil werden läßt, dergestalt, daß man der vom Komponisten angezeigten Absicht zufolge ruhiger beginnt und durch allmähliche Beschleunigung in die Sextolen übergeht, um zur rechten Zeit das Ziel zu erreichen (vgl. Mozarts Brief vom 24. Okt. 1777). Diese Ausdeutung ist um so berechtigter, als es keinerlei Möglichkeit gibt, eine solche Intention im Notenbild hinreichend klar und deutlich zu machen. Jedenfalls ist ein plötzlicher Übergang aus einer Bewegung in eine andere zumindesten ebenso unnatürlich, wie wenn man selbst von einer Maschine einen unvermittelten Übergang aus einer Geschwindigkeit in eine andere verlangt. – Rode war die Zusammenfassung zahlreicher Töne auf einem Gebälk nicht unbekannt, die aber alsdann unterschiedslos zu behandeln sind, z. B.:

Beethoven
Violinkonzert:

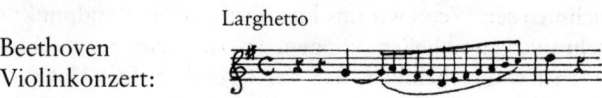

Die Einteilung in den Takt ermöglicht dagegen die Kennzeichnung melodisch oder harmonisch bedeutsamerer Töne, worauf auch die Unterscheidung zwischen ⌢6⌢ Sextole und ⌢3 3⌢ Doppeltriole hinweist. Zu der zuletzt erwähnten Unterscheidung wird bei der fis-moll Caprice weiteres gesagt.

Als Ergebnis dieser vergleichenden Betrachtung über „Hauptnoten verbindende Linienzüge" kann man für den Vortrag in allen Fällen einen ruhigen Beginn mit sich steigernder Bewegung empfehlen. Die Behandlung des Endes dagegen ist von der Folge abhängig. Nur dann, wenn der Gang zu einem richtigen Abschluß führt, ist eine Beruhigung angebracht. Handelt es sich aber nicht um einen solchen, sondern wohl um ein Ziel, jedoch ohne Schlußcharakter, ein Zwischenziel sozusagen, dann ist in der Bewegung nicht nachzulassen, eher sogar eine Steigerung derselben am Platze. Zum besseren Verständnis, worum es geht, noch einige Beispiele aus Beethovens Violinkonzert, wobei die obere Zeile das Gerüst, Gerippe, die „Hauptnoten" zeigt:

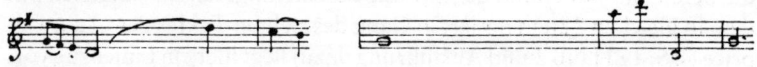

ohne Verlangsamung

Beethoven hat übrigens ein ruhigeres Ende zum Abschluß in seine Notierung (!) aufgenommen. So etwa sind auch ausschmückende Verbindungen zu behandeln, die in älterer Musik (Corelli) dem Spieler anheimgestellt waren. – Wir wissen von Joh. Seb. Bach durch seinen Sohn Phil. Emanuel, daß er in späteren Jahren bestrebt war, Verzierungen (Vor- und Nachschläge usw.) in den Takt einzuteilen:

Solo Sonate g-moll

Nach unseren Ausführungen ist also auch hier vielfach eine streng metrische Behandlung nicht sinngemäß (vgl. „rubato", *Vom Rhythmus*, S. 96).

Ein technischer Hinweis zu unserem Text:
Entgegen der Regel, die Finger möglichst liegen zu lassen, ist hier der Zeigefinger mit Vorteil aufzuheben.

Takt 11

aufheben

Denn, soll der Zeigefinger liegen bleiben, dann ist zum Spiel in so hoher Lage auf der G-Saite die Hand noch mehr zu heben, der Arm (Ellbogen) also stärker nach rechts zu führen, worin eine beträchtliche Unbequemlichkeit besteht. Ähnlich wird für eine kleinere Hand bei aufgesetztem Zeigefinger ein dem 3. und 4. Finger zugewiesener Triller merklich schwer fallen. In der nachstehenden Wendung aus der C-dur Caprice ist das Liegenlassen des ersten Fingers seines alsbaldigen Wiedergebrauchs wegen so naheliegend, daß man zunächst nicht daran denkt, ihn zur Erleichterung des Trillers aufzuheben.

Auch seine Bedeutung als Stützfinger ist einleuchtend: Die Größe des zu umspannenden Intervalls verursacht die Behinderung, die ein erhöhter Stützfinger beseitigt (vgl. hierzu „Entspannung" S. 165 f):

NB 4   Takt 13

 Im dreizehnten Takt scheint der Versuch vorzuliegen, durch das fz auf dem vierten Achtel mit nachfolgendem Diminuendozeichen eine nicht gleichförmige Wiedergabe der Achtel anzuzeigen und sie mit einer anmutigen Beschleunigung zu spielen (vgl. C-dur Caprice, Takt 3).

 Das unvermittelte p im 16ten Takt als piano subito mit vorangehender Zäsur aufzufassen (NB 5) widerspricht einem gesunden musikalischen Empfinden. Besser tut man, sich zu erinnern, daß der Unterschied zwischen forte und piano in der heute beliebten Weise zu Rodes Zeit unbekannt war, die geringere Tonstärke wird sich zudem durch den Übergang von der G-Saite auf die D-Saite von selbst einstellen (*Vgl. Vom musikalischen Einfall*).

NB 5

 Die hier taktweise gesetzten Bogen erfordern bei dem häufigen Saitenwechsel in Verbindung mit crescendo und diminuendo eine weise, haushälterische Bogenführung hinsichtlich Druck und Geschwindigkeit. Das letzte crescendo mit fortgesetztem Lagen- und Saitenwechsel ist so schwierig, daß der Verfasser die unter dem NB eingeklammerten Bogenstriche vorzieht. Dabei werden zwar sogar vier Viertel (16 Töne) auf einem Bogen zusammengefaßt, für die aber keinerlei dynamische Schattierung vorgesehen ist, so daß für das entschieden heftigere, zum fz führende letzte crescendo ein ganzer Bogen für nunmehr nur zwei Viertel (8 Töne) zur Verfügung steht. Bemerkenswert ist die Fortebehandlung des Quartsextakkordes, dem die Auflösung ($\tfrac{7}{V}$) im piano folgt, wodurch die Erwartung des Fortgangs zum Moderato wesentlich gesteigert wird.

Die Bezeichnung moderato kann sich nur auf das alla Breve (¢) beziehen, wenn auch die Metronomangabe ♩ = 138 lautet, d. i. dasselbe rasche Zeitmaß vom Allegro (C) der e-moll Caprice. Wichtig ist die halbtaktige Auffassung zumal bei dem Tonleitermotiv des Anfangs. Der jeweilige Halt auf der ersten Stufe verträgt gedehnt und die Sechzehntel entsprechend beschleunigt zu werden, aus demselben Grund, der für die Behandlung des „Händelschen Rhythmus" maßgebend ist (vgl. *Vom musikalischen Einfall*). Fühlbare Viertelbewegung, streng metrisch angestrebte Achtel und Sechzehntel wirken schlechthin langweilig. Man erblicke in je zwei Takten eine viermalige, stets in die höhere Oktave versetzte, durch Tonleitern verbundene und dadurch temperamentvoller gestaltete Tonwiederholung. Der Charakter ist stürmisch, wie es noch mehr aus dem im siebenten Takt folgenden neuen Gedanken hervorgeht, der mit seiner sequenzartigen Verwendung an mächtig erregte Meereswogen erinnert.

NB 6

Bei diesem Auf und Ab über alle Saiten hinweg in immer höhere Lagen vergesse man nicht, der Hand die jeweils erforderliche Stellung zu geben, damit das Fingerspiel stets auf allen Saiten gleicherweise senkrecht erfolgen kann. Dies wird durch mehr oder weniger starke seitliche Verschiebung des linken Armes bewirkt. Auch die weitere Entwicklung bringt in abwechslungsreicher Zeichnung und mannigfachen Modulationen immer neue Unruhe.

Nicht geringe Treffsicherheit wird vom vierten Finger verlangt, mit dem die absteigenden Tonleitern beginnen:

NB 7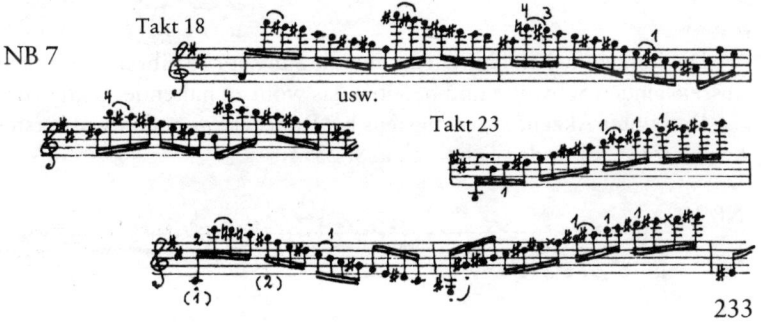

233

Bei dem großen Sprung vom h^3 zum cis^1 böte der eingeklammerte Fingersatz größere Zuverlässigkeit. Der von Rode verlangte erhärtet die Vermutung pädagogischer Absicht, wenn man darin nicht die Befolgung der Regel erblicken wollte, gleiches auf gleiche Art zu spielen. Der Fingersatz der gis-moll Tonleiter scheint der oben (S. 228) angeführten Grundregel zu widersprechen, enharmonische Verwechslung (gis-as, wie zwei Takte vorher h-ces) gibt aber den durchstrichenen Noten den ihnen zukommenden ersten Finger.

Unruhvoll ist ferner die abwechslungsreiche Strichbehandlung mit den durch einfaches f angezeigten Betonungen (weder Akzent noch fz, also weder Härte des Ansatzes noch Dehnung der betreffenden Noten).

NB 8

Der abgebrochene Akkord ist hier wie in vielen ähnlichen Fällen (besonders bei so geschwindem Zeitmaß) geradezu abgerundet zu spielen, als ob die Notierung so lautete:
(Pedalwirkung des Klaviers).

Die breite Großzügigkeit der ganzen Bewegung des Stückes verbietet eine ungleiche Behandlung der zu zweien gebundenen Sechzehntel (vgl. S. 226). Selbst da, wo eine solche nahe läge, wird sie durch den Hinweis également (auf gleichmäßige Art) ausdrücklich ausgeschlossen:

NB 9

également

Die fünf einfachen f hinwiederum, die zur Reprise führen, verlangen ausreichenden Schwung und bereiten das wohl zu haltende Achtel vor.

Daß unter Akzent >, wenigstens bei Rode, etwas anderes zu verstehen ist, zeigt folgender Takt (vgl. a. S. 237f):

NB 10

Das Widerborstige der Akzentverlegung auf unbetonte Taktteile rechtfertigt deren heftigeres Anpacken. – Anschließend bringen Zweiergruppen einen mehrfachen Anstieg, der seinen Zielpunkt gleichsam zu früh erreicht und in Einzelsechzehnteln rasch zurückfällt. (Man beachte das dem Crescendo vor dem letzten Viertel noch besonders zugesetzte und verstärkende < Zeichen.) Erst das dritte Mal wird der Anlauf bis zum vollen Takt (f segue) ausgedehnt und führt nun in breitem Hinströmen über chromatischer Baßbehandlung zu entschlußkräftigen Akkorden, die aber nicht durch streng ausgezählte Pausen zu trennen sind, sondern, wie erbarmungslose Schläge überraschend niedersausen, eher vorzeitig erscheinen müssen. Der erste Akkord ist im Hinaufstrich mit erneutem Ansatz zu spielen, wie der Bogen mit darunter gestellten Punkten anzeigt, während das letzte Sechzehntel jedoch durchaus noch in derselben breiten Weise wie die vorangehenden angefaßt werden muß: ein Beispiel für den Proteuscharakter des Punktes.

Im NB 9 finden wir ein anderes unvermitteltes piano (s. S. 263), das eine Art „Echowirkung" darstellt. Abgesehen davon, daß, wie gesagt, früher ein krasser Unterschied zwischen f und p nicht gemacht wurde, außerdem der Brauch diese dynamischen Angaben zum Taktbeginn zu stellen pflegte, nötigt eine Bindung über den Taktstrich hier und in ähnlichen Fällen zu gleichzeitiger Minderung der Tonstärke. Andernfalls könnte nach einem ungeschwächtem f ein plötzliches p dem Ohr verloren gehen. Umgekehrt, aus einem p zum f, entfällt ein gleiches Bedenken; doch sollte es eigentlich überflüssig sein, zu bemerken, daß nicht jedes f nach einem p, auch nicht jedes ff oder fff einer Schreckwirkung gleichzusetzen sei. Mitunter ist mit solchen Kontrasten nicht mehr gemeint als der Unterschied zwischen „schwer und leicht" in bezug auf ganze Takte oder deren Unterteilungen, wenn der heilige Geist über das Alltägliche sich hinwegsetzt und verstanden sein möchte:

Mozart K. V. 387
Streichquartett G-dur

Wenige Takte, welche nochmals auf den eingangs hingewiesenen „alla-breve-Charakter" zurückgreifen und auf die fünf einfachen f vor der Reprise, die hier aber, umgekehrt, aufsteigende Diatonik auszeichnen, bringen einen schnellen Schluß. Ein Prachtstück in seiner Knappheit.

Die A-dur Caprice

Schon ein flüchtiger Blick läßt uns die pädagogische Absicht einer Staccatostudie erkennen. Die wohlige Wärme, die sonnige Heiterkeit der Tonart ist so recht geeignet, mit dem mehr oder weniger virtuos spielerisch zu meisternden Bogenstrich verbunden zu werden. Wenn trotzdem vielen Geigern beim bloßen Anblick dieses köstlichen Musikstückes, und späterhin bei der Erinnerung daran ein leises Unbehagen ankommt, so möchte man den Grund mit der Liebenswürdigkeit der französischen Sprache ausdrücken: ne pas avoir attrapé le tour de main, auf deutsch etwa: Den Dreh für diesen verfl..ixten Strich nicht heraus zu haben.

Wie das Staccato mit Einzelstrichen (s. C-dur Capr. S. 181 f) ist auch das Kettenstaccato nicht jedem Geiger in jeder beliebigen Geschwindigkeit gegeben. Ja, man könnte davon sprechen, daß jeder einzelne, seiner Veranlagung nach, ein ihm eigenes Tempo habe. So gibt es eine Spezialbegabung, die das Staccato in angeborener und dann meist geradezu unwahrscheinlicher Schnelligkeit auszuführen vermag – selbst im Herunterstrich am Frosch beginnend –, die aber eine Tempoänderung nicht verträgt. Dieser sehr raschen, nicht erlernbaren und in der Literatur von den größten Komponisten nicht benützten „Zitterbewegung" ist das beherrschte, sogenannte Spohr'sche feste Staccato (stacc. serioso) für verschiedenste Zeitmaße, auch mit eingeflochtenen gebundenen Noten gleicher oder ungleicher Länge, gegenüberzustellen. Die wesentlichsten derartigen Kombinationen hat Rode gleichsam wie musikalische Inspirationen seiner Caprice eingefügt. Wie hausbacken muten dagegen Staccato-Etüden anderer Verfasser an.

Technisch handelt es sich um eine Reihe von Ansätzen, Anstößen auf einem und demselben Bogenstrich. Jedem Stoß, jedem Ansatz geht eine kleine Pause voraus: ein dauernder Wechsel zwischen Belastung und Entlastung des Bogens durch den Zeigefinger, bewirkt durch Pro- und Supination (Ein- und Auswärtsdrehung) von Elle und Speiche. Von großer, um nicht zu sagen entscheidender Wichtigkeit ist der erste Anstoß in dem Sinn, wie Goethe es so anschaulich ausdrückt: Wer das erste Knopfloch verfehlt, kommt mit dem Zuknöpfen nicht zurande. Gleich im ersten Motiv [NB 1] scheint dieses wohlweislich berücksichtigt, indem das

NB 1

Staccato nicht auf einer Zählzeit beginnt, sondern unmittelbar danach, wodurch die Armbewegung wie zum verbundenen betonten Strichwechsel schwungvoll erfolgen kann und muß (vgl. S. 168 u. 228). Fällt dagegen der Staccato-Anfang auf eine Zählzeit, z. B. Kreutzer:

so liegt es nahe, anstelle des Schwungs einen Stillstand zum Zweck des Ansatzes auf bestimmtem Zeitpunkt eintreten zu lassen, wozu ein Willensakt erforderlich wird, der das Gelingen, wie die Erfahrung lehrt, sehr leicht gefährdet. Diese durch den festgelegten Staccatobeginn erhöhte Schwierigkeit verspart sich Rode bis kurz vor dem Ende [NB 2], wo er sie, nachdem man gewissermaßen genügend eingespielt und vorbereitet ist, nun auch einmal im Auf- und Abstrich verlangt:

NB 2

Eine zweite Schwierigkeit besteht in der Beendigung des Staccato beim Übergang zu einer auszuhaltenden Note, was Kreutzer in seiner Etüde sofort mit aufgreift. Rode, der große Geiger, wird von seinem Virtuosenstandpunkt ungleich glücklicher geleitet. Er endet zunächst mit einer kurzen Note, der noch eine zweite auf demselben Bogenstrich folgt, zwischen welchen der Bogen die Saiten nicht verlassen sollte, also nur still steht. Ein ungewolltes Bogenaufheben beeinträchtigt indessen die Wirkung nicht, man muß ja zu erneutem Bogenansatz, auch aus der Luft heraus, jederzeit imstande sein. Es ist jedoch ein überflüssiger, deswegen zu vermeidender Bewegungsvorgang: eine alte, weise Hauptregel empfiehlt, den Bogen tunlichst auf den Saiten liegen zu lassen. Im Verlauf des Stückes bringt denn auch Rode gesanglich zu haltende, sogar noch mit einem ⎯⎯< versehene Melodietöne im Anschluß an einen Staccatogang, aber wiederum wie absichtslos im musikalischen Gewand verborgen:

NB 3 Takt 25

Selbst das Crescendo entspricht der von Phil. Emanuel Bach ausdrücklich geforderten Betonung größerer Intervallschritte auch auf leichten Taktteilen. – Hierher gehört auch der Wechsel zwischen staccatierten und gebundenen Noten auf **einem** Bogenstrich: Takt 23, wozu noch einiges bemerkt werden soll [s. a. Fußn. 21], nachdem einer dritten Schwierigkeit gedacht ist.

NB 4 T. 23

Diese betrifft fortgesetztes Staccato mit Strichwechsel [NB 5], das in dieser Form durch die Akzente als Spitzen- und Baßbetonung erleichtert wird und unmerklich, wie im Spiel zum sogenannten viottischen Strich führt. Dieser verkoppelt je zwei Töne, von denen der letzte, auf den schweren Taktteil fallend, den Akzent trägt.

NB 5 T. 47

Wenn irgendwo, wird sich hier zeigen, ob man den Bogen sicher in der Hand hat: Finger fest, Handgelenk lose! Darf man hinzufügen – obwohl eigentlich alles in diesem Kardinalausspruch enthalten ist – beim Staccato keinen Bogen zu verschwenden, so umgekehrt auch dies: das Streichen nicht zu vergessen, wobei richtungsgemäß die Hand dem Arm geschmeidig folgt. Tirez = ziehen im Abstrich, poussez = stoßen, schieben im Aufstrich.

Hier sei eine recht dienliche, vorbereitende Übung ohne Bogen empfohlen, die man im Gehen vornehmen kann, wobei das Schlenkern des Arms als Auf- und Abstrich vorzustellen und die Staccatobewegung (Ein- und Auswärtsdrehung des Unterarms s. o.) nunmehr, unbeschwert durch Bogen und klingendes Ergebnis, auszuführen ist. Die dabei unter dem natürlichen Hin und Her des Arms fortgesetzte Girlandenkette ⁀⁀∨⁀⁀⁀⁀ kann dem gefürchteten Strich nur zugute kommen. Besonders das jedem eigene Tempo (Zitterbewegung s. o.) wird sich ungezwungen einstellen. – Sonst ist der Verfasser ein absoluter Gegner aller Exerzitien an Hand von Apparaten. Immer wieder tauchen derlei Dinge auf zum Schaden derer, die in Ermangelung von Einsicht und Urteil darauf hereinfallen. Die schlimmen Erfahrungen selbst eines Robert Schumann sollten warnendes Beispiel sein. Freiübungen dagegen können, ohne Übertreibung ausgeführt, niemals nachteilig sein. – Auch andre Bewegungen sind im Gehen vortrefflich zu üben, so der zum Strichwechsel unerläßliche Handgelenk- und Fingerausgleich, oder gesondert deren Teilbewegung: ein zwangloses Einziehen und Strecken der Finger (Mittelfinger und Daumen in Opposition!), ferner Handgelenkdrehung rechts und links herum für den Saitenwechsel, ebenso Wechsel von staccatierten und gebundenen Noten auf einem Strich (s. Takt 23), worauf zurückzukommen oben angekündigt wurde.

Bogentechnisch ist es derselbe Vorgang, ob auf einen Staccatogang eine länger auszuhaltende, ebenfalls noch anzustoßende Note folgt (NB 3), oder ob mit dem letzten Staccatoansatz eine Gruppe gebundener Töne beginnt (NB 4). Gleichwohl besteht ein wesentlicher Unterschied. Im ersten Fall ist die Möglichkeit gegeben, sich zu neuem Vorhaben (erneutem Ansatz) unmerklich vorzubereiten, im zweiten geht man dieses Vorteils verlustig, weil der Bogenstrich durch die fortgesetzte bewegte Tonfolge, zumal in dieser Geschwindigkeit, bis zum nächsten Strichwechsel voll ausgefüllt ist. Tritt zum Strichwechsel noch eine Lagenveränderung, wie hier zum sechsten Achtel, so kann große Geschicklichkeit diesen zwar nahezu unhörbar machen; will man aber die Regel befolgen: „Finger und Bogen zu gleicher Zeit", so ist dazu eine, wenn auch noch so kleine Pause nötig, die, der fortgesetzten Bewegung wegen, als unliebsame Verzögerung auffallen wird. Der Versuch, den Fehler zu beseitigen, wird zunächst unter dem Gesichtspunkt unternommen werden, daß der gefürchtete Bogenstrich hier sein tückisches Spiel treibe. Auf falscher Fährte wird Befangenheit sich einstellen, den Fehler verschlimmern und vergrößerte Furcht vor dem Staccato bewirken: der circulus vitiosus ist fertig. Daraus ist einerseits die Lehre zu ziehen, in der Bewertung und Beurteilung von Schwierigkeiten vorsichtig zu sein, andererseits den ehrlichen Willen zu bezeugen, sein Handwerkzeug (hier Lagenwechsel) nicht verbergen zu wollen. Sobald davon nicht ungebührlich Gebrauch gemacht wird, hat eine vom mechanischen (klavieristischen) Standpunkt gewonnene Ansicht gegenüber instrumentalbedingten Violinismen keinerlei Berechtigung, künstlerischen oder moralischen Wert. Gegebenenfalls sollte eine solche Äußerung dem Geiger Anlaß zu erneuter strenger Selbstprüfung geben.

Die Sache, worum es hier geht, mag geringfügig erscheinen, ist indessen von so großer, allgemeiner Bedeutung, daß noch eine andere Darstellung versucht sei: die Gleichmäßigkeit der Bewegung ist als musikalischer Gedanke trotz der offenbaren Unterteilungsmotive übergeordnet, daher eine Vorschlagsbehandlung:
unzulässig (vgl. S. 212 und S. 226).

Eine Kürzung des letzten Sechzehntels:

ist der Geschwindigkeit wegen, wie nochmals betont sei, ausgeschlossen.

Gelingt die Gleichmäßigkeit nicht befriedigend, so wiederhole man das erste Unterteilungsmotiv:

für sich allein und vergleiche damit das Gelingen der im Text verlangten Folge:

Dabei wird sich zeigen, ob die Schwierigkeit im Bogen oder nur im Lagenwechsel zu suchen ist. Rode's Fingersatz bringt eine hörbare Lagenverbindung mit sich, mit einem anderen läßt sich dieser Violinismus umgehen:

Eine Fingersatzänderung erleichtert nicht selten die Aufgabe des Bogens. Im d-moll Konzert von Wieniawski gelingt der durch mehrfachen Saitenübergang gegen Ende gefährdete Staccatolauf entschieden zuverlässiger und auch klangvoller, wenn man auf der G-Saite bleibt:

Erstaunlich ist in solchen Fällen nur, daß eine gewohnte Klangvorstellung oder ein gedruckter Fingersatz dem Auffinden eines vorteilhafteren so hinderlich im Wege steht, daß oftmals Jahre darüber hingehen können, bis der erleuchtende Gedanke kommt (vgl. S. 173, Bach).

Nach den vorangegangenen Ausführungen erübrigt es sich, auf weitere Kombinationen Rode's einzugehen. Nur das Staccato mit dem Zusatz sostenuto sei noch berührt.

NB 6

Die im vierten Takt damit versehenen Achtel überbrücken die Spanne nach der mit dem ersten Hauptgedanken erfüllten vollkommenen Kadenz (I, IV, V 4–3, I) bis zum eigentlichen Fortgang (vgl. Anfang D-dur Caprice). Sie erklingen als leise pochende Bewegung anstelle einer Pause und erhöhen die Überraschung, die mit der erniedrigten und mit fz unterstrichenen Septime des umgebildeten und erweiterten ersten Motivs (2. Hauptgedanke s. a. u.) folgt. Dieses Sostenuto verlangt eine weiche Wiedergabe (Trennung) der Achtel, was man unter portamento versteht, und ist durchaus nicht auf das Tempo zu beziehen, wozu sonst ten., sosten., oder ---- (Striche) meist auffordern (vgl. Fußn. [22]).

Die Bezeichnung „sostenuto" im Sinne von portamento ist ungewöhnlich. Bedenkt man aber, daß Rode für das feste Staccato ebenfalls Punkte unter einem Bogen schreibt, so benötigte er zur Kennzeichnung einer weichen Wiedergabe der Punkte eines Zusatzes. Die Vieldeutigkeit des Punktes berührten wir schon des öfteren. Hier erhebt sich nun das vielumstrittene Problem der Bedeutung von Punkten unter Bogen, das der ganzen Musikwelt wichtig sein sollte, und wozu sich im Briefwechsel Brahms–Joachim bemerkenswerte Beiträge finden (Bd. II). Die sich widersprechenden Auffassungen erwachsen aus der Verschiedenheit der

Instrumente, auf denen die genannten Meister musizierten. Wesentlich dabei ist, daß der Klavierspieler nach erfolgtem Anschlag keinen Einfluß mehr auf den Ton hat, im Gegensatz zum Sänger, Streicher und Bläser, die außerdem in bezug auf den Tonbeginn – abgesehen von der reinen Dynamik – über eine Mannigfalt der Abstufungen verfügen, hinter welcher das Klavier weit zurück bleibt. Gerade dieser Reichtum an unterschiedlicher Behandlung der einzelnen Töne im Staccato und erst recht im Portamento, wobei deren Trennung entweder durch Einschaltung von Pausen oder durch mehr oder weniger bemerkbares Nachlassen und Wiederaufnehmen der Tonstärke erfolgt, dies ist es, worum es sich handelt, wo der Geiger vom Pianisten unverstanden bleibt[23], und wofür es keine Möglichkeit einer klaren Kennzeichnung im Notenbild gibt, selbst mit allen erdenkbaren und bereits versuchten Zeichen, so daß es geradezu am besten erscheint, wenn ein Autor für das Portamento Punkte unter einem Bogen schreibt und die Deutung einer richtigen Einfühlung dem Interpreten anheimstellt. Unerläßliche Voraussetzung ist und bleibt gründliches Studium des Notenbildes und unbedingte Treue gegen das Werk.

Handeln wir danach, so kann es uns im Anfang dieser Caprice (NB 6) nicht entgehen, daß der zweite Hauptgedanke aus dem ersten durch Richtungsumkehr erwächst. Kraft und Glanz zeichnen die ersten vier Takte aus, die Staccato-Abschlußnote ist im Aufstrich betont. Der warm und besinnlicher gehaltene Fortgang (Takt 5) beginnt mit fz im piano, das Staccato-Ende ist demzufolge unbetont, und erst die anschließende neu geformte Ergänzung zum Zweitakter gewinnt das anfängliche forte zurück, auch der betonte Staccato-Abschluß erscheint wieder. Die Unterscheidung ist musikalisch bedingt und stellt bogentechnisch eine neue Aufgabe. Wir hatten bereits Gelegenheit, darauf hinzuweisen (S. 170), das fz keinen harten Akzent, vielmehr nur ein Hervorheben des betr. Tones, sei es im forte oder piano, verlangt. Rode gebraucht auch das Akzentzeichen > im Sinne von Betonung ohne scharfen Ansatz:

NB 7   T. 38      (s. a. S. 234)

Wünscht er diesen aber, so setzt er, wie im ersten Hauptgedanken, noch einen Punkt dazu. Indessen ist die Schreibweise keineswegs streng innegehalten, oft muß die Akzentbehandlung sich aus dem Charakter der Stelle ergeben. Ein kleiner unter größerem Bogen vertritt vielfach einen Staccatopunkt:

NB 8 T. 39 s. a. Takt 25
NB 3

aber nicht, wenn er eine Synkope bindet:

NB 9 T. 29

Im folgenden Notenbeispiel:
T. 35
NB 10

finden sich drei durch Akzente (>) geforderte Betonungen unter einem Bogen (vgl. T. 38), denen noch ein viertes Akzentzeichen mit dem nächsten Bogenstrich folgt. Trotz äußerer Gleichheit erfordert eine sinngemäße Deutung unterschiedliche Behandlung. Der erste Akzent ist anzusetzen, nicht nur weil der erste Hauptgedanke es so verlangt, sondern weil eine staccatierte, d. h. verkürzte Note vorangeht (vgl. T. 39). Das Hauptmotiv ist hier aber mit der letzten Note nicht abzureißen, sondern geht in ein gewichtig betontes Viertel über, das mit den beiden nächsten Akzenten noch auf demselben Bogenstrich zu nehmen ist. Der große Phrasierungsbogen ist zu beachten und die dreimalige Betonung demzufolge ohne Trennung und Ansatz wiederzugeben, d. h. wellenförmig verbundene nicht abgestufte Dynamik:

Wellen-

Stufen-Dynamik:

Der vierte Akzent verleiht dem mit Strichwechsel zusammenfallenden Synkopenbeginn erhöhte Schärfe, ist also wiederum anzusetzen im Gegensatz zu NB 9, wo derselbe innerhalb einer Bindung auftritt. Aus dieser unterschiedlichen Deutung desselben Zeichens in unmittelbarer Aufeinanderfolge erhellt die Notwendigkeit, immer aufmerksam und nicht gedankenlos zu lesen: „Von dem richtigen Notenlesen und guten Vortrage überhaupts" ist die Überschrift des letzten Hauptstücks in Leopold Mozart's Violinschule. – Wie wenig Gelesenes, oft und immer wieder Gesehenes bis zum Bewußtsein dringt, zeigt die folgende kleine Geschichte. Ein Mitschüler von mir beschäftigte sich seit längerer Zeit mit der Othello-Phantasie von Ernst. Auf Joachim's Frage, wer die Oper komponiert habe, erfolgte prompt die Antwort: „halt Verdi"! Ernst war aber schon lange tot (gest. 1865), als Verdi seinen Othello schrieb (1887), und mein Mitschüler hatte in all den Wochen fleißigen Studiums des Stückes nicht gesehen, daß im Titel Rossini als Komponist der Oper genannt ist.

Die ausführlichen Bemühungen um die Deutung des Punktes unter einem Bogen, des festen und weichen Staccatos mit Hinweis auf die vielen dem Geiger möglichen Abstufungen möchten manchem überreichlich erscheinen. Um aber die breite Behandlung zu rechtfertigen, ein etwa angeregtes Verständnis zu vertiefen, seien noch einige Beispiele aus der Literatur angefügt.

Wie von der virtuosen schnellen „Zitterbewegung" (s. S. 236) machten die großen Meister auch von dem festen Staccato (serioso) kaum Gebrauch. Meist bedeuten Punkte unter einem Bogen portamento mit einer der betreffenden Stelle entsprechenden Abstufung, und die Einfühlung, eine sinngemäße Auslegung wird entscheiden, ob der Charakter einen festen, mehr oder weniger scharfen Tonansatz zuläßt oder nicht.

Schubert Streichquartett a-moll, Andante:

Die Tonwiederholung verlangt eine gesangliche weiche Trennung, gleichgültig, ob Schubert die Bogen verschieden setzt, oder späterhin, weil nunmehr überflüssig, ganz wegläßt: . Im Fortissimo: *ff* mit Punkten (ohne Bogen) bleibt die Trennung bei aller Wucht besser wohl ohne scharfen Ansatz.
Dagegen ebenda:

im pp

mit dem Unterton des Spielerischen bei äußerster Präzision des Legato der Mittelstimmen eine ebensolche für die Punkte und Akzente der ersten Violine, d. h. scharfen Ansatz aber im pp. Die Sorglosigkeit, mit welcher Schubert im NB Takt 1 u. a. seine zusammenfassenden Bogen setzt, zeigt, daß auch der Geiger beim portamento, aber gelegentlich auch beim staccato (s. u.) ebenfalls unbedenklich mehr oder weniger Töne, als das Notenbild angibt, auf einem Strich vereinigen darf, je nachdem es gerade der Disposition seines Armes entspricht, soweit die Intention des Komponisten darunter nicht leidet.

Dieser Freiheit haben wir bisher noch nicht gedacht, sie gehört mit zu dem Reichtum der Abstufungen, von denen S. 242 die Rede war, und die dadurch noch erheblich in der Verwendung gesteigert werden, daß man bei gleichbleibendem Charakter zu anderer Zusammenfassung übergeht oder gar zu Einzelstrichen.

Z. B. Schubert:
Streichquartett d-moll
Andante con moto
1. Variation

Das Thema pulsiert, von der Bratsche unterstützt, in der 2. Geige zunächst im pp und erhebt sich bis zum forte, wobei von der eben genannten Bogenbehandlung Gebrauch gemacht werden kann, indem man mit wachsender Tonstärke allmählich weniger Töne auf einem Strich vereinigt und beim forte zu Einzelstrichen übergeht. Wohlverstanden unter Wahrung ein und desselben portamento-Charakters und ohne in bezug auf den Zeitpunkt der Übergänge dem Bogenarm diktieren zu wollen, d. h. sich seiner jeweiligen Bereitschaft geschickt zu bedienen. Das umgekehrte Vorgehen wäre dann mit der Rückkehr zum piano gegeben.

Die besagte Freiheit verlangt nun freilich eine meisterliche Beherrschung des Bogens. Darf man sich auf eine solche verlassen, und atmet eine Stelle so viel Wohlbehagen, daß ein staccato als dessen Ausdruck und Steigerung angesehen und mitempfunden werden kann, so würde wohl auch Mozart seine helle Freude daran gehabt haben, wenn bei guter Laune und Spielfreudigkeit im Andante seiner großen B-dur Sonate die längere Tonleiter (aber nur diese!) mit festem staccato wiedergegeben wird:

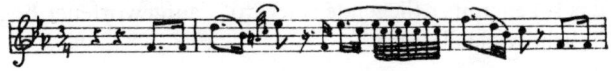

Es mag gerade noch angehen, so nebenbei davon zu sprechen, was gelegentlich unter den genannten Voraussetzungen von bester Wirkung sein kann, doch soll derartiges ebensowenig zur Regel oder zur Gewohnheit gemacht werden, wie es einem Herausgeber verboten sein sollte, vom Originaltext abzuweichen (vgl. S. 173).

Übrigens gebraucht Mozart selber das Staccato, wenn auch bei ganz anderem Stimmungsinhalt, in dem ergreifenden c-moll Andante seiner Concertante für Violine und Bratsche, wo eine feste, doch nicht harte Behandlung am Platze ist:

Im ersten Satz dagegen haben die Solisten das Staccato nach einer Fermate (!) gemeinsam zu bringen:

Aus der hier mit dem Adagio plötzlich sich einstellenden Besinnlichkeit, und nach der überraschenden Wendung zum Schmerz führt das Staccato wie ein Tastversuch zum Dur zurück. Damit dies schön gelinge, müssen die Spieler zum mindesten weicher und ruhiger beginnen, Härte und Schärfe vermeiden, unter gegenseitig geschmeidiger Einfühlung und Anpassung das jeweils Mögliche zu erreichen suchen. Starres Festhalten an Exerzierplatz-mäßiger Verabredung trägt das Mißlingen bereits in sich.

Wir wissen, daß Mendelssohn im letzten Satz seines Violinkonzertes festes staccato wünschte. Die technische Schwierigkeit indessen und die Rücksicht auf ein leichteres Zusammenspiel mit dem Orchester haben das sogenannte „fliegende staccato" (aufgeworfener Bogen) allgemein üblich werden lassen.

Ob Beethoven im C-dur Quartett Op. 59 wirklich an mehrere Striche für eine doch entschieden als Einheit zu betrachtende Linie gedacht hat?

1.

Jedenfalls ist eine Zusammenfassung auf einem Bogen mit zunächst schärferen und gegen Ende allmählich milderen, gesanglicheren Achteln bei solch Kadenz-artigem Spaziergang der unbegleiteten ersten Geige wohl sinngemäß. Der Verfasser kann der Versuchung nicht widerstehen, auch die korrespondierenden Stellen mit anzuführen:

2.

3.

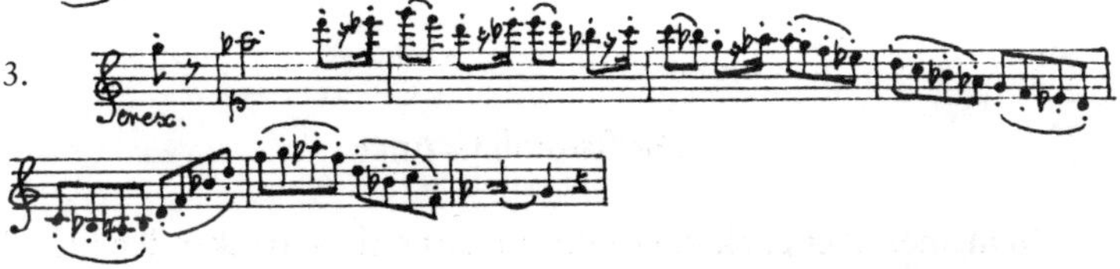

4. u. 5.

Einmal, weil sie einen so schönen Blick in die Arbeitsweise des Meisters gestatten, der die ersten drei Gruppen je um einen Takt erweitert und die dem Anfang entsprechende Reprise mit humorvollem Übermut bereichert. Zum andern, weil die unterschiedliche Zusammenfassung der Achtel (bald 4, bald 8 u. a. m.) im Hinblick auf die in sich geschlossene Einheit eines jeden Ganges gerade durch diese Verschiedenheit einen mehr beiläufigen, zufälligen, keineswegs zwingenden, bindenden Eindruck erweckt.

Manche selbst namhafte Geiger konnten und können sich mit dem Staccato, diesem besonderen Violinismus, auf keine Weise zurechtfinden. In solchem Fall bleiben Einzelstriche (détaché, spiccato) als Ausweg. Wenngleich dabei die beabsichtigte Wirkung, der gewünschte Charakter nicht erzielt wird, so kommt es letzten Endes hier, wie ähnlich bei Verzierungen, Vorschlägen usw. darauf an, im gegebenen Augenblick so überzeugend und natürlich, wie selbstverständlich vorzutragen, daß ein Widerspruch garnicht erst aufkommt.

Die fis-moll Caprice

In meiner über ein halbes Jahrhundert sich erstreckenden Lehrtätigkeit begegnete mir in dieser Caprice immer wieder derselbe Fehler. Selbst nachdem darauf hingewiesen war, daß Rode 12/8 und nicht 4/4 vorgeschrieben habe, blieb der Schüler zunächst meist bei der falschen Betonung ♫♫ , wozu in dieser Figur:
NB 1

das Spiel auf zwei Saiten freilich verleitet, weil das 1. und 4. Sechzehntel die Tonika berühren und zudem auf die hellere E-Saite fallen. Eine in zwei Triolen aufgeteilte Sextole scheint vorzuliegen. Der Einfall ist aber reicher: ♫♫♫ , teilt also die Sextole in drei Duolen und ergibt damit statt bloßer Wiederholung der Tonika ⌒ eine Wanderung durch den ganzen Dreiklang ⌒ , eben darauf weist die Taktvorschrift.

Es ist durchaus möglich, daß Rode, der erfahrene Pädagoge und fein empfindende Künstler diese versteckte Klippe mit voller Absicht erfand. Einmal, um zu beweisen, wie wenig aufmerksam gelesen wird, sogar beim Anfang eines Stückes, wo es doch das Erste sein sollte, sich über Takt und Tonart, Zeitmaß, Tonstärke u. a. klar zu werden. Zum anderen, um an einem geeigneten Beispiel zu zeigen, wie beim Saitenwechsel durch den helleren oder kräftigeren Klang einer Saite ungewollte Betonungen entstehen können, die vermieden werden müssen, wenn nicht ein musikalischer Grund Berechtigung dazu gibt. Das erfordert eine stets aufmerksame Beobachtung, richtige Bewertung und Berücksichtigung instrumenteller Eigenschaften. Diese einfach hinzunehmen, weil sie nun einmal so sind, sich an sie zu gewöhnen, ist ein Standpunkt, der durch eine Selbsttäuschung gegen künstlerische Erfordernisse abstumpft. Sich der klanglichen Vorzüge seines Instrumentes zu erfreuen, ist berechtigt und soll niemand verwehrt sein. Doch ist es etwas ganz anderes und recht bedenklich, sich ihrer jederzeit nur um ihrer selbst willen zu bedienen. So können z. B. manche Geiger der Versuchung nicht widerstehen, auf der G-Saite aus Herzenslust laut, recht laut zu spielen, auch wo es gar nicht angebracht ist, weil das Instrument es hergibt. Sie befinden sich dann in edlem Wettbewerb mit Cellisten auf der A-Saite oder Sängern mit ihren besseren Tonlagen, deren Begabung nur bis zum klanglichen reicht. Noch ein Schritt weiter, und es zeigen sich gröbere Verfehlungen. Wenn etwa ein von Schumann zart gedachtes, daher im piano der D-Saite zugewiesenes Thema in seiner Phantasie Op. 131 um eine Oktave höher auf die E-Saite versetzt erklingt. Oder wenn man mit Bach's wohlbekanntem, rein und keusch erfundenem Air aus der D-dur Suite als Tonprotzstück eine None tiefer auf der G-Saite prunkt und paradiert. Da hierbei die Begleitung nur um eine Sekunde versetzt ist, entstehen Quintenparallelen, die Bach nicht ungeahndet gelassen hätte. Und eine solche Verballhornung wird auf Programme gesetzt, die mitsamt ihren Ausführenden Anspruch erheben, ernst genommen zu werden. Man hüte sich also, solchen Versuchen auch nur den kleinen Finger zu reichen.

Zurück zur Frage der Unterteilung bei Sextolen. Es ist von Fall zu Fall zu prüfen, ob eine solche überhaupt angebracht ist und von welcher Art. In unserer Caprice verlangt, wie schon oben bemerkt, die Taktvorschrift fühlbare Achtelbewegung. Doch ist es keineswegs so zu verstehen, daß diese im Verlauf des Stückes immer gleicherweise zur Geltung gebracht werde.

NB 2   Takt 4

NB 2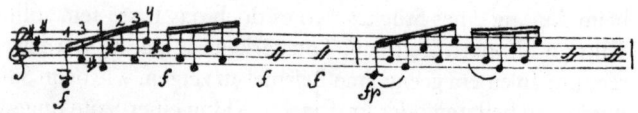

Ein größerer Linienzug wie im 4. Takt darf sie zurücktreten lassen. Im 5. Takt gar heben die zugesetzten f eine Unterteilung zugunsten ausgesprochener Sextolen auf. Im 6. hingegen müssen nach dem fp, trotz der durch die Bindungen entstehenden Unbequemlichkeit, die Achtel wieder zu ihrem Recht kommen.

Auch in dieser Phrasierung:

Takt 12

NB 3

darf eine zweiteilige Sextole [fig] nicht entstehen, wozu die Strichart allzu leicht führt.

Wie schon zuvor, sind hier die f zu beachten, und wenn man nicht ebenfalls eine durchgehende Sextolenbewegung vorzieht, kommt allenfalls eine solche Unterteilung in Betracht: [fig]

Einige höchst eigenwillige, wirklich kapriziöse Akzente, 6 Takte vor dem Schluß, täuschen vorübergehende Taktänderung vor:

NB 4

Nur einmal vor der Reprise erscheint eine Duole:

T. 24

die im Vortrag merklich unterstrichen zu werden verlangt (ein rubato, tenuto ist am Platz). Die Duole findet ihre Berechtigung in der unmittelbaren Überleitung zur Reprise. Die gleiche Tonfolge aber 5 Takte vor dem Schluß (s. NB 4) inmitten der erwähnten Akzentverschiebungen könnte eine zusätzliche Duolenbelastung – die eine sofortige Beendigung verlangte – nicht ertragen: sie ist daher auch nicht vorgeschrieben. Ein meisterlicher Zug!

Die bereits berührten Punkte Takt 12 (s. o.) sowie die in Takt 14 und 16 sind gute Belege für die Richtigkeit der Faustregel: einzelne Punkte zwischen oder in Verbindung mit Bogen bedeuten Einzelstriche! (vgl. S. 184)

NB 5 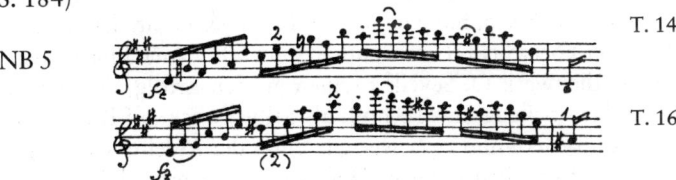 T. 14

T. 16

So pflegte der Verfasser sich in seinem Unterricht oft zu äußern, wenn unnötigerweise versucht wurde, solch vereinzelte Punkte staccato, spiccato usw. wiederzugeben und damit, im Hinblick aufs Ganze, aus dem allgemeinen Strichcharakter (s. a. u.) herauszufallen. Erinnert man sich der Hauptregel „möglichst gleichbleibende Geschwindigkeit", dann läuft eine angemessene Strichbehandlung vielfach darauf hinaus, einen längeren Bogenstrich durch kürzere zu unterbrechen. Vor allem, wenn die kürzeren Noten unbetont sind im Gegensatz zu betonten, die, bei gleicher Strichlänge, mit doppelter, dreifacher usw. Bogengeschwindigkeit gespielt, keines besonderen Bogendrucks mehr bedürfen. Etwaige Unklarheiten seien durch Erläuterungen zum ersten Viertel Takt 12 beseitigt. Nach unseren Ausführungen hat das erste betonte Sechzehntel dieselbe Strichlänge zu bekommen, die erforderlich ist, um mit den fünf folgenden an die Ausgangsstelle zurück zu gelangen. Die dazu nötige größere Bogengeschwindigkeit (in diesem Falle etwa die dreifache! Das Warum überlasse ich dem Leser) ergibt die Betonung ohne weiteres Zutun (vgl. Capr. a-moll, S. 190). Die fünf folgenden erhalten gewissermaßen einen einzigen Aufstrich, der durch das einzelne Sechzehntel im Abstrich (geschmeidige Bogenführung!) zu unterbrechen ist:

In den Takten 14 und 16 könnte man denken, daß die Punkte vorbeugend zur Verhinderung einer hörbaren Lagenverbindung gesetzt wären. Der Chamäleon-Charakter des Punktes hätte also hier kürzende Bedeutung, so daß die folgende hohe Note nur mit Kühnheit ergriffen werden kann. Am Ende der Caprice verlangen die Punkte dagegen eine flockig aufgeworfene Bogenbehandlung, das Stück vertropfend zu beschließen, das sonst mit breit liegenden Strichen zu spielen ist.

Von allen Capricen erscheint die in fis-moll mehr als die anderen wie eine Etüde im unbeliebten Sinn. Das liegt nicht nur an der ununterbrochen gleichförmigen Bewegung, sondern auch an der häufigen Wiederholung einer Tonfolge, das übliche Mittel, einer Schwierigkeit Herr zu werden. Charles de Bériot hat einmal zutreffend betont, in der Wiederholung liege der Fortschritt. Dieser zum System erhobenen Einsicht verdankt das Studienwerk O. Ševčik's seinen großen Erfolg, der freilich nicht wenig dazu beitrug, die Technik als Selbstzweck auf Kosten der Musikalität zu fördern und zu bewerten. Unter der Anleitung eines guten Pädagogen ist vor allem das erste Heft von Op. 1 wertvoll; besonders wenn die Begabung des Lernenden nicht bis zum Niveau der Rode-Capricen und erst recht eines Musikstücks wie dieses in fis-moll heranreicht. Hier ist nämlich der Aufnahmefähigkeit für das hinter den Noten Verborgene eine ähnliche Schranke gesetzt – um nicht von Verständnis zu sprechen – wie bei dem ersten C-dur Präludium aus Bach's Wohltemperiertem Klavier, das es durch Gounod's Méditation zu einer beinahe berüchtigten Berühmtheit gebracht hat. Doch wird das vom künstlerischen Standpunkt aus Bedenkliche milder beurteilt werden, wenn man um die Entstehung weiß. Als in einem musikalischen Kreis im Beisein Gounod's über das Schaffen Bach's und im besonderen über die unmelodiöse Klavierübung dieses Präludiums abfällig geurteilt wurde, soll er sich empört geäußert haben: „dann hört Ihr wohl den herrlichen Gesang nicht", den er darauf aus dem Stegreif am Klavier improvisierte. Die begeisterten Hörer baten um die Aufzeichnung des Einfalls, der nunmehr seinen Siegeszug über die Welt antrat und das Seinige zur Verbreitung Bach's immerhin beigetragen hat.

In diesem Zusammenhang sei einer erheiternden Erinnerung aus meiner Konzertmeistertätigkeit im Berliner Philharmonischen Orchester gedacht. Mit Anton Witek, dem andern Konzertmeister, hatten wir das Doppelkonzert von Bach gespielt und hörten auf dem Nachhauseweg, wie ein Konzertbesucher zum andern bemerkte: „zu dumm, daß auf den Programmen die Vornamen der Komponisten nicht angegeben sind; so weiß man nicht, ob das Doppelkonzert von Johann Sebastian Bach oder von Bach-Gounod ist." – Das Largo kann es offenbar an Popularität mit der Méditation aufnehmen!

In bezug auf unsere Caprice soll damit ein Ziel genannt sein, das sich erst erschließen kann, wenn wir über die Voraussetzung technischer

Beherrschung spielend gebieten. Dann erst können wir uns dem musikalischen Gehalt wirklich nähern und hingeben, vielleicht auch mit Hilfe einer von der Phantasie glücklich inspirierten „Melodei". Ein Versuch ist auf alle Fälle lehrreich und keineswegs verboten.

Einige technische Hinweise:

I. Spielt man den griffmäßigen Vorgang der ersten Sextole auf einer Saite, so erhält man den Umfang eines Vierlings:

Abgesehen davon, daß der dritte Finger als Oktave zur tieferen Saite gern scharf, d. h. etwas zu hoch gegriffen wird (s. Anm. 16), besteht die Neigung, auch den zweiten Finger mit übertriebenem Leitetoncharakter zu nehmen, also ebenfalls zu hoch aufzusetzen. Was aber bei der Versetzung auf eine Saite durchaus befriedigend klingt, wird in der Figur unseres Textes mit dem zweiten Finger cis^2 eine für gute Ohren störend zu hohe Terz zur leeren A-Saite und eine zu hohe Quart zum ersten Finger fis^2 ergeben. In bezug auf die an sich löbliche Regel, Halbtöne möglichst eng zu greifen, tut man gut daran, bei kleinen Sexten sich vor zu engen Griffen zu hüten.

II. Ein gleiches Vorgehen führt im zweiten Takt zu einem Vierling über dem ersten Finger:

Der Halbton liegt in beiden Fällen zwischen 2. und 3. Finger.

Nur wird aus der kleinen Sext der ersten Figur nun die übermäßige Quart:

Für diesen Halbtongriff gilt die zuvor ausgesprochene Warnung nicht, vielmehr sind die Finger möglichst eng nebeneinander zu setzen. Denn der auf der höheren Saite aufgesetzte (2.) Finger steht dem auf der tieferen im Wege.

Je nach der Tonfolge: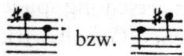

handelt es sich um ein Über- bzw. Untersetzen der Finger.
    Bedenkt und berücksichtigt man, daß der obere Ton der übermäßigen Quart aufwärts, der tiefere abwärts strebt, so kann u. U. – besonders in höheren Lagen – selbst ein engstes Aufsetzen der Finger unzureichend sein und ein gegenseitiges Verdrängen (evtl. Aufheben) derselben erforderlich machen. Das bedeutet eine nicht geringe Schwierigkeit, die bei Doppelgriffen, und erst recht, wenn diese zu binden sind, noch deutlicher wird (vgl. Caprice e-moll S. 215 f). Hier empfiehlt sich gegebenenfalls dieser Fingersatz:

Beethoven Romanze G-dur.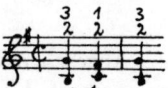

    III. Für den zum dritten Takt ergänzten Vierling:

gilt das unter I Gesagte, nun aber für den 3. und 4. Finger. Wobei zu beachten ist, daß der beträchtlich kürzere kleine Finger einen scheinbar noch engeren Griff verlangt, und in ähnlicher Weise, wie unter II ausgeführt, noch weit häufiger ein Verdrängen der Finger nahe legt. Jedenfalls lehrt die Erfahrung im Unterricht, daß in diesem Vierling der vierte Finger aus rein manuellen Gründen meist zu hoch ausfällt, so daß immer wiederholte Überprüfung gerade dieser Fingerfolge anzuraten ist. Um eine solche Kontrolle anregender zu gestalten, trage man in das auf Seite 188 empfohlene Heft für persönlichen Gebrauch Beispiele aus der Literatur ein, wie sie sich im eigenen Aufgabengebiet ergeben. Nachstehende Zusammenstellung aus den Violinsonaten von Mozart und Beethoven mag als Muster dienen. Aus hochwertigen Kunstwerken, aus echter Musik gegriffen, entfällt die Beschränkung auf eine zeitlich gleichmäßige Fingerfolge,

(Ševčik: )

mit deren Beherrschung noch keine Gewähr für das Gelingen bei rhythmisch-metrisch ungleichen Anforderungen gegeben ist. Meist erstrekken sich die Mannigfaltigkeiten auch auf die Bogenbehandlung, die Schwierigkeiten noch vermehrend, vor Einseitigkeit bewahrend. – Gelegentlich sprach ich mit meinem Kollegen Ossip Schnirlin über Geist-tötende Fingerübungen und ihre Gefahren. Auf einem „neuen Weg" wären technische Dinge anhand von Literaturbeispielen sehr wohl zugleich lehrreich und schmackhaft zu bieten. Die Idee und den Titel griff er auf, ohne jedoch seinem Werk diejenige Anordnung zu geben, die mir vorschwebte. –

Und nun die Zusammenstellung, die sich bei Durchsicht der Violin-Sonaten von Mozart und Beethoven als geeignet erwies.

Mozart Violin-Sonate G
Köch. Verz. Nr. 301

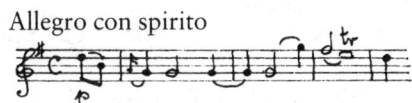

Allegro con spirito

Im absteigenden Vierling ist an die aus der Erfahrung gewonnene Regel zu erinnern: „Ganztöne abwärts tief".

ebenda

Hier entsprechen dem „con spirito" Einzelstriche für die Sechzehntel. Jedoch ist deren saubere Ausführung so heikel, daß manche Geiger, von den Herren Herausgebern zu schweigen, durch diese oder jene Bindung Ausflucht suchen, wodurch der Charakter verändert, mehr oder weniger entstellt wird.

Violin-Sonate A
K. V. 305

Allegro di molto

Triller bei zwei Schlägen mit der Nebennote beginnen, doch genügt ein Schlag über der Hauptnote, besonders wenn man ihn mit Abzug verbindet. – Hier zeigt sich der Vorteil einer guten Durchbildung des kleinen Fingers. (S. 256 u. S. 183)

Violin-Sonate F
K. V. 376

Allegro

Der Zusammengehörigkeit wegen auf einer Saite. Vergleiche hierzu weiter unten die Anmerkung zur c-moll Sonate von Beethoven.

ebenda

Rondo. Allegretto grazioso

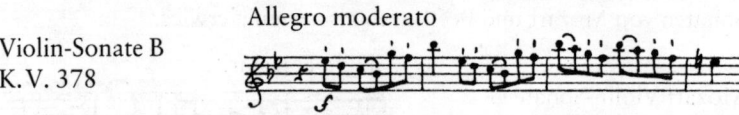

Ausführung:

! Zum eigenen Vergnügen mit dem vierten Finger trillern.

Violin-Sonate B
K. V. 378

Allegro moderato

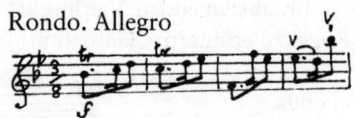

Mit demselben Fingersatz die Parallelstelle im 1. Teil eine Quart tiefer.

Rondo. Allegro

Bogenstriche „Her und Hin" (Leop. Mozart) wirken lebendig (allegro), erzwingen Trillerbeendigung auf dem Punkt. Man übersehe nicht den Originalkeil über dem letzten Achtel.

Violin-Sonate Es
K. V. 380

Allegro

(poco cresc.

Hier ist unser Vierling nach einem gewichtigen Beginn und Halt, mit der Bewegung einsetzend, möglichst lückenlos „anzuschleifen" (L. M.). Der musikalische Gedanke gliedert sich in sechs und zwei Viertel, wie es die hinzugefügte, eingeklammerte Dynamik andeutet.

ebenda:

Die erweiterten „Schleifer" sind zwar in den Takt eingeteilt, dürfen aber beileibe nicht taktmäßig abgezirkelt werden. Trotz des erforderlichen Schwungs dabei keinen Bogen verschwenden! Zum Strich-Ende (etwa Bogenmitte) den Bogen abheben, um mit umgekehrtem Schwung an die Ausgangsstelle (Frosch) für die einzelnen Achtel zurückzukehren.

Selbstverständlich ist auch andere Bogenbehandlung möglich, sei es, daß man die drei einzelnen Achtel nach dem Schleifer im Heraufstrich zusammenfaßt oder sie mit Einzelstrichen (⊓ V ⊓) wiedergibt. Ein Strichwechsel zum Schleifen dagegen, d. h. eine Teilung der vorgeschriebenen Bindung wäre musikalisch nicht gut zu heißen und nur zu entschuldigen, wenn man zu dem erforderlichen Schwung sonst nicht mehr imstande sein sollte.

Violin-Sonate B
K. V. 454

Fällt dem 3. u. 4. Finger wiederholter Halbtonwechsel gegebenerweise zu, so weiche man dem nicht grundsätzlich aus, um die an sich schwächeren Finger letzten Endes doch zu ertüchtigen (s. S. 187).

Ein gleiches gilt für den Gebrauch seltener vorkommender Lagen, mit denen sich oftmals erst vernünftige Fingersätze ergeben, die sich sonst nicht einstellten. D. h. in diesem Fall also zunächst noch in der Sattel-Lage (halbe Lage) verbleiben, um dann erst, im Hinblick auf die Folge, vermittels des Halbtons in die erste Lage überzugehen. Nebenbei sei bemerkt, daß ein Gleiten desselben Fingers von einem Ton weg und wieder zu ihm zurück – selbst wenn es sich um den tieferen oder höheren Halbton handelt – streng genommen nichts mit Fingersatz zu tun hat und um der Sauberkeit willen besser unterbleibt (vgl. hierzu S. 171 u. 187).

Beethoven
Violin-Sonate A, Op. 12,2

Nach der Regel, durchstrichene Köpfe mit dem ersten Finger zu greifen, entsteht über c^3 unser Vierling. Der außerdem angegebene Fingersatz kommt aus musikalischem Grund in betracht, weil dann der Lagenwechsel auf eine schwere Zeit fällt (s. a. unten). Die sieben Sechzehntel auf einem Bogen vereinigt (David), gehen dem Verfasser zu sehr ins spielerisch äußerliche. In der Ausgabe von Joachim sind die ersten drei zusammengefaßt, wodurch das Hinzutreten der Geige geschickter erfolgen und mit den folgenden Einzelstrichen der Übergang zum cresc. der anschließenden langen Note vorteilhaft eingeleitet werden kann.

In bezug auf Fingersatzbildung ist stets die gesamte Tonfolge sowohl in technischer wie in musikalischer Hinsicht maßgebend. So ergeben sich im Rondo-Thema der F-dur Sonate Op. 24 für denselben Vierling des folgenden Beispiels wieder andere empfehlenswerte Fingersätze:

Beethoven
Violin-Sonate c, Op. 30,2
Allegro con brio

David

Joachim

Der Vergleich der Fingertsätze zeigt bei David eine erstaunliche Nichtachtung der musikalischen Forderungen: Gleiches auf gleiche Art, und möglichste Klanggleichheit für Zusammengehöriges. Wenn Joachim die von Beethoven über die Synkopen gestellten Striche (– –) in (> >) verwandelt, so hat er damit offenbar der bekannten Unart des Nachdrückens vorbeugen wollen, indem er mit seiner Bezeichnung den Strichansatz erzielt, d.h. die Verlegung des Akzents auf den Synkopenbeginn. Noch besser hätte er, wie er sonst meist zu tun pflegte, seine Meinung unter das System in Klammern gestellt, um Beethoven's Schreibweise deutlich erkennbar zu lassen. Der Zusatz von David (– –) verführt zu einem portamento, das statt der gebotenen Prägnanz leicht zu einer weichlichen Wiedergabe verleitet.

Beethoven Violin-Sonate G, Op. 30,3

Noch einmal sei betont, daß der Halbton mit dem 3. und 4. Finger auch in höheren Lagen in der geschwindesten Folge und bei deutlichstem Fingerschlag zu pflegen ist.

Beethoven
Violin-Sonate A, Op. 47

Var. II

Wie eng Halbtöne schließlich nebeneinander liegen, läßt sich hier erproben. Spielt man e^4 flageolet, dann braucht man nur die Saite an derselben Stelle aufs Griffbrett zu drücken, um f^4 zu erhalten.

Aus naheliegenden Gründen wurde die Auswahl auf einige charakteristische Beispiele beschränkt. Zöge man die Violinliteratur in weiterem Umfang heran, so dürften sich für jede Stelle des Griffbretts geeignete Belege für diesen wie auch für andere Zwecke finden. Eine systematische Anordnung könnte vorgenommen werden.

Nach dieser Sonderbetrachtung beenden wir unsere Ausführungen zu III der technischen Hinweise. Fällt die übermäßige Quart (verminderte Quint) dem 3. und 4. Finger zu, dann ist über- bzw. untersetzen (verdrängen), auch mit Heben der Handhaltung (drehen um den Geigenhals) zu verbinden (vgl. S. 233). Da die fis-moll Caprice hierzu kein Beispiel bietet, sei der verminderte Dreiklang g b des herangezogen:

Im Aufsteigen bei bereits gehobener, für die G-Saite an sich erforderlicher Stellung bietet ein weiteres geringes Heben Raum für bequemes untersetzen des 3. Fingers. Umgekehrt, im Absteigen, ist die Hand, um das Übergreifen des kürzeren kleinen Fingers zu erleichtern, noch über das normale der G-Saite zukommende Maß zu heben.

Der Gewissenhaftigkeit wegen sei noch erwähnt, daß die unter I angeführten Vierlinge zusammen die A-dur Tonleiter ergeben, deren parallele Molltonart eben unser fis-moll ist, und daß zur völligen Reinheit ein genaues Übersetzen des Zeigefingers nicht angestrebt werden darf. Denn $h^1 fis^2$ als sogenannte falsche Quint von A-dur verlangt h als reine Quart zur E-Saite (d. h. zu hohe Sext zur D-Saite), aber fis^2 als reine Sext zur A-Saite. Damit ergibt sich der große Ganzton $a^1 h^1$ (8:9) und der kleine Ganzton $e^2 fis^2$ (9:10), s. a. S. 164.

IV. Wird ein Ton mit Halbtönen umschrieben (Takt 12), dann ist unser Ohr mit ganz eng gegriffenen Intervallen voll befriedigt, vor allem bei rascher Bewegung:

(s. NB 3)

Bei langsamer Tonfolge und besonders bei Harmonie-Wechsel ist eine gleich enge Behandlung nicht immer am Platz.

Der einstimmige Anfang im cis-moll Quartett von Beethoven:

erlaubt einen scharfen Leitetoncharakter von his[1], wodurch die Ausdrucksmöglichkeit gesteigert wird. Wenn dagegen weitere Stimmen mit dem gleichen Motiv hinzutreten, verlangt die Harmonie Berücksichtigung und macht einen sehr engen Halbtongriff mehr oder weniger unerträglich.

V. Ebenfalls im 12. Takt ist der 4. Finger bis cis^3 zu strecken. Da aber der Zeigefinger zuletzt eine übermäßige Sekunde über der A-Saite (his[1]) zu greifen hatte, so umspannt die Streckung nur eine kleine None bzw. zum 2. Finger (cis^2) eine reine Oktave; auf eine Saite umgedeutet eine verminderte Quint ($fis^{is\,2}$ cis^3). Diese Anforderung dürfte selbst für kleinere Hände nicht unüberwindlich sein.

Anders im 24. Takt, wo Rode den fis-moll Dreiklang dem ersten, dritten und vierten Finger zuweist, somit dem kleinen Finger einen großen Terzgriff über dem dritten zumutet:

NB 6

oder

Dabei außer dem dritten auch noch die übrigen Finger liegen zu lassen, verlangt schon eine beachtliche Spannfähigkeit. An sich ist der moll Dreiklang auf einer Saite mit der Fingerfolge 1, 2, 4 auch von kleineren Händen zu bewältigen. Denn eine große Terz zwischen zweitem und viertem Finger ist ein normaler Griff, und eine kleine Terz zwischen erstem und zweitem Finger verlangt nur ein geringes Zurücklegen des Zeigefingers. Von diesem Fingersatz 1, 2, 4 für den moll Dreiklang ausgiebig Gebrauch zu machen, empfiehlt sich, besonders in der Höhe. In den unteren Lagen kann man sich die Schwierigkeit etwas erleichtern, indem man den Zeigefingerballen vom Griffbrett löst und dem Daumen eine

Mittelstellung (etwa dem zweiten Finger gegenüber) gibt. Wesentlich ist, dem Lagengefühl ein Verweilen in derselben Lage zu erhalten, d. h. für unser Textbeispiel das der ersten Lage, wobei dem zweiten Finger bald eine kleine Terz (a^2) und durch cis^2 ein Ganztongriff über dem ersten Finger zufällt. Dieser unterschiedliche Aufsatz des zweiten Fingers läßt aber doch dem Fingersatz Rode's den Vorzug geben. – Nun ließe sich diese Figur in der zweiten Lage unzweifelhaft bequemer spielen; doch kommt es Rode offenbar darauf an, fis^2 den helleren Klang der E-Saite zu geben, der die Wiederaufnahme des Anfangs (reprise) glücklicher vorbereitet. Man bemühe sich, dieser mit der Streckung verbundenen Schwierigkeit Herr zu werden, denn dies ist oftmals der einzige Weg für einen „musikalisch guten Fingersatz".

Um etwaige Bedenken über eine solche Bezeichnung zu beheben, sei eine Stelle aus Bach's E-dur Präludium angeführt, die in bezug auf die Streckung hierher paßt und eine lehrreiche Fingersatzstudie darstellt:

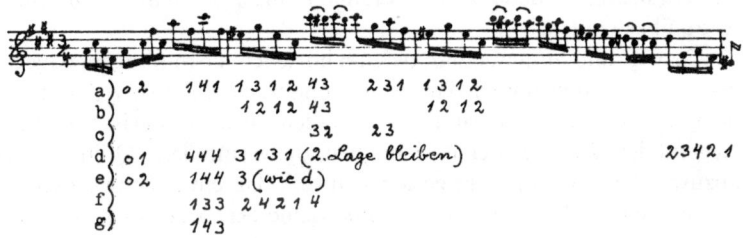

Bei a) b) c) ist die größte Klangeinheit gewahrt, wie sie diesem Höhepunkt der Komposition wohl ansteht, nur cis^2 fällt auf die A-Saite, alles andere auf die strahlende E.

Der Fingersatz d) benutzt die 2. Lage, in welche e) auf eine andere Weise führt, bei beiden ist die dem 4. Finger zufallende Quint nicht gerade bequem, deswegen weist f) diesen Quintengriff dem 3. Finger zu, g) umgeht ihn ganz durch Fingerauswechseln. a) erweitert die Greifweite nach oben und unten, wobei ein ausgesprochener Lagenwechsel (s. o. S. 235 f) weder gemeint noch erforderlich ist. Bei der Fingersatzbildung sollte das Musikalische stets in erster Linie angestrebt werden. Erst dann, wenn dies Ziel (Fingersatz a) unerreichbar ist, kommen Auswege wie die unter d) bis g) oder noch andere in Frage.

Ähnlich umgeht im Largo der B-dur Sonate von Mozart (K. V. 454) der angegebene Fingersatz einen der schlichten Größe nicht angemessenen Lagenwechsel:

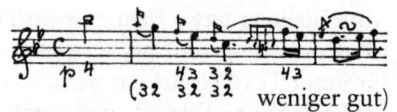

Nicht oft genug kann man sich der Regel erinnern, möglichst in einer Lage zu bleiben. Die Erweiterung der Greifweite liegt im Sinne dieser Regel.

VI. Wenn ein Lagenwechsel unvermeidlich ist, scheint Rode, selbst bei Versetzung gleicher Tonfolgen (Sequenzen) lediglich die geigerische Bequemlichkeit zu bedenken. Im 14. und 16. Takt wäre ein übereinstimmender Fingersatz (im NB 5 eingeklammert angedeutet) durchaus möglich. Indessen besteht bei Rode Übereinstimmung insofern, als er zum Lagenwechsel mit demselben Finger gleitet, wenn auch zuerst um eine kleine Terz und nachher um eine reine Quart. Das kleinere Intervall bietet keine Schwierigkeit. Für das größere empfiehlt sich ein schrägerer Fingeraufsatz, um den Zwischenraum reibungsloser, daher ungehemmter zu überwinden.

Den Sprung hinunter zum tiefen h hörte ich nie mißlingen, dagegen wartete ich schon immer darauf, wie unglücklich der so viel kleinere, beinahe benachbarte Schritt e^2 ais^1 ausfallen würde. Dabei ist es in dieser Gegend des Griffbretts eine Kleinigkeit, die verminderte Quint einfach abzustrecken, womit nicht gesagt sein soll, daß ein Lagenwechsel, zurückgleiten des dritten Fingers um eine kleine Terz (oder auch nur um einen Ganzton, wie es einem am besten paßt) nicht ebenso gut zu heißen wäre.

Die Ursache für ein mitunter erstaunliches Versagen liegt im Mangel an klarer Vorstellung der Intervallgröße und ihrer zunehmenden Verkleinerung mit den höheren Lagen. Man muß z. B. wissen, daß die Doppeloktave ein kleiner Terzengriff mit dem ersten und dritten oder zweiten und vierten Finger auf den äußeren Saiten bedeutet, und wird dann im siebtletzten Takt auf der G-Saite mit dem zweiten Finger von his bis fis^1 gleiten, um fis^3 in der richtigen Lage zu greifen:

NB 7

Das schließt aber nicht aus, fis^3 auch ohne diese Verbindung mit Kühnheit frei zu ergreifen oder fis^2 mit dem ersten Finger auf der A-Saite als Stütze einzuschieben, weil dieser Ton, durch die Mensur unseres

Instruments am Beginn des Geigenkörpers liegend, zu den gegebenen gehört.

Wer den vorstehenden Ausführungen bis hierher folgte, hat sich aufs neue davon überzeugen können, daß an sich vorzügliche Regeln zu einander in Widerstreit treten können: möglichstes Verweilen in einer Lage! Zusammengehöriges möglichst auf einer Saite! – Hierher gehört auch die Behandlung des Halbtons, der als Leiteton zu seiner Hauptnote gehört und folglich, besonders im Gesang bei ruhiger Tonfolge, keinen Saitenübergang verträgt. Durch die erweiterte Greifweite erfahren solche vielfach unvereinbaren Gegensätze häufig eine vortreffliche Lösung.

Fußnoten

[1] „Versuch einer gründlichen Violinschule" erschienen 1756 im Geburtsjahr seines Sohnes Wolfgang Amadeus.
[2] gemeint ist wohl: durch ungenügende Unterweisung und schlechte Vorbilder.
[3] wiederholte Bemühungen des Verfassers (seit 1897), die Akademie der Künste in Berlin hierfür zu gewinnen, blieben erfolglos.
[4] Eine alte Regel verlangt, möglichst in einer Lage zu bleiben. Hiervon ist grundsätzlich nur abzuweichen, wenn Zusammengehöriges aus klanglichen Gründen auf einer Saite gespielt werden muß.
[5] weiteres wird an gegebener Stelle gesagt.
[6] Quantz tritt für sie ein: er geht so weit, daß er verlangt, die Streichinstrumente in temperierten Quinten zu stimmen.
[7] Unter den Violinschulen ist die Geige als D-Instrument z. B. bei Bériot und Joachim-Moser zutreffend gewürdigt. In C-dur zu beginnen ist in dieser Hinsicht unüberlegt, ganz abgesehen davon, daß man Anfänger mit solchen Fragen gar nicht belasten darf. Hier sei eine Anregung eingeflochten: ob es nicht vorteilhafter wäre, in der dritten Lage mit dem 1. Finger auf g^1 (G-dur) anzufangen. Maßgebend hierfür wäre: 1.) leichtere Haltung des linken Armes und Anlehnungsmöglichkeit der Hand an den Geigenkörper.
2.) Aufbau der Vierlinge auf dem ersten Finger, deren Intervallverhältnisse alsdann in allen Lagen gleich bleiben, während ihr Aufbau über der leeren Saite eine grifftechnische Ausnahme bedeutet, wie jede Verbindung mit leeren Saiten überhaupt unregelmäßig genannt werden könnte. Zusammengefaßt bedeutet dies: Voranstellung der Regelmäßigkeit vor die Ausnahme.
[8] Der Verfasser hat infolgedessen z. B. im Schluß des 1. Satzes vom Haydn-Quartett C-dur op. 54,2 stets die leere E-Saite vermieden und auf den klanglich größeren Reiz verzichtet.
Es ist durchaus denkbar, daß bei der Charakterisierung der Tonarten

C-dur der zu hohen Terz wegen (zumal im Orchester) die Eigenschaft festlich feierlicher Wirkung zuerkannt wurde.

⁹ Ein Beispiel der Anpassung an die A-Saite:

Joseph Haydn
Op. 74,2

Allegro spirituoso

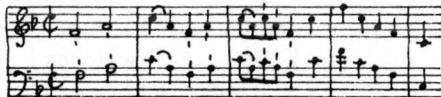

¹⁰ Zu den Ausdrucksmitteln trägt zwar auch die linke Hand bei. Unter anderem – wovon noch zu reden sein wird – durch das Vibrato; doch nehmen wir hier den alten Standpunkt ein, der das Vibrato nur dann anerkannte, wenn es aus wirklichem Empfinden entspringt und nicht zum gewohnheitsmäßigen Bestandteil eines sogen. schönen Tons gehört. Gewohnheitsmäßiges Vibrato ist Vorspiegelung falscher Tatsachen, Unwahrhaftigkeit, Unehrlichkeit, als wenn ein Redner eine scheinbare innere Bewegung und Anteilnahme durch ein Bebbern der Stimme vortäuscht, dessen Absicht uns nur verstimmen kann. Joachim, den ich in echter Erregung heftiger als irgend einen anderen Geiger vibrieren hörte, nannte das gedankenlose Vibrato „Kaffeehausmanier", soweit er sich nicht noch drastischer ausdrückte.

¹¹ Eingeschaltete Pausen nutzbringend zu verwerten, ohne das künstlerische Gebiet zu verlassen, kann man sich vorteilhaft Partiturstudien, theoretischen und musikgeschichtlichen Arbeiten zuwenden, wodurch bei wohlbedachtem Maßhalten erholende und zugleich anregende Abwechslung in der Tätigkeit geschaffen wird, ohne alsdann unmittelbar zerstreuend, zersplitternd zu wirken. Auch richtiges Arbeiten will gelernt sein. Man sollte nicht glauben, wieviele, selbst namhafte Künstler es an Partiturkenntnis fehlen lassen und dadurch bei geringsten Anlässen aus der Fassung geraten.

¹² Professor Robert Hausmann (1852–1909), hervorragender Cellist und Musiker, hochverdienter Lehrer an der Hochschule für Musik in Berlin und als Quartettspieler unerreichter Partner Josef Joachims.

¹³ Zum Quintengriff wird die Fingerkuppe voll auf die höhere Saite gesetzt, die tiefere nur seitlich berührend, weil die Griffrichtung zur Saite einen Winkel bildet, der alsdann den Fingeraufsatz mit gleichem Abstand vom Sattel gewährleistet. Der Quintengriff empfiehlt sich oft auch dann, wenn er nicht direkt benötigt wird, um ein uner-

wünschtes Mitklingen und erst recht Mitanstreichen der sonst höher liegenden Nachbarsaiten zu verhüten.

[14] Spielfinger und Stützfinger.

In dieser Folge hat jeder erklingende Ton seinen Spielfinger. Bleiben die Finger beim Aufwärtsschreiten liegen, so werden sie für die folgenden zu Stützfingern und im Abwärtsschreiten ohne erneutes Aufsetzen, lediglich durch Aufheben der höheren Finger wieder zu Spielfingern. Jeder Finger ist in bezug auf den nachfolgenden als Stützfinger zu verwerten, indem man das zu greifende Intervall räumlich abschätzt. Zunächst in derselben Lage und besonders bei Saitenübergängen:

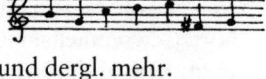

und dergl. mehr.

Bei aufsteigender Fingerfolge (1.2.3.4.) ist das räumliche Abschätzen von geringerer Schwierigkeit als bei absteigender, infolgedessen wird im letzteren Fall bereits aus anatomischen Gründen die Intonation mitunter leiden und, wie die Beobachtung ergibt, eher zu hoch als zu tief ausfallen.

[15] Ähnliche auf Berücksichtigung des Instrumentes beruhende Vorschläge finden sich oft, z. B. im Violinkonzert von Brahms:

wo der Vorschlag keineswegs als solcher hörbar werden, sondern lediglich verhüten soll, daß die leere A-Saite berührt wird, also gewissermaßen einen notierten Stützfinger darstellt.

[16] Wissenschaftliche Untersuchungen haben ergeben, daß die Neigung zu anderer Behandlung des Intervalls, als es die absolute Reinheit verlangt, sich nicht nur auf den Leiteton beschränkt. In dem Büchlein „Musikalische Akustik" von Karl L. Schaefer lesen wir dazu: ... „Man ist nämlich ohnedies geneigt ..., die großen Terzen etwas größer, die kleinen etwas kleiner zu nehmen, als es der mathematischen Reinheit entspricht, und zwar nicht nur bei Aufeinanderfolge,

sondern auch bei Gleichzeitigkeit der Töne. Es ist dies nicht erst eine Folge der Gewöhnung an die Temperatur, sondern unabhänig davon, wie daraus hervorgeht, daß auch Quinten, ja sogar Oktaven von den besten Musikern etwas zu hoch genommen werden und eine gegebene wirklich reine Oktave als etwas zu tief geschätzt wird."

17 Es sei denn, daß man etwa zur Charakterisierung von schmerzlicher Empfindung den Halbton besonders klein wählen will, z. B. in Beethovens Op. 132, wo dies unbedenklich geschehen kann, weil keine harmonische Begleitung vorliegt:

oder in Op. 131
cis-moll

1. Adagio
ma non troppo e molto espressivo

K. L. Schaefer bemerkt hierzu ebenda: „Der Grund hiervon liegt offenbar in den Bedürfnissen des musikalischen Ausdrucks, nicht in der Einrichtung des Ohres oder in den Gesetzen des Hörens als solchen."

18 Das weit verbreitete sogenannte „Nachdrücken" jeden Tones ist vielleicht auf falsche Auslegung einer am richtigen Platz berechtigten Maßnahme zurückzuführen. Als Folge hiervon könnte auch die bis zur Manie ausgebildete Gepflogenheit erscheinen, Bindungen entgegen der Vorschrift des Komponisten bis zur folgenden schweren Zählzeit auszudehnen, wie es Ferdinand David in seinen Ausgaben häufig tut: unkontrollierter Mißbrauch organisch und instrumentell gegebener Bedingtheit.

z. B. Vivaldi Sonate A-dur:
oberes System jeweils David, unteres nach einem älteren Druck

ebenda:

Corrente
Allegro

[19] Von ausschlaggebender Wichtigkeit für das drei- und vierstimmige Spiel ist die Rundung des Steges. Je flacher der Steg ist, um so leichter lassen sich drei Saiten zusammen anstreichen. Mit zunehmender Wölbung wird dies immer schwieriger und schließlich überhaupt unmöglich. Für das Spiel auf einer Saite indessen ist der stärker gerundete Steg vorteilhafter. Da die Wölbung des Steges derjenigen des Griffbretts entsprechen muß, das Fingerspiel aber wiederum um so leichter ist, je flacher das Griffbrett ist, so achte man darauf, daß der Steg nicht zu rund sei. Ferner darf die Saitenlage nicht zu hoch sein, sonst streicht man beim höheren Lagenspiel auf den mittleren Saiten gar zu leicht auch die Nachbarsaiten mit an. Von besonderer Bedeutung schließlich ist der Saitenabstand untereinander. Schmale, spitze Finger bedürfen eines engen Saitenabstandes, um Quinten auch in mittleren Lagen noch bequem mit einem Finger greifen zu können. Umgekehrt erfordern breite Fingerkuppen einen weiten Saitenabstand, um das Spiel auf jeder Saite ohne Berührung der Nachbarsaiten zu ermöglichen.

Im allgemeinen läßt man es an der Beachtung der Einrichtung seiner Geige fehlen, die nicht nur den Anforderungen der Spielbarkeit, sondern auch den persönlichen Bedürfnissen des Spielers genügen muß. Daher sei hier darauf hingewiesen, um Schwierigkeiten nicht an falscher Stelle zu suchen.

[20] Schon bei einstimmiger Behandlung wird man sich zu hüten haben, daß kein Mozartischer „Überwurf" durch die Lagenverbindung zu hören ist.

Bei geschickter Ausführung wird man noch gerade eben eine Veränderung an fis² wahrnehmen, und bevor die Bewegungsrichtung zum Bewußtsein kommt, wird der neue Ton erfaßt werden.

21 Die eingeklammerten kleinen Bogen fehlen im alten Druck und stünden besser auch hier, wie Rode sie im gleichen Sinn Takt 39 selber setzt: [s. S. 243 NB 8.]

22 z. B. Beethoven A-dur Sonate Op. 30,1

Das hier nur für die letzten Taktviertel in der Violine vorgeschriebene tenuto, deren Dauer schließlich zur Synkope wird und damit zum Hauptmotiv zurückführt, sollte auch vom Pianisten wohl beachtet und dadurch unterstützt werden, daß er die Geige schön verklingen und jeden Akkord ausreichend für sich wirken läßt, bevor er zum nächsten Takt schreitet. Nur so ist das Herabsinken der modulierenden Sequenzen zu voller Geltung zu bringen. Mit dem erreichten Quartsextakkord auf der Dominante und dem nun anhebenden Crescendo kommt dann das Hauptzeitmaß wieder zu seinem Recht.

23 Joachim hatte Brahms empfohlen, in der c-moll Episode des Violinkonzerts den Punkt über dem zweiten Sechzehntel wegzulassen, weil aus bogentechnischen Erwägungen eine falsche Wiedergabe zu befürchten wäre.

leggiero ma espress. (grazioso)

Brahms folgte dem Ratschlag nicht, doch Joachim behielt recht, denn man hört die Stelle meist in einzelne Achtel aufgeteilt, wo doch die gekoppelten Sechzehntel ohne jeden Zweifel musikalisch zum folgenden Achtel gehören: 𝄐 𝄐 ist also ein Unterteilungsmotiv, das weiterhin auch noch diese Gestalt annimmt 𝄐 𝄐 , mit welcher es den Fortgang bis zum cis-moll beherrscht:

in dieser Form ist die Zusammengehörigkeit des Unterteilungsmotivs noch einleuchtender, wie es die Klammern anzeigen. Niemand könnte hier ein Zerreißen, Zerhacken in einzelne Achtel (🎵) gut heißen, wenn Brahms auch der bequemeren Schreibweise wegen in einzelnen Achteln notiert. Um ein vom Intellekt diktiertes Schulbeispiel musikalischer Unnatur vor Augen zu haben, versuche man einmal, in der späteren, umgedeuteten Fassung des Motivs 🎵 , besonders bei dem Sturz in die Tiefe (1. NB c^3 es^2) zwischen Sechzehntel und Achtel eine 32stel-Pause einzuschalten!

Beim ersten Auftreten des Motivs (1. NB s. o.) sind die Sechzehntel gebunden, gekoppelt, aber für sich genommen durchaus keine Einheit, der irgendwelche Selbständigkeit zukommt. Übergeordnet ist das Unterteilungsmotiv 🎵 , und diesem wiederum der größere Linienzug über zwei Takte. Geigerisch könnte das Motiv, mit Abstrich begonnen und verbunden-betontem Strichwechsel zum Aufstrich, befriedigend erklingen, welch „verkehrte" Bogenbehandlung im Scherzo B-dur Op. 18,6 von Beethoven:

mit bester Wirkung gegeben ist, wegen des hier noch etwas schnelleren Zeitmaßes und des übersprudelnd lustigen Charakters. Davon liegt nun freilich bei Brahms trotz der gleichen metrischen Zeichnung wirklich nichts vor. Tiefer Ernst und Schmerz in aufrechter, gefaßter Haltung gingen voran. Der reine keusche Klang der Oboe wiederholt die Klage (dolce), von der Geige umrankt wie ein Versuch zu auflokkernder Befreiung, der vergeblich bleibt und einem gewaltigen Ingrimm weicht. Die lange Vorschrift (tranquillo etc.) läßt erkennen, wie sehr der Komponist bemüht war, seine Intention zum Ausdruck zu bringen. Die beinahe sich widersprechenden, einander ausschließenden Forderungen treffen, zusammengenommen, das Suchen und Ringen, den Widerstreit der Empfindungen. Das eingeklammerte „grazioso" gibt aber neben leggiero den deutlichen Hinweis, was dieser problematischen Stelle nicht ermangeln soll. Daher ist eine milde

Trennung innerhalb des Unterteilungsmotivs angezeigt: bogentechnisch ist dies eine Art portamento (das sostenuto unserer Caprice) in Verbindung mit geringstem Bogenabheben – man erinnere sich auch der Mozart'schen Schwäche beim Strichwechsel. Das ist nun keineswegs leicht und verlangt eine große Bogenbeherrschung. So spielte es Joachim, und zwar so unvergleichlich schön, daß Frau von Herzogenberg darüber an Brahms schrieb voller Bewunderung für J. und voll Erstaunen über die Ahnungslosigkeit anderer Geiger.

Angesichts solcher Meinungsverschiedenheiten, die für die Interpretation erheblich, wo nicht entscheidend ins Gewicht fallen, wäre es wohl eine der vordringlichsten Aufgaben der Musik-Akademien als dazu berufene Instanzen, wenigstens für die Zukunft die Bedeutung der Zeichen bindend festzulegen. Einigte man sich,

1.) Punkte unter einem Bogen $\overset{\frown}{\dot{\dot{\imath}}\dot{\imath}\dot{\imath}\dot{\imath}}$ als Schreibweise für portamento zu bestimmen,

2.) den Punkt an sich als Kürzungszeichen für die Tondauer der darunter befindlichen Note,

3.) den Keil ▼ als Forderung für scharfen Ansatz,

dann wären Keile unter einem Bogen $\overset{\frown}{\blacktriangledown\blacktriangledown\blacktriangledown\blacktriangledown}$ die Veranschaulichung für Kettenstaccato. Aufzuräumen wäre mit dem irreführenden, einzelnen Punkt über der letzten Note einer unter einem kleineren oder größeren Bogen verbundenen Tonfolge, der die vorangegangenen Betrachtungen und die Erörterungen zwischen Brahms und Joachim veranlaßte. Hier stünde zu erwägen, den strittigen Punkt außerhalb des Bogens zu stellen ♫ ♪ statt ♫̇ ♪ oder ♫ ♪̇ statt ♫̇ ♪̇ . Damit behielte der Bogen unmißverständlich die Bedeutung als Bindung aller darunter vereinigten Noten und der Punkt die der Kürzung der letzten derselben. Vieles wäre noch zu sagen, wenn es hier nicht zu weit führte.

Verzeichnis
der im Text angeführten Kompositionen

(Die Notenbeispiele aus den *Capricen* sind in diesem Verzeichnis **nicht** enthalten; im Text werden sie kenntlich gemacht durch das Zeichen „NB", sie sind numeriert, in jeder Caprice mit NB 1 beginnend.)

Seite

173	J. S. Bach	Solosonate C-dur, Allegro assai
203	J. S. Bach	Solosonate a-moll, Andante
207	J. S. Bach	Solosonate C-dur, Fuga
209	J. S. Bach	Partita III E-dur, Preludio
216	J. S. Bach	Solosonate C-dur, Largo
231	J. S. Bach	Solosonate g-moll, Adagio
164	J. S. Bach	Partita III E-dur, Preludio
167	Beethoven	op. 59,1 Streichquartett F-dur, Allegro
171	Beethoven	op. 47, Kreutzer-Sonate, Andante con Var.
172	Beethoven	op. 30,2 Violinsonate c-moll, Finale. Allegro
176	Beethoven	op. 96, Violinsonate G-dur, Allegro moderato
177	Beethoven	op. 47, Kreutzer-Sonate, Andante con Var. (4 Beispiele)
188	Beethoven	op. 61, Violinkonzert, Allegro ma non troppo
191	Beethoven	op. 61, Violinkonzert, Allegro ma non troppo
191	Beethoven	op. 132, Streichquartett a-moll, Allegro ma non tanto
199	Beethoven	op. 12,1 Violinsonate D-dur, Allegro con brio
205	Beethoven	op. 30,1 Violinsonate A-dur, Allegretto con Var. (2 Beispiele)
211	Beethoven	op. 61, Violinkonzert, Allegro ma non troppo
221	Beethoven	op. 59,2 Streichquartett e-moll, Allegro

230 f	Beethoven	op. 61, Violinkonzert, Larghetto
247	Beethoven	op. 59,3 Streichquartett C-dur, Allegro vivace (5 Beispiele)
254	Beethoven	op. 40, Romanze G-dur
257	Beethoven	op. 12,2 Violinsonate A-dur, Andante piu tosto Allegretto
258	Beethoven	op. 24, Violinsonate F-dur, Rondo. Allegro ma non troppo
258	Beethoven	op. 30,2 Violinsonate c-moll, Allegro con brio
258 f	Beethoven	op. 30,3 Violinsonate G-dur, Allegro assai
259	Beethoven	op. 47 Kreutzer-Sonate, Andante con Var...
260	Beethoven	op. 131, Streichquartett cis-moll, Adagio ma non troppo...
267	Beethoven	op. 132, Streichquartett a-moll, Presto. Poco Adagio
267	Beethoven	op. 131, Streichquartett cis-moll, Adagio
269	Beethoven	op. 30,1 Violinsonate A-dur, Allegro
270	Beethoven	op. 18,6 Streichquartett B-dur, Scherzo. Allegro
167	Brahms	op. 108, Violinsonate d-moll, Adagio
178	Brahms	op. 77, Violinkonzert, Allegro non troppo
211	Brahms	op. 77, Violinkonzert, Allegro non troppo
221	Brahms	op. 111, Streichquintett G-dur, Allegro non troppo, ma con brio
224	Brahms	op. 77, Violinkonzert, Allegro non troppo
227	Brahms	op. 77, Violinkonzert, Allegro non troppo
266	Brahms	op. 77, Violinkonzert, Allegro non troppo
269	Brahms	op. 77, Violinkonzert, Allegro non troppo
227	Bruch	op. 26, Violinkonzert g-moll, Allegro energico
187	Haydn	op. 76,5 Streichquartett D-dur, Allegretto
265	Haydn	op. 74,2 Streichquartett F-dur, Allegro spirituoso
206	Joachim	Variationen für Violine und Orchester
177	Kreutzer	19. Violinkonzert d-moll, Moderato

192	Mendelssohn	op. 18, Streichquintett A-dur, Scherzo
226	Mendelssohn	op. 64, Violinkonzert e-moll, Allegro molto appassionato
186	Mozart	K. V. 614 Streichquintett Es-dur, Allegro di molto
188	Mozart	K. V. 590 Streichquartett F-dur, Allegretto
203	Mozart	K. V. 218 Violinkonzert D-dur, Andante grazioso
213	Mozart	K. V. 219 Violinkonzert A-dur, Adagio
236	Mozart	K. V. 387 Streichquartett G-dur, Allegro vivace assai
245 f	Mozart	K. V. 454 Violinsonate B-dur, Andante
246	Mozart	K. V. 364 Concertante ... Es-dur, Andante und Adagio (2 Beispiele)
255	Mozart	K. V. 301 Violinsonate G-dur, Allegro con spirito (2 Beispiele)
255	Mozart	K. V. 305 Violinsonate A-dur, Allegro di molto (3 Beispiele)
255 f	Mozart	K. V. 376 Violinsonate F-dur, Allegro u. Allegretto grazioso (2)
256	Mozart	K. V. 378 Violinsonate B-dur, All. moderato u. Rondo. Allegro (2)
256	Mozart	K. V. 380 Violinsonate Es-dur, Allegro (2 Beispiele)
257	Mozart	K. V. 454 Violinsonate B-dur, Allegro und Andante (2 Beispiele)
261 f	Mozart	K. V. 454 Violinsonate B-dur, Largo
177	Rode	10. Violinkonzert h-moll, Tempo di Polacca
209	Sarasate	op. 21, Spanische Tänze, „Habanera"
171	Schubert	op. 137,1, Sonatine D-dur, Andante
177	Schubert	op. 125,2, Streichquartett E-dur, Andante
179	Schubert	7. Sinfonie C-dur (die „große"), Allegro ma non troppo
192	Schubert	op. posth. Streichquartett d-moll, Allegro

244	Schubert	op. 29, Streichquartett a-moll, Andante con moto
245	Schubert	op. posth. Streichquartett d-moll, Andante con moto (1. Var.)
164	Spohr	
193	Vieuxtemps	op. 31, Violinkonzert d-moll, Finale. Allegro
206	Vieuxtemps	op. 31, Violinkonzert d-moll, con brio
208	Vieuxtemps	op. 22,3 Rêverie
267	Vivaldi	Violinsonate A-dur, Presto (3 Beispiele)
268	Vivaldi	ebenda: Corrente. Allegro (1 Beispiel)
226	Wagner	Tannhäuser-Ouvertüre
208	Wieniawski	Scherzo Tarantelle
240 f	Wieniawski	op. 22, 2. Violinkonzert d-moll, Allegro moderato

Pierre Rode,
Notentext der 1. – 8. Caprice
nach einem alten Druck

Vingt-Quatre CAPRICES

En forme d' Etudes

pour le **Violon** seul

dans les Vingt-Quatre Tons de la Gamme

composés et dédiés

à Monseigneur le Prince de Chimay

par

P. RODE.

À LEIPZIG

au Bureau de Musique de C. J. Peters.

Paris,

au Magasin de S. Frey Successeur de M. M. Cherubini,
Rode, Méhul, Kreutzer, C.ᵉ Place des Victoires.

Explication des Signes

⊔⊓ tirez l'Archet   ∧ V poussez

Il faut en général ne changer de position que lorsqu'un nouveau chiffre l'indique.

[Erklärung der Zeichen

⊔⊓ ziehen des Bogens (Abstrich)   ∧ V schieben, stoßen (Aufstrich)

Man soll im allgemeinen die Lage nicht wechseln bis ein neuer Fingersatz es anzeigt.]

    Der Leser und die Leserin erhält hiermit ein Faksimile des alten Druckes, der Karl Klingler bei seiner Arbeit an Hand der Capricen von Rode als Vorlage diente. Dieser Druck ist frei von Zusätzen späterer Herausgeber, die Rode's Originalbezeichnung oft mehr oder weniger verdecken.

    Obige Explication des Signes... usw. stand in französischer Sprache auf Seite 1 des alten Druckes. [Eine deutsche Übersetzung habe ich hinzugefügt, ebenso die Angabe der Taktzahlen im folgenden Notentext der ersten acht Capricen. Anstelle dieser Zeilen war ein Verzeichnis damaliger Verlagswerke aufgeführt, welches ich fortgelassen habe, da es keinen direkten Zusammenhang mit der vorliegenden Schrift Karl Klingler's hat.]

Hannover, im Februar 1979   *Agnes Ritter*

VIOLINO SOLO

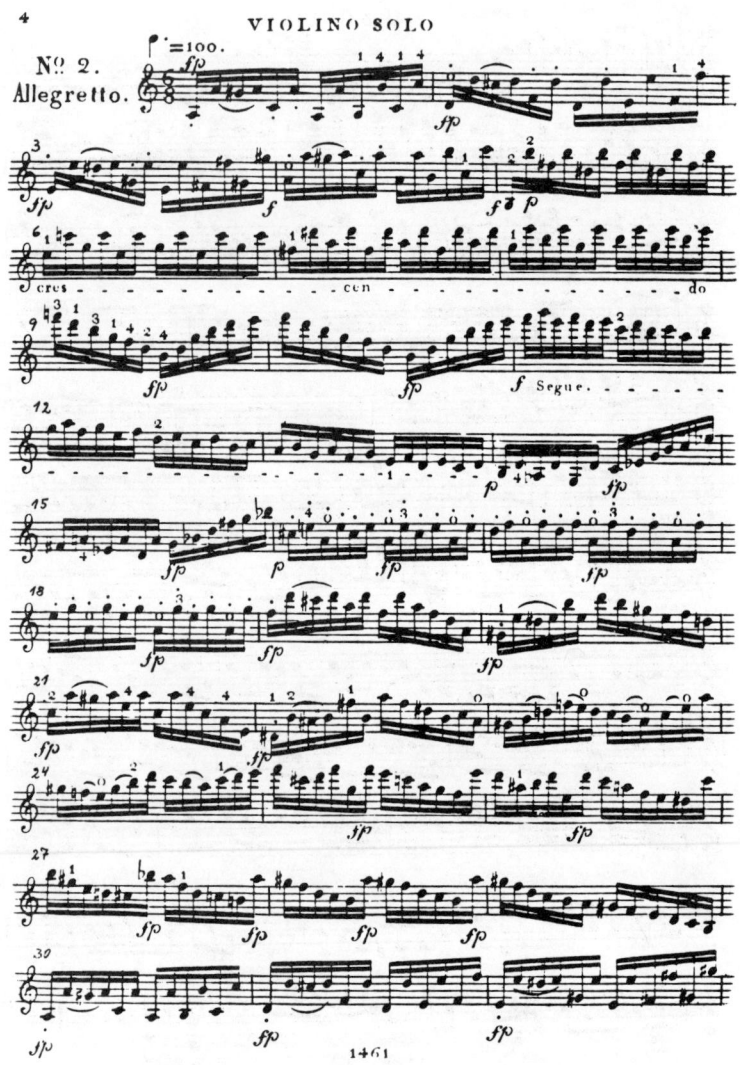

VIOLINO SOLO

VIOLINO SOLO

VIOLINO SOLO

N.º 8.
Moderato assai.

VIOLINO SOLO

Bach's Flötensonate A-dur
Ein Rekonstruktionsversuch

Bach's Flötensonate A-dur
Ein Rekonstruktionsversuch

Im Vorwort zum 9. Jahrgang der Bach-Gesellschaft bemerkt Wilhelm Rust in bezug auf die Flötensonate in A-Dur:
„Das Autograph ist von Bach selber überschrieben:
„Sonata a I Traversa è Cembalo obligato di J. S. Bach".
Außer der Sonate enthält dieses Autograph noch ein Konzert für zwei Klaviere mit Quartettbegleitung, und das Ganze ist auf jene eigenthümliche Weise niedergeschrieben, wie man es häufig in den Partituren Bach'scher Kantaten findet. Während das Konzert auf 15 Blättern die oberen 16 Systeme einnimmt, läuft zu gleicher Zeit auf den drei unteren, übrig gebliebenen Systemen die Sonate nebenher, und füllt erst nach dem Schlusse des Konzertes, vom 16. Blatt an, volle Seiten. Die ersten acht Blätter sind vollständig erhalten, von den folgenden sechs aber die unteren drei Systeme, welche die Fortsetzung des ersten Satzes der Sonate enthalten müßten, abgeschnitten; erst das 15. Blatt ist wieder vollständig und teilt die zwei Schlußtakte desselben mit. Da sich das Fehlen zum Vorhandenen (62 Takte) wie 6 zu 8 (3:4) verhält, so mögen durch jene Verstümmelung etwa 46–48 Takte verloren gegangen sein. Der jetzige Besitzer des Autographs ist Herr Grasnick zu Berlin, der es aus dem Nachlasse des Herrn C. v. Winterfeld erworben hat. Letzterer kaufte es vor langer Zeit bei einem Antiquar in Breslau für wenige Groschen. Nach einer Mitteilung des Herrn von Senfft scheint dasselbe schon damals unvollständig gewesen zu sein. Leider war alle Mühe, das Fehlende ergänzen zu können, erfolglos, indem eine ältere, vollständige Abschrift nicht aufzufinden war. Unsere Ausgabe teilt das Bruchstück des ersten Satzes im Anhang unter I., Seite 245 mit."

Wenn man sich vergegenwärtigt, daß die ersten 8 Seiten vollständig erhalten und nur von den folgenden 6 Seiten die unteren Systeme abgeschnitten sind, so kann man keinen Grund finden, warum eine fremde Hand das Manuskript in dieser Weise verstümmelt haben sollte. Vielmehr erscheint es naheliegend, daß der Autor selbst die fehlenden Stücke abgeschnitten hat, weil er diesen Takten vielleicht eine andere Gestaltung zukommen lassen wollte, oder vielleicht auch tatsächlich gegeben hat. Da der Platz fehlte, hätte eine etwaige Niederschrift auf besonderen Blättern erfolgen müssen, die als Einlage, möglicherweise sogar anderen Formates, die Feststellung der Zugehörigkeit einem flüchtigen, nur auf das Klavierkonzert gerichteten Blick erschweren mußten, und die als Einzelblätter auch viel leichter verloren gehen konnten.

Wie dem auch sei, der aufmerksamen Betrachtung des Bruchstückes kann es nicht entgehen, daß der letzte Takt vor der Lücke der Beginn einer im vorletzten Takt abgeschlossenen Episode von 16 Takten ist. Und zwar zeigt der letzte, erhaltene Takt, daß nun das Cembalo in der Oberstimme übernimmt, was vorher die Flöte hatte und umgekehrt, wie es Bach bei Werken dieser Gattung vorzugsweise tut. Hätte Bach also die ganze Episode wiederholt, so ergäben sich die ersten 15 der fehlenden Takte.

Die beiden enthaltenen Schlußtakte bilden den 32. und 33. Takt vom Anfang in der Haupttonart, während sie dort in der Dominante stehen. Wenn Bach, wie so häufig, auch hier den ganzen Anfang nochmals gebracht hätte, so fehlten weitere 31 Takte. Zusammen mit den zuvor erwähnten 15 Takten kämen wir somit auf 46 Takte, die Mindestzahl (46–48), die Rust dem Raume nach als fehlend errechnete.

Die Uebereinstimmung war überzeugend genug, den Versuch einer Wiederherstellung zu wagen, da ja so, ohne eigene Zutaten, nur Bach zu Worte kommt. Die einzige Schwierigkeit bot die Verbindungsstelle. In welcher Weise Bach von h-moll zur Haupttonart zurückkehrte ist schlechterdings unvorstellbar. Immerhin bietet ein zweitaktiger Seitengedanke die Möglichkeit, auf notengetreue Bachsche Art zur Unterdominante zu gelangen und dann weiter mit dem Anfang, wiederum notengetreu, nur um eine Quinte tiefer gesetzt, zu Ende zu kommen und auch richtig in der Haupttonart zu schließen, weil Bach den ersten Hauptteil in der Dominante beendet. Durch die Einschiebung erhöht sich die Gesamtzahl der Takte auf 48, die obere Grenze der von Rust vermuteten Taktzahl. Unschwer läßt sich auch die geringe Anzahl einhalten, indem man nach der Modulation mit dem dritten Anfangstakt fortfährt, was sogar vom musikalisch-logischen Standpunkt hier viel für sich hat.

Der Wiederherstellungsversuch enthält keine Note, die nicht von Bach stammt. Die formale Behandlung entspricht durchaus der Art, wie sie Bach handhabte. Unmöglich wird daher ein unbefangener Hörer oder Spieler an irgendeiner Stelle empfinden können: das sei nicht von

Bach. Und doch ist ein kleiner Schönheitsfehler da, nämlich der, den Hauptgedanken nicht zunächst auch wieder in der Haupttonart zu sehen.

Der Versuch ergab sich aber auf die geschilderte Art so ungezwungen und natürlich, daß der Mangel sich erst nachträglich dem prüfenden Blick offenbarte und, wenn es nicht zu anmaßend wäre, möchte man annehmen, der Fehler war so naheliegend, daß auch Bach ihn beging, ihn nachträglich beseitigte und deswegen die fehlenden Takte abtrennte.

Wollte man auch diesen Mangel beseitigen, so gibt es, auch unter Anlehnung an Bach, mannigfache, annehmbare Möglichkeiten, wie sie in den unteren Systemen beispielsweise gezeigt sind. Doch wird keine Lösung dem ersten Versuch an Echtheit gleichkommen. Denn wie es Bach selbst gemeistert haben würde, das war nur ihm gegeben.

Mit dem hier mitgeteilten Versuch wird man nunmehr die ganze Sonate in der von Bach beabsichtigten Folge aller Sätze genießen können.

Bach, Flötensonate A-dur
Notentext

Bach, Flötensonate A-dur.
Ein Rekonstruktionsversuch.

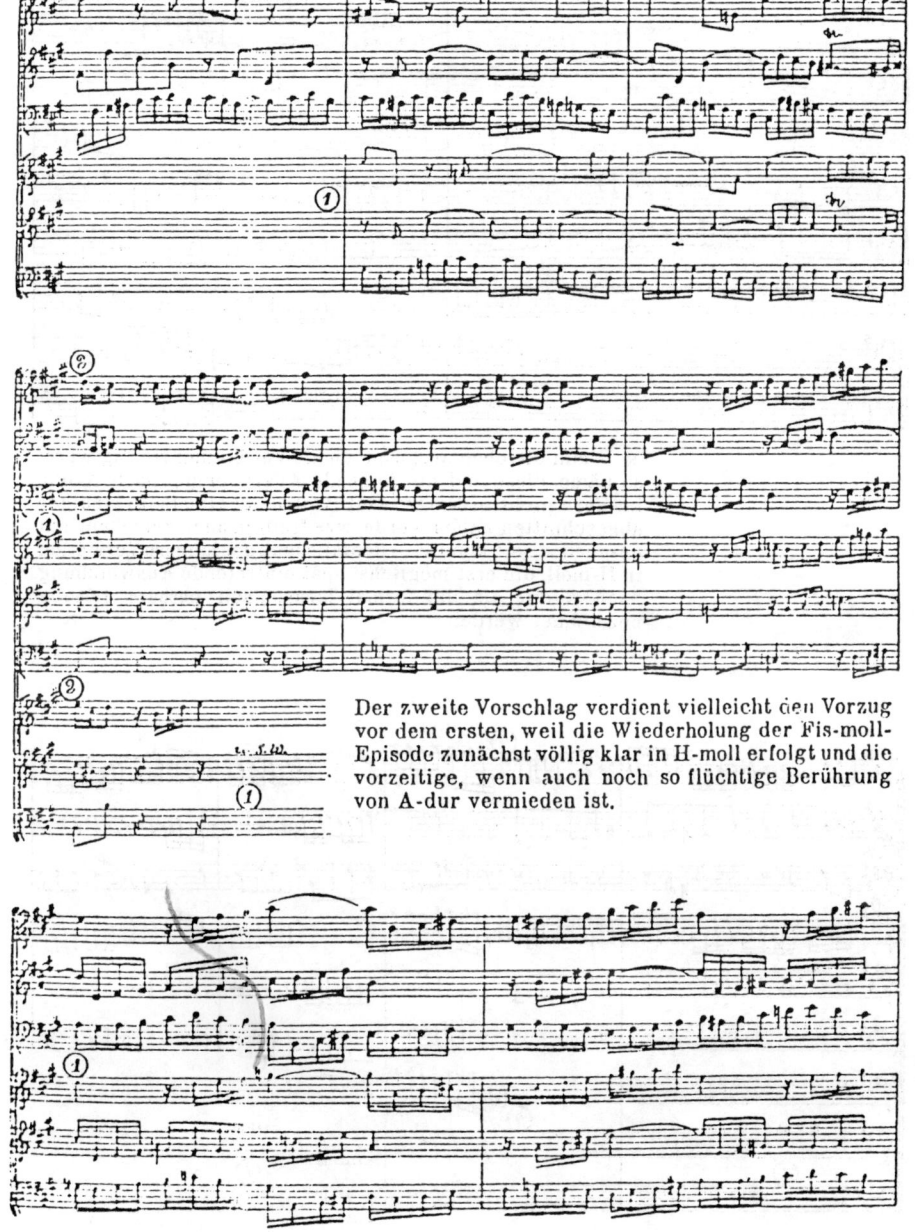

Der zweite Vorschlag verdient vielleicht den Vorzug vor dem ersten, weil die Wiederholung der Fis-moll-Episode zunächst völlig klar in H-moll erfolgt und die vorzeitige, wenn auch noch so flüchtige Berührung von A-dur vermieden ist.

× Wenn die oben ausgesprochene Vermutung richtig wäre, so käme diese und die folgende Ausweichung nach A-dur insofern nicht in Frage, weil Bach dann eine Seite weniger abgeschnitten haben würde, was freilich auch versehentlich geschehen sein könnte. Jedenfalls muß das längere Verweilen in H-moll, die erst möglichst spät eintretende Ausweichung nach A-dur als die formal-harmonisch bessere Lösung bezeichnet werden.

× Hier vereinigen sich beide Systeme bis zum Schluß.

Die beiden erhaltenen Schlußtakte.